Dos Mujeres en Praga

Esta obra obtuvo por unanimidad el Premio Primavera 2002, convocado por Espasa Calpe y Ámbito Cultural, y concedido por el siguiente Jurado: Ana María Matute, Ángel Basanta, Antonio Soler, Ramón Pernas y Rafael González Cortés.

Juan José Millás *García*

DOS MUJERES EN PRAGA

ESPASA

Este libro está dedicado
a Isabel

ESPASA ⓔ NARRATIVA

© Juan José Millás, 2002
© Espasa Calpe, S. A., 2002

Diseño de colección: Tasmanias
Ilustración de cubierta y foto del autor: Juan Millás Sánchez
Realización de cubierta: Ángel Sanz Martín

Depósito legal: M. 11.710-2002
ISBN: 84-670-0128-3

Espasa, en su deseo de mejorar sus publicaciones, agradecerá cualquier
sugerencia que los lectores hagan al departamento editorial por correo
electrónico: sugerencias@espasa.es

Impreso en España/Printed in Spain
Impresión: Mateu Cromo Artes Gráficas, S. A.

Editorial Espasa Calpe, S. A.
Carretera de Irún, km 12,200. 28049 Madrid

En el instante en el que Luz Acaso y Álvaro Abril se conocieron, sus vidas se enredaron como dos cordeles dentro de un bolsillo.

Luz, que había llegado a Talleres Literarios atraída por un anuncio del periódico, fue recibida por Álvaro, que la invitó a pasar a un pequeño despacho con libros en las paredes y en el suelo.

—Soy Álvaro Abril, hemos hablado por teléfono.

—Sí —dijo ella.

—Usted se sienta ahí y yo aquí —añadió el joven señalando dos sillas incómodas, situadas a ambos lados de una mesa barata.

—Ahora tengo ganas de salir corriendo —confesó la mujer desabrochándose el abrigo, sin llegar a quitárselo, a la vez que tomaba asiento.

—¿Y eso? —preguntó sonriendo Álvaro Abril.

—No sé.

El joven le explicó que la actividad principal de Talleres Literarios eran las clases de escritura creativa.

—Aunque también hacemos otras cosas, como la que aparece en el anuncio que la ha traído hasta nosotros.

—¿Y hay gente que se apunta? —preguntó ella.

—Empieza a haberla. En Barcelona llevan trabajando con buenos resultados desde hace cuatro o cinco años. En Madrid hemos sido nosotros los primeros. A mucha gente, cuando se jubila o tiene más tiempo libre del habitual, le apetece escribir la novela de su vida, pero para escribir, como para todo, hace falta oficio. Nosotros ponemos el oficio. La gente pone su vida y nosotros ponemos el oficio. Y es que no se trata sólo de «escribir bien», sino de seleccionar y articular los materiales. En realidad, escribir una biografía es muy parecido a escribir una novela que luego puede regalarse a los hijos o a los nietos. Constituye una forma de permanecer del mismo modo que se permanece en el álbum de fotos familiar, ¿no?

Luz Acaso debió de pensar que recitaba la información. Álvaro Abril parecía un muchacho haciendo un negocio que le venía grande. Tal vez su sueldo dependía de que personas como ella picaran en el anzuelo.

—Bueno, yo no estoy jubilada. Apenas tengo cuarenta años —dijo aparentando una ofensa que quizá no había sentido.

—Es evidente que no tiene edad de estar jubilada, perdone. Me estaba refiriendo al tipo de usuario más frecuente, pero a cualquier edad se puede desear contar la propia vida. ¿Por qué cree que desearía hacerlo usted?

Luz Acaso miró al joven de frente y dijo:

—Es que me he quedado viuda.

Dijo esta frase, *me he quedado viuda*, y tras un breve estremecimiento se echó a llorar para sorpresa de Álvaro Abril, que permaneció quieto y perplejo al otro lado de la mesa.

Alguien abrió la puerta del despacho y tras advertir la existencia de algo raro volvió a cerrarla y desapareció. La irrupción reprimió violentamente el llanto de Luz Acaso, que pidió disculpas mientras se llevaba un pañuelo de papel a los ojos.

—La gente —señaló entonces Álvaro Abril— cree que para contar la propia vida es preciso empezar por el principio: año y lugar de nacimiento, etcétera. Pero se puede empezar por el final, o por el medio, por donde uno quiera. Yo no estoy seguro de que las cosas sucedan unas detrás de otras. Con frecuencia suceden antes las que en el orden cronológico aparecen después. Si usted quiere o necesita empezar por el fallecimiento de su marido, podemos empezar por ahí y luego ir a donde sea reclamada por la memoria o por el sentimiento. Lo importante es que los sucesos que seleccionemos tengan una carga de significado importante, para que el relato respire. Y se lo digo así desde el convencimiento de que la vida, de ser algo, es eso: un relato, un cuento que siempre merece la pena ser contado.

Álvaro Abril hablaba de los componentes de la biografía como un biólogo de un organismo animal, lo que a él mismo le produjo cierto asombro, como si acabara de descubrir que había alguna familiaridad insospechada entre el hecho de escribir y el de vivir. Entonces volvió a abrirse la puerta y alguien le hizo una señal, porque miró el reloj y dijo con expresión de disgusto que tenía que empezar una clase, pero que si Luz deseaba seguir adelante con el proyecto, tendrían que ponerse de acuerdo en las cuestiones de orden práctico. Normalmente, añadió, él trabajaría con un magnetófono, aunque tomaría apuntes también. Calculó que bastaría con que tuvieran media docena de entrevistas de una hora, aunque no había normas fijas. Podían ser más o menos.

—Hay gente que prefiere las biografías cortas y gente que las prefiere largas. Una vida puede contarse en cincuenta folios o en quinientos. Ésa es su decisión.

Luz Acaso fue asintiendo a todo, incluido el precio de cada hora de trabajo y los costes de publicación del libro, si al final deseaba hacer una pequeña edición. Quería irse, seguramente para volver. Tal vez pensaba que cuanto antes terminara aquella entrevista preliminar, antes comenzarían las siguientes, de modo que debió de ser un alivio levantarse de la silla después de que se hubiera comprometido a acudir cada día a las doce. Álvaro Abril la acompañó tropezando consigo mismo hasta la puerta de Talleres Literarios, donde se despidieron entre grupos de jóvenes que entraban y salían con las manos llenas de cuadernos y libros.

Mientras cruzaba la calle, se abrochó el abrigo, que se volvió a desabrochar absurdamente cuando llegó al coche. Solía quitárselo y ponerlo en el asiento de atrás, para que no se arrugara, pero tenía mucho frío y esta vez se metió en el automóvil con él. La sede de Talleres Literarios estaba situada al fondo de un callejón de chalets antiguos que arrancaba en Alfonso XIII, cerca de López de Hoyos, e iba a morir violentamente contra el parapeto metálico de un ramal de la M-30. A la entrada del callejón, llamado Francisco Expósito, había una señal de tráfico con el símbolo de calle cortada.

Luz Acaso permaneció unos segundos pensativa dentro del automóvil. Cuando ya estaba a punto de arrancar, oyó unos golpes en la ventanilla de la derecha. Sobresaltada, giró la cabeza en esa dirección y vio al otro lado del cristal a una joven con un parche en el ojo derecho y una chaqueta de cuero del mismo color que el parche: negra. Llevaba el pelo muy corto y distribuido irregularmente.

—¿Qué pasa? —dijo Luz bajando la ventanilla.

—Que si vas hacia arriba, hacia Alfonso XIII.

—Sí.

—¿Y me puedes llevar?

—Sube.

La tuerta subió echando pestes del frío. Llevaba también una carpeta verde, de gomas, y un libro muy manoseado. Luz arrancó y preguntó a la tuerta adónde iba.

—Da lo mismo —respondió.

—¿Estudias en Talleres Literarios?

—He venido a preguntar cuánto cuestan las clases, pero son demasiado caras para mí.

La tuerta explicó a Luz que parte del prestigio de esa escuela se debía a que trabajaba en ella como profesor Álvaro Abril, un joven escritor que había triunfado a los veinte años con una novela de gran éxito, aunque llevaba cinco sin publicar nada. Se rumoreaba que tenía una crisis que lo hacía aún más atractivo.

—Yo me prostituiría a cambio de que él me diera clases de escritura —concluyó—. ¿Es profesor tuyo?

—Es mi biógrafo —respondió asombrada Luz Acaso.

—¿Tu biógrafo? ¿Qué es eso de tu biógrafo?

Luz empezó a explicar a la tuerta cómo había llegado a Talleres Literarios y de repente se puso a llorar de nuevo.

—Perdona —dijo—, no sé qué me pasa.

—Estarás débil.

—No es eso. Es que llevaba dos meses encerrada en casa, sin hablar con nadie, cuando leí el anuncio de Talleres Literarios en el periódico y concerté la cita. Dos meses sin hablar con nadie. Estaba a punto de hacer cualquier cosa, una locura, pero tropecé con el anuncio y ahora, al aflojarme, me ha dado por llorar, perdona.

Conducía al ritmo del llanto. Con tirones y frenazos a los que la tuerta permanecía indiferente.

—¿Y por qué llevabas dos meses sin hablar con nadie?

—Estoy de baja médica por depresión. Soy funcionaria y he decidido no volver a la oficina nunca, nunca, pero para no volver tengo que deprimirme más. El médico nota cuando te pones bien, así que he estado dos meses haciendo ejercicios de depresión para continuar de baja. Pero dos meses sin hablar con nadie es demasiado. Enloquecedor. Entonces vi el anuncio de las biografías, llamé a Talleres Literarios y pedí hora.

Mientras hablaba, había conducido de forma circular, por lo que se encontraban casi en el punto de partida. Daba vueltas con la conversación y con el coche. Se había nublado y sobre el parabrisas caían gotas de un agua espesa que la varilla limpiadora apartaba con un gemido hacia los lados. Esa noche había nevado sin generosidad, como nieva en Madrid. Todavía quedaban restos de una materia blancuzca en algunas esquinas.

—¿Así que Álvaro Abril es famoso? —preguntó volviéndose a la tuerta.

—Conocido, sobre todo en los ambientes literarios. Tiene cierta fama de maldito y todo el mundo espera su segunda novela. Pero ya no podrá ser mi profesor. Peor para él.

—¿Y tú qué cosas escribes?

—Reportajes, o novelas, depende. Ahora estoy preparando una cosa sobre el lumbago.

—Yo tengo lumbago —dijo Luz Acaso.

—Pues me vendría bien hablar contigo. ¿Tienes prisa?

—¿Prisa para qué? Ya te digo que llevo dos meses sin hablar con nadie.

De repente el limpiaparabrisas dejó de chirriar sobre el cristal instalándose dentro del automóvil, entre las dos mujeres, una paz palpable, casi una oleada de dicha.

2

Luz Acaso vivía en María Moliner, una calle estrecha, de casas antiguas, sin ascensor, que habían sobrevivido a la especulación inmobiliaria, situada detrás del Auditorio de Príncipe de Vergara. Subió por las escaleras con la tuerta detrás, para hablar del lumbago, e introdujo la llave en la cerradura con torpeza, por culpa de la excitación. Cuando logró acertar, abrió y pasó delante, guiando a su invitada.

Aun siendo oscura, la casa resplandecía con un fulgor misterioso, semejante al que producen las luciérnagas en las médulas de la noche. Tenía un breve pasillo con la puerta de la cocina a un lado y la del cuarto de baño al otro, y un pequeño salón por el que se accedía a dos habitaciones cuyas puertas, una al lado de la otra, permanecían cerradas. Desde la ventana de ese salón, a través de los visillos, se veían las casas de enfrente, casi al alcance de la mano, con balcones diminutos a los que no se asomaba nadie. Cuando las dos mujeres entraron, se puso a nevar con alguna intensidad y la realidad adquirió un cierto aire de maqueta. Entonces Luz preguntó a la tuerta cómo se llamaba y ella dijo que <u>María José</u>.

—María José —repitió Luz, como si tuviera problemas de memoria—. Yo me llamo Luz.

—¿Luz?

—Sí, Luz Acaso.

María José sonrió con el lado izquierdo de la boca y cuando Luz le propuso comer algo, pues eran las dos y media, dijo que sí con el mismo lado. A veces, no siempre, hablaba y reía con medio lado nada más. Y apenas utilizaba el brazo derecho. Debajo de la chaqueta de cuero negra llevaba una camiseta muy ceñida y unos vaqueros. Prepararon una ensalada abundante y un plato de embutidos y se sentaron a la mesa de la cocina para hablar del lumbago. La cocina daba a un patio interior cuya opacidad penetraba en la pieza a través de una puerta de cristal por la que se accedía al tendedero. Pero se trataba también de una <u>opacidad resplandeciente, protectora</u>.

—No saldría nunca de esta cocina —dijo María José—, <u>es como si estuviéramos en Praga</u>.

—¿En Praga?

—Sí. No conozco Praga, pero me la imagino con calles estrechas y patios interiores. Me gustan las calles que parecen pasillos.

—¿Por qué quieres escribir sobre el lumbago?

16

—Porque escuché la palabra en el autobús y se me quedó dentro de la cabeza, dando vueltas como una mosca dentro de una botella. Hay palabras que entran y luego no encuentran la salida. No sabía qué podía ser el lumbago, pero me gustó tanto su sonido, lumbago, lumbago, que en ese mismo instante decidí escribir un reportaje, o quizá un libro, sobre él. Desde que acabé el instituto me he dedicado a hacer cursillos de esto o de lo otro, para dar la sensación de que me encontraba ocupada, pero necesitaba ya entregarme a algo, aunque fuera al lumbago. Una mañana te levantas y te das cuenta de que ya es tarde para todo.

—Es verdad, te levantas y es tarde para todo —repitió Luz sirviendo un poco de agua.

—Mis padres no hacían más que presionarme para que decidiera de una vez qué quería hacer y entonces les dije que quería ser escritora. Curiosamente, el mismo día que escuché la palabra lumbago en el autobús, encontré en el buzón publicidad de una clínica de quiromasaje especializada en este mal. Y esa noche, en la televisión, dijeron que la Audiencia había suspendido un juicio porque el inculpado principal padecía un ataque de lumbago. A veces pienso una cosa y empiezan a sucederse manifestaciones de esa cosa. Me ocurre a menudo, pero no puedo demostrarlo.

—Te entiendo —dijo Luz.

—El lumbago comenzó a rodearme en cierto modo. Averigüé en qué consistía y resultó tratarse de un

dolor difuso situado aquí, entre el final de las cos-
tillas y el principio de la cresta ilíaca, fíjate, como si
fuera posible tener dentro del cuerpo una cosa llamada cresta ilíaca. Me di cuenta entonces de que había dado sin querer con un asunto fantástico, porque
lo específico del lumbago, además, es que no ataca a
ningún órgano en concreto, sino a una zona imprecisa
llamada «región lumbar». Región lumbar: suena, si te
fijas, como el nombre de una geografía mítica. Pero es
que además sólo se manifestaba al doler. Una región
desconocida, en fin, en la que sopla el dolor en lugar
de soplar el viento... Por la noche, en la cama, pensé
que ese empeño mío en escribir sobre cosas que ignoraba podría significar también que quería escribir con
la parte de mí que no sabía hacerlo. Con la que sabía
escribir ya había visto hasta dónde podía llegar, pues
en los últimos tiempos, entre un cursillo de contabilidad y otro de ciencias sociales, había escrito una novela corta que envié a todos los concursos literarios
existentes y en todos quedé bien situada, aunque no
gané ninguno. Ideé el siguiente plan: me taparía el
ojo derecho con un parche e inmovilizaría la pierna
y el brazo de ese lado forzándome a hacerlo todo con
la mano izquierda.

—¿Entonces no eres tuerta?

—Por supuesto que no, pero pensé que había vivido apoyándome demasiado en el lado derecho,
reproduciendo lugares comunes, tópicos, estereoti-
pos, cosas sin interés. Se trataba, por decirlo así, de
escribir un texto zurdo, pensado de arriba abajo con

el lado de mi cuerpo que permanece sin colonizar. Un texto cuya originalidad, si no otras cosas, estaría garantizada. Algunos pintores hacen esto para no amanerarse. Empiezan a pintar con la izquierda cuando resultan demasiado previsibles con la derecha.

—Yo soy zurda —dijo Luz.

—¿Y por qué comes con la derecha?

—Soy una zurda contrariada. Sólo utilizo la izquierda cuando estoy sola.

—Me fascináis los zurdos, de verdad, porque tenéis que aprender a vivir en un mundo hecho por diestros, en un mundo al revés en cierto modo. Vuestra vida es una obra de arte, sobre todo si pensamos que desde que os levantáis hasta que os acostáis no hacéis otra cosa que enfrentaros a la norma, al patrón, al canon.

—No había pensado en eso.

—Los interruptores de la luz, las manillas de las puertas, los cajones de las mesas, los grifos de los lavabos..., todo está colocado allá donde la mano derecha llega con facilidad. La izquierda tiene que hacer recorridos agotadores para obtener los mismos resultados. Cada uno de los movimientos de un zurdo constituye una pincelada de una obra de arte. Los zurdos dibujáis las palabras, por ejemplo, en lugar de escribirlas.

—Ni en mil años se me habría ocurrido que fuera tan interesante ser zurda. Muchas gracias —dijo Luz riendo.

—Yo sé bien lo que significa ese esfuerzo —continuó María José—, porque de pequeña tuve un ojo vago, el izquierdo precisamente, y me taparon el derecho para obligarlo a trabajar. Y vaya si trabajó. El mundo, contemplado desde un solo ojo, y al desaparecer el efecto de hondura, de relieve, parecía el plano de una ciudad desconocida. Más que entrar en la realidad, me desplazaba de un extremo a otro de ella, siempre en el mismo nivel.

—Una realidad plana. A veces yo también la siento así, incluso contemplándola con los dos ojos.

—*Tiene un ojo vago,* decía mi madre a sus amigas, que me observaban con aprensión, pues el ojo vago carecía del prestigio de otras enfermedades. A algunas personas les daba risa incluso. Escuché tantas veces aquella frase, *tiene un ojo vago, tiene un ojo vago...* Quizá la fascinación que me produjo la palabra lumbago cuando la oí en el autobús, procediera de aquella experiencia infantil. Tiene un ojo vago, tiene lumbago. Imagínate —añadió escribiendo sobre el mantel con la punta del cuchillo— lumbago escrito de este modo: l'um bago. Seguro que l'um bago significa el ojo vago en algún idioma.

—Me suena que sí. En catalán, quizá.

—O en rumano. Otra cosa que decidí ese día, además de escribir un texto zurdo, fue escribir sobre cosas reales. Estaba convencida de que mi fracaso anterior como escritora provenía del hecho de que había inventado historias en las que la gente no se reconocía. Comprendí que a la gente le gusta lo real. La mayoría de los escritores, pensé, hablan de cosas que no son. Y además escriben con la mano derecha, con el pie derecho, con el pensamiento derecho. Aquella noche, en la cama, cuando debería estar dormida, me incorporé excitada entre las sábanas y juré que sería una escritora zurda y realista, valga la paradoja.

—Pero come algo, mujer —dijo Luz Acaso al darse cuenta de que María José no probaba bocado.

—Ya voy, ya voy. Fui a ver lo que costaba la matrícula en Talleres Literarios porque Álvaro Abril triunfó con una novela realista, no sé si zurda, pero realista.

—Parece inteligente.

—¿Quién?

—Álvaro Abril.

—Yo creo que es la inteligencia lo que le ha impedido escribir otra novela después de aquel éxito. *El parque* le gustó a todo el mundo, incluso a aquellos contra los que iba dirigida. Era una novela materialista que le alabaron mucho los partidarios del espíritu. Como es muy honrado, decidió no escribir hasta averiguar qué le había pasado, eso dicen. A lo mejor quiere escribir algo zurdo también y no encuentra el modo. Pero bueno, íbamos a hablar del lumbago.

—En realidad —dijo Luz avergonzada—, no tengo lumbago. Te lo dije porque me apetecía que subieras a casa.

—¿Y tampoco eres zurda?

—Tampoco.

Luz se levantó y encendió la luz de la cocina, pues aunque apenas eran las tres de la tarde parecía de noche. María José se tragó una hoja de lechuga casi sin masticar y continuó hablando.

—Pero había problemas prácticos para volverme zurda de repente. No podía dejar de utilizar el brazo y la pierna derecha sin llamar la atención de mis padres. El parche en el ojo sería más fácil de justificar como una recaída del ojo vago (del l'um bago) en la pereza. He de decirte que por un momento me desalenté. La ambición de un proyecto como el mío requería un espacio físico singular para llevarlo a cabo: tal vez un país zurdo, una ciudad zurda. Pero no tenía ni idea de cómo sería una ciudad zurda, aunque hay lugares como Praga que me parecen zurdos.

—¿Esta casa te parece un poco zurda?

—Un poco, sí. Por eso te dije que era como si estuviéramos en Praga.

—Ahora lo entiendo.

—Tras darle muchas vueltas al asunto, decidí que me limitaría a utilizar con disimulo el lado izquierdo en los menesteres para los que habitualmente venía utilizando el derecho. Así, tal día como hoy sonó el despertador y lo apagué con la mano izquierda, haciéndolo caer al suelo por falta de pericia. Luego me cepillé los dientes con la mano zurda, me duché y me lavé la cabeza sin utilizar la derecha ni una sola vez y regresé al dormitorio agotada, encomendando a los dedos de la mano izquierda la penosa tarea de abrochar los botones de la blusa, mientras relegaba a la derecha a tareas de apoyo. Aún no hacía una hora que había comenzado la ocupación de mi costado vacío y ya empezaba a tener una perspectiva diferente de las cosas. Tardé mucho en desayunar y apliqué la mantequilla tomando el cuchillo con la mano izquierda y sujetando el pan con la derecha. Por supuesto, masticaba nada más que con los dientes y las muelas del lado izquierdo. La comida tenía otro sabor, incluso otra textura. Estaba descubriendo un mundo de sensaciones. Mi madre no dijo nada, aunque me miró un par de veces con expresión de lástima. Mi padre no estaba. Se levanta de madrugada para ir a Mercamadrid a comprar el género y desde allí se va a la pescadería.

—¿Tenéis una pescadería?

—Sí, es una de las cosas que me animó a hacerme realista. No puedes ser pescadera y escribir novelas fantásticas, ¿comprendes?

—A mí las pescaderías no me parecen realistas.

—Pues te aseguro que lo son.

—Cada una tiene derecho a percibir las cosas a su modo. A ti esto te parece Praga.

María José comió apresuradamente un par de hojas de lechuga y retiró el plato a un lado.

—Estoy procurando no comer —dijo—. Los místicos no comían y ya ves tú.

—Si quieres tomamos un café en el salón —dijo Luz.

Una vez acomodadas en el sofá del pequeño salón, las dos mujeres permanecieron un rato mirando hacia la ventana. La nieve se había transformado en agua y llovía con una intensidad sobrecogedora.

23

Cuando Luz se volvió a mirar a María José para hacer una observación, comprobó que se había dormido sin tomarse el café. La tapó con una manta y le dio un beso en la frente al tiempo que dilataba las aletas de la nariz: le preocupaba que oliera a pescado, pero no. Luego se quedó mirándola mientras escuchaba el ruido de la lluvia como si fuera música.

3

E sa noche, Álvaro Abril había sido invitado a una fiesta en casa de su editor. No le apetecía ir, nunca le apetecía, pero siempre iba por miedo a quedarse fuera. Si le hubieran preguntado fuera de qué, le habría dado vergüenza responder.

Llegó tarde, por miedo a ser de los primeros, y cuando entró la casa estaba llena. Ni siquiera le abrió la puerta el anfitrión, sino un individuo alto, encorvado, de unos sesenta años, con un vaso en la mano, y un cigarrillo entre los labios, que le dijo:

—Si no me ves, no te preocupes. Estoy muerto. Soy el fantasma de un escritor muerto. En vida, publicaba mi obra nuestro anfitrión y me he quedado atrapado en sus fiestas.

Álvaro le dio el pésame y avanzó por el pasillo entre la gente, como un náufrago, temiendo no encontrar ninguna tabla a la que asirse para permanecer a flote. Una mujer que también tenía un vaso y un cigarrillo le detuvo.

—Álvaro Abril —dijo—, me encantó *El parque*.

—¿El qué?

—Tu novela, *El parque*.

—Gracias —dijo y continuó braceando en busca de una tabla.

No le disgustaba que le hablaran bien de su novela, pero había sido publicada hacía cinco años y era imposible mencionarla sin aludir también a su sequía posterior. Después de un halago de ese tipo, siempre venía la pregunta fatídica: ¿Estás trabajando en algo? Había comprobado que no le creían cuando decía que sí ni cuando decía que no. En general, su silencio era observado con desconfianza. Unos temían que estuviera escribiendo una obra maestra y otros estaban locos por confirmar que se había quedado seco. Una primera obra de éxito no garantizaba nada, sobre todo si se trataba de una novela autobiográfica y sincera. La frontera entre la sinceridad y el oficio era cada vez más difusa.

La gente hablaba formando grupos de tres a cinco personas que, por su modo de mirar fuera del círculo, parecían convencidas de que lo interesante se cocía en otro lugar. Cada poco, alguien se desprendía de su grupo, como un gajo de una naranja, y se integraba en otro sin dejar de vigilar los alrededores. Los labios y los ojos se movían siempre en direcciones distintas.

Había políticos, actores, actrices, periodistas y hasta un entrenador de fútbol. Era relativamente fácil, pues, huir de los escritores, cuyas cabezas flotaban dispersas entre la multitud. Álvaro siguió el curso de la masa sin abandonar el pasillo y al pasar por delante de una habitación con las puertas abiertas vio a cinco o seis personas alrededor de un televisor, siguiendo un partido de fútbol. Una de esas personas se volvió y le miró con expresión hostil, quizá para que no se uniera al grupo. No lo hizo. Continuó andando hasta el final del pasillo, que terminaba en una cocina sin puertas, donde cuatro hombres soltaban sonoras carcajadas a propósito de algo que acababa de decir uno de ellos. Había un jamón sujeto a unos hierros, con un cuchillo al lado, para que la gente se sirviera. Cortó un par de lonchas, por hacer algo, mientras los individuos reían.

En esto, uno de ellos reparó en él.

—Eres Álvaro Abril —dijo—, a mi hijo le gustó mucho tu novela.

—Gracias.

—Le diré que te he visto.

—Gracias.

Álvaro abandonó el jamón y salió al pasillo. Le acababan de decir una de las frases que más temía: a mi hijo le gustó mucho tu novela. A mi hijo le gustan mucho tus tonterías, querían decir. Y yo me cago en tu padre, dijo él moviendo los labios, aterrado ya por no encontrar con quien hablar, pues le pareció que la gente comenzaba a mirarle. Esta vez se metió por la primera puerta abierta que le salió al paso y entró en un salón grande, forrado de libros, a cuyo fondo, de

27

espaldas, vio a Laura Ancos, la directora de Talleres Literarios, su jefa, que hablaba conmigo. Mi último libro, una recopilación de reportajes publicados en prensa, había funcionado bien, e intentaba convencerme de que diera alguna clase de escritura periodística en Talleres Literarios.

Laura Ancos hizo las presentaciones y bromeó con la posibilidad de contratarme.

—No nos vendría mal —dijo Álvaro Abril sin ninguna convicción.

—¿De qué das clases tú? —le pregunté.

—Este año imparto un curso sobre la construcción del personaje —dijo. Pensé que utilizaba el verbo *impartir* porque era el que utilizaban los profesores de universidad. No era lo mismo dar un curso que *impartirlo*. Arqueé las cejas con gesto de admiración, como si hubiera recibido el mensaje.

—Y escribe biografías por encargo —añadió Laura.

Álvaro enrojeció como un adolescente mientras Laura explicaba la nueva línea de trabajo abierta en Talleres Literarios.

—¿Y funciona? —pregunté.

—Hasta ahora sólo ha venido una persona —dijo Laura—, pero los principios son siempre difíciles. Cuando se convierta en una moda, habrá trabajo para todos. Para ti también, si quieres.

—¿Y quién es esa persona? —pregunté dirigiéndome a Álvaro.

—Una mujer —respondió incómodo.

—Esta mañana —añadió Laura riéndose— abrí la puerta de su despacho y sorprendí a la biografiada llorando a moco tendido.

—¿Se puso a llorar mientras te contaba su vida? —pregunté echando una mirada al grupo de al lado, en el que se acababa de integrar el director de mi periódico.

—Es que se ha muerto su marido —dijo Álvaro—. La gente llora cuando pierde a los seres queridos.

—La gente llora cuando pierde a los seres queridos —repitió con sorna Laura Ancos—. Excelente expresión. Con muchas frases así escribirás una biografía a su medida, que por otra parte es lo que nos hace falta para no quebrar. Lo más probable es que la buena mujer odiara a su marido, pero ahora llora cuando se acuerda de él. Los seres queridos. Excelente título para una novela. Suena a Tolstoy, quizá a Chejov. Los seres queridos, es que me encanta, de verdad. En una novela de ese título saldrían todos los seres que más detesta el ser humano, incluido el hámster del niño de la familia, y se titularía así: *Los seres queridos*. Por cierto, que me he cargado al hámster de mi hijo haciéndole tragar un ansiolítico diario. Ayer le dimos tierra en la maceta del geranio. Yo presidí el cortejo fúnebre y conseguí dar la impresión de estar destrozada. Fue magnífico. La asesina acudió al entierro y dio muestras de dolor, etcétera.

Álvaro Abril y yo nos miramos con gesto de paciencia. Laura Ancos tenía unos cuarenta años. Tras unas incursiones juveniles en la literatura, se había dedi-

cado a la «gestión cultural» y acabó montando Talleres Literarios, que era el primer negocio de su vida
que había durado más de un año. Cuando estaba so-
bria, resultaba discreta, incluso tímida, pero esa noche no había parado de beber.

—¿Mataste al hámster de tu hijo de verdad? —preguntó Álvaro.

—Sé que lo de las biografías va a funcionar —respondió ella volviéndose hacia mí—. Hay medio mundo deseando contar su vida y otro medio deseando
oírla. Sólo es preciso poner en contacto a los oyentes
adecuados con la historia adecuada. Acordaos de lo
que os digo: acabaremos ganando más dinero con los
productos secundarios que con las clases de escritura.
La literatura del siglo XXI será literatura industrial o
no será. Es curioso que mientras el resto de la realidad se encuentra en la era posindustrial, la literatura
apenas acaba de entrar en el mercado. Vamos con
cien años de retraso, pero nunca es tarde.

Álvaro Abril estaba avergonzado, de modo que se
volvió a mí para justificarse y dijo que aunque sólo
había tenido una entrevista con la mujer de la biografía, había descubierto de repente que podría salir un
gran libro de ahí.

—¿Pero qué tiene esa mujer para que salga un
gran libro? —preguntó Laura francamente agresiva.

—No tiene nada. Ése es su secreto, que no tiene
nada. Es una mujer normal, del montón. ¿Pero os
imagináis el resultado de describir la normalidad de
forma minuciosa?

—Eso ya se ha hecho.

—Ya se ha hecho todo, no tiene que ver.

—Con tal de que no te olvides de que esto es un negocio, me da igual lo que hagas, corazón —añadió Laura, y desapareció detrás de un presentador de televisión dejándonos solos a Álvaro Abril y a mí, que durante unos segundos no supimos qué decirnos.

—Te has quedado enganchado a la mujer esa, la de la biografía —dije al fin.

—Sí, no sé.

—A lo mejor te sale bien e inventas un género.

—Tiene que ser un texto muy periodístico.

—Lo mejor de *El parque* era su registro perio- ✦ dístico.

Noté que era la primera vez que una persona mayor le hablaba de su novela sin perdonarle la vida. Se sintió turbado y culpable por no haberme halagado antes que yo a él.

—¿De verdad crees que Laura ha matado al hámster?

—Tienes talento, muchacho —dije—. Sabes cuándo hay que tomar un cabo suelto. Y sí, sí lo ha matado.

En esto, el director de mi periódico echó un vistazo fuera de su círculo y su mirada tropezó con la mía. Ambos nos movimos para estrecharnos la mano. Abril, al quedarse descolgado, se alejó para no parecer indefenso y regresó a la cocina, donde los cuatro hombres de antes continuaban riéndose. Abrió la nevera, como si buscara algo, aunque no tomó nada. No bebía y le parecía ridículo utilizar el recurso de llevar un vaso en la mano. Aun en las situaciones más difíciles, Álvaro Abril realizaba estos pequeños gestos que él consideraba heroicos. No fumar, no beber, no comer más de lo que hubiera comido si se encontrara en su casa. No claudicar, en fin.

En esto, se abrió la puerta de lo que parecía una despensa y salió riéndose un hombre que se unió al grupo mientras otro se encerraba en el cubículo. Álvaro supuso que entraban allí para esnifar alguna porquería. Esta vez parecían no haber detectado su presencia. Criticaban al dueño de la casa como si él fuera invisible, por lo que se sentó en un taburete, junto a la mesa, con la esperanza de ser atacado por alguna decisión. Mientras esperaba, observó los ojos brillantes de los hombres, y de súbito, en vez de ser atacado por una decisión, se sintió invadido por una clase de euforia que reconoció en seguida, pues era idéntica a la que proporcionaba la proximidad del diablo en una novela de Mark Twain que leyó de adolescente, en el instituto. Había sentido esa euforia en dos o tres ocasiones anteriores y siempre había puesto algo importante en marcha. La última vez, había sido el motor de su única novela, *El parque*, escrita en apenas tres meses, aunque en las entrevistas dijo que dos años. Sintió la necesidad de irse a casa y empezar algo, empezar algo.

Se levantó y cogió de la nevera una botella de agua mineral que bebió con un placer extraño, ya que todos sus sentidos se hallaban especialmente receptivos. Mientras el agua pasaba por su garganta se vio a sí mismo dentro de su cabeza como si fuera transparente. Vio caer el agua en un estómago limpio y rebotar contra las paredes. Luego vio los estómagos de los hombres que reían, transparentes también, y comprobó que parecían bolsas de la basura. Se sintió superior, capaz por fin de acometer una obra importante, y salió al pasillo pensando en Luz Acaso. Se asomó a una habitación, creyendo que se trataba del cuarto de baño, pero era un dormitorio en cuya cama estaba sentado el hombre que le había abierto la puerta.

—Tú estás muerto también, puesto que eres el único que me ves —le dijo, y Álvaro cerró la puerta de golpe, asustado, y salió de nuevo al pasillo. Era el diablo.

Esta vez buscó directamente la puerta de la calle y abandonó la fiesta.

4

El frío de la calle, al golpearle en la cara, le estimuló como una droga. Caminó durante un rato para atenuar la excitación, la prisa, y mientras caminaba reproducía dentro de su cabeza el encuentro con Luz Acaso. Sólo tendría que escribir al dictado de esa mujer para hacer algo que le redimiera de la parálisis consecuente al éxito de *El parque*. Lo mejor de todo es que el material estaba fuera de su cabeza. No tenía más que tomarlo y ordenarlo. Tampoco tendría que buscar recursos artificiales para huir, como hiciera en *El parque*, de lo autobiográfico. Luz Acaso parecía un regalo del destino, en fin.

Cuando empezó a sudar debajo de la ropa, detuvo un taxi y se fue a casa. Vivía en Corazón de María, cerca de Talleres Literarios, en un ático con una terraza grande desde la que observó con indulgencia la

M-30 y los automóviles que por ella se movían. Aquellas vidas pequeñas sólo tenían sentido cuando alguien las contaba. La Historia era la historia del sentido, se dijo yendo de un extremo a otro de la terraza, hasta que el frío le obligó a regresar al interior, donde cogió un cuaderno de apuntes y anotó lo más importante del primer encuentro con Luz Acaso. El ataque de creatividad no impidió, sin embargo, que el miedo le visitara esa noche como casi todas las noches. No se trataba de un miedo adulto, si hay miedos adultos, sino de un desasosiego infantil. Comenzaba fuera de él, con el crujido de un mueble o con el sonido de unos pasos que parecían proceder del dormitorio, pero en seguida, los pasos se metían dentro de su cabeza y aunque reuniese el valor suficiente para comprobar que en el dormitorio no había nadie, ya no salían de ella hasta el amanecer. Hay personas que concretan sus terrores abstractos en miedo a los ladrones o a los criminales. Álvaro Abril, no. Lo que temía encontrar cuando se asomaba a su dormitorio era un fantasma. Creía en los fantasmas por la noche y perdía la fe en ellos por la mañana. Las cosas no habían mejorado desde que abandonara la casa de sus padres, hacía ya más de cuatro años, para vivir solo. Al principio pensó que era una cuestión de tiempo, pero ahora empezaba a dudarlo.

Tenía una rutina del pánico consistente en encender todas las luces del salón e ir tomando el resto de la casa a golpe de interruptor. El resto de la casa estaba constituido por una breve cocina, un cuarto de baño reducido y un dormitorio con parte del techo abuhardillado, que se apiñaban en torno a una minúscula pieza de distribución a la que denominaba sarcásticamente pasillo. Con todas las luces de la casa encendidas, el miedo se atenuaba, pero no desaparecía. El día que me confesó su miedo a los fantasmas y le pregunté con qué clase de espíritu temía tropezar, dudó un poco, calculando si me merecía una confidencia de ese calibre, y al final decidió que no, aunque me relató sin pudor alguno lo que sigue:

Después de encender las luces, si no se quedaba dormido en seguida, cogía el periódico y leía la página de contactos, fantaseando con comprar una compañía que le quitara el miedo. A veces llegó a marcar un número de teléfono, pero siempre colgaba antes de que le contestaran porque tenía más miedo a la respuesta que al fantasma. Esta vez su dedo cayó por casualidad sobre un reclamo que decía: «Viuda madura, domicilio y hotel». La combinación le sedujo, incluso le excitó. Sólo habría podido llamar a una persona a quien considerara más desamparada que él. Marcó el número, pues, que correspondía a un teléfono móvil, y aguantó un timbrazo, dos, tres timbrazos; al cuarto, cuando ya estaba a punto de colgar, respondió una mujer:

—Diga.

—Hola —dijo él esperando que la mujer tomara la iniciativa, porque no sabía cómo actuar.

—Hola, cariño —añadió ella—. ¿Cómo te llamas?

—Álvaro —respondió él un poco desconcertado, pues no esperaba esa desenvoltura de una viuda madura.

—¿Y dónde estás, Álvaro?

—Estoy en mi casa.

—¿Tú solo?

—Sí.

—¿Como un viudo?

—Como un huérfano —le salió sin que se lo hubiera propuesto.

—Pues una viuda y un huérfano tienen muchas cosas en común. ¿Quieres que mamá te haga una visita?

—Sí.

—¿Y sabes cuánto cobro?

—No.

—¿Y qué prefiere mi pequeño, que se lo diga ahora o luego?

—Luego.

—Entonces, te lo diré luego, cariño.

Daba la impresión de que la mujer se movía por el interior de una vivienda mientras hablaba con él, pues se sucedían ruidos domésticos tales como el de una cisterna, una taza al golpear contra un vaso, un grifo y el canto de un canario, o quizá de un jilguero, que a ratos subía de tono. Esa domesticidad excitó aún más a Álvaro, que se apresuró a darle la dirección de su casa.

—Estoy cerca —añadió ella—, en menos de media hora llamaré a tu puerta.

Álvaro colgó el teléfono. Estaba sudando. De súbito, percibió un extraño vacío acústico a su alrededor. El ruido de los automóviles al deslizarse por la M-30 llegaba ahora atenuado, como si se filtrara a través de los tabiques de una dimensión ajena a la suya. Canturreó cualquier cosa, para ver cómo se escuchaba su voz, y le pareció que procedía de una instancia paralela también. Entonces se levantó y recorrió la vivienda en busca del fantasma, pues necesitaba algo familiar para tranquilizarse, pero el fantasma, o su posibilidad, había desaparecido. Todo era opaco, en fin, pero había en esa opacidad algo más terrorífico que en la transparencia fantasmagórica anterior. Esto es porque he atravesado la frontera de algo, se dijo, he dado un paso al frente y ahora me encuentro en un lugar distinto al que me encontraba antes de llamar a esa viuda madura. Inmediatamente pensó en anular la cita, pero cuando ya tenía el teléfono en la mano, imaginó a la mujer bajando las escaleras de su casa, la imaginó en la calle, la imaginó en un taxi. De repente, ya no era una mujer menesterosa, sino una mujer furiosa que de todos modos se presentaría en su casa para organizarle un escándalo.

Abandonó el teléfono sobre su horquilla y salió a la espaciosa terraza para ver si el frío le hacía recuperar las sensaciones corporales normales, pues hasta sus movimientos parecían dirigidos a distancia: por él, sí, aunque desde un lugar remoto, pues se encontraba y no se encontraba allí al mismo tiempo. Entonces vio el frío, pero no fue capaz de sentirlo, y vio cómo la niebla se condensaba alrededor de la luz de las farolas, pero tampoco notó la humedad. La única humedad era la que procedía de su propio sudor. Estaba en el mundo, pero aislado de él como por una campana de cristal. Supuso que en aquel lugar o estado en el que se encontraba ni siquiera existía la fuerza de la gravedad, pues al recorrer la terraza de un extremo a otro tenía que hacer un gran esfuerzo para mantener sus pies pegados al suelo. Algunas veces había tenido en esa misma terraza alguna fantasía suicida. Se asomó ahora y calculó que si se arrojara al vacío su cuerpo, en lugar de caer, flotaría sobre las casas, sobre las calles, sobre la M-30. Cerró los ojos y tuvo una visión de la ciudad a vista de pájaro. Pero al mismo tiempo que la visión tuvo una idea: ¿Y si la mujer a la que había telefoneado era precisamente el fantasma al que tanto temía? Sabía por sus lecturas literarias que estamos condenados a tropezar con aquello de lo que huimos y comenzaba a sospechar que los fantasmas eran seres reales. Le pareció asombroso no haberse dado cuenta hasta ese instante de que no hacemos otra cosa que cruzarnos con fantasmas cada día. Supo que cuando uno espera a que cambie de color el semáforo está rodeado de fantasmas, y que el autobús y el metro están llenos de fantasmas, y que en los restaurantes comemos muchas veces al lado de fantasmas, aunque él no había sido capaz de comprender esta verdad palmaria —así la llamó él, «verdad pal-

maria» (¿de dónde habría sacado el adjetivo?)—
hasta ese instante.

Y en ese mismo instante se detuvo un taxi frente a
su portal y vio descender de él a una mujer de negro
que sin duda era el fantasma que él mismo había re-
clamado por teléfono unos minutos antes: era su madre muerta, porque Álvaro tenía dos madres como
más adelante se verá.

La madre muerta llegó al piso en cuestión de segundos. Era una viuda madura, efectivamente, de
unos cuarenta y dos o cuarenta y tres años, que se quitó
el abrigo negro en el salón, colocándolo con mucho
cuidado sobre el respaldo de una silla.

—Estás bien instalado —dijo echando un vistazo a
su alrededor.

—Gracias —respondió él.

La viuda madura llevaba debajo del abrigo negro
un jersey negro y una falda negra y unas medias ne-
gras, y todo el conjunto estaba un poco desgastado,
como el uniforme de un funcionario subalterno.

—¿Y bien —preguntó ella—, qué clase de número
te gusta?

—Me gustaría que te ducharas —dijo él.

—¿Quieres que nos duchemos juntos?

—No, quiero que te duches tú sola, mientras yo te
miro.

—¿No serás un psicópata, muchacho?

—No —dijo él enrojeciendo.

—¿Entonces por qué quieres que me duche yo
sola mientras tú me miras?

—Porque de pequeño me escondía en un cesto de mimbre para la ropa sucia que había en el cuarto de baño de casa y veía a mi madre ducharse.

—¿La veías ducharse mientras olías sus bragas sucias?

—A veces, sí.

—Pobre niño huérfano —dijo la viuda madura atrayendo a Álvaro hacia sí.

—Vamos al cuarto de baño —dijo él.

—De acuerdo, cariño, pero antes deja el dinero en esta mesa, pisado por este jarrón. No me lo voy a guardar hasta que no acabemos, pero me gusta verlo.

Álvaro no discutió el precio. Siempre tenía dinero en metálico en un armario de su dormitorio y a veces lo contaba. No era un avaro ni nada parecido, pero le gustaba tocar los billetes, y contarlos, por razones que ni él mismo alcanzaba a comprender. Cogió, pues, los billetes del armario y los colocó sobre la mesa, pisados por el jarrón.

—Me llamo Marisol, por cierto —dijo ella.

—Como mi madre —señaló él con sorpresa.

—Me alegro.

Se dirigieron al cuarto de baño y la viuda madura comenzó a desnudarse con movimientos provocadores que molestaron a Álvaro.

—No te desnudes así —dijo—. Haz como si yo no estuviera, como te desnudas cuando estás sola.

—Qué caprichoso es el huérfano este —protestó ella de manera retórica.

La ropa interior de la viuda madura era, sorpresivamente, roja, lo que desagradó a Álvaro, aunque esta vez no dijo nada.

—Ahora métete en la ducha y deja las cortinas abiertas.

—¿La bañera de tu casa no tenía cortinas?

—No.

La mujer abrió el grifo antes de meterse en la bañera, para calcular con la mano la temperatura del agua, y sin darse cuenta llevó a cabo el primer gesto no retórico, lo que satisfizo plenamente a Álvaro. Después, como si con ese gesto ella misma hubiera recuperado el gusto por la cotidianeidad, comenzó a ducharse igual que si estuviera sola, canturreando incluso una canción. De vez en cuando miraba hacia el rincón en el que permanecía Álvaro, pero parecía no verle.

—Mójate también el pelo —dijo él.

—¿Tienes secador, cariño?

—Sí, no te preocupes.

Mientras Álvaro la observaba se excitó con la fantasía de que la viuda madura fuera el verdadero fantasma de su madre muerta, pero la excitación cedió cuando la mujer cerró la ducha y recogió la ropa interior de color rojo. El fantasma de su madre jamás se habría vestido así. Entonces volvió la realidad en el modo en que se muestra habitualmente. Los ruidos no procedían de ninguna dimensión paralela y la voz de Álvaro comenzó a salir del interior de su propio cuerpo, como era habitual. Eso, en cierto modo, facilitó las cosas, pues comprendió que resultaba más fácil entenderse con una puta que con un fantasma.

—Sécate la cabeza si quieres —dijo—, estaré en el salón.

Mientras escuchaba el zumbido del secador y reflexionaba sobre el cuidado con el que la mujer había depositado su abrigo negro —su uniforme— sobre el respaldo de la silla, se arrepintió de haberla llamado y supo que no habría penitencia capaz de perdonarle aquel pecado, así me lo diría, en esos términos tan curiosamente cristianos en un joven escritor descreído.

La viuda madura comprendió que su trabajo había terminado, pero se sentó a su lado, en ropa interior, y encendió un cigarrillo, como con miedo a no haberse ganado el sueldo.

—No eres viuda, ¿verdad? —dijo él.

—Como si lo fuera.

—No te preocupes, tampoco yo soy huérfano.

—Pues es un alivio. ¿A qué te dedicas?

—Soy escritor —dijo Álvaro, e inexplicablemente se le saltaron las lágrimas como a Luz Acaso cuando le había dicho que era viuda.

—Conozco a otro escritor que se echa a llorar por nada también. Sois unos flojos.

—No es que seamos flojos —respondió él reprimiendo el llanto—, es que la vida nos debe algo que no nos da.

—Para problemas, los míos, cariño. Tengo una hija mayor en Francia que no sabe a lo que me dedico.

—¿Y qué hace en Francia?

—Estudia Farmacia. Si estuviera en España, tarde o temprano averiguaría a qué se dedica su madre. La he tenido desde pequeña en internados, gastándome una fortuna. Así que no llores porque la vida te debe no sé qué.

—¿Y a qué cree tu hija que te dedicas?

—Cree que vendo joyas, ya ves tú. Si yo fuera escritora, escribiría de cosas reales, como la de tener en Francia una hija convencida de que su madre vende joyas. He tenido que aprenderme las diferencias entre los rubíes y los diamantes. ¿Las conoces?

—No —dijo Álvaro.

Entonces la viuda madura le dio una verdadera lección de minerales cristalizados y piedras preciosas mientras dejaba escapar volutas de humo en dirección al techo. En algún momento, para referirse al rubí, utilizó la palabra carbunclo, o carbúnculo, con cuya pronunciación parecía disfrutar como si moviera un dulce dentro de la boca.

—Se dice de las dos formas —añadió—, carbunclo y carbúnculo, pero a mí me gusta más carbunclo.

—Parece una enfermedad —dijo él.

—Pues no es una enfermedad, ya ves tú. No me amargues la noche.

La viuda madura apagó el cigarro, recogió el dinero, pidió ella misma un taxi por teléfono, y mientras se ponía la falda negra y el jersey negro continuó dándole lecciones básicas de joyería. Álvaro me diría luego que había envidiado la honradez con la que se había documentado aquella mujer para engañar a su hija. Él jamás se habría documentado de ese modo para hacer más verosímil una novela, por lo que se preguntó quién era más puta de los dos, si la viuda madura o él.

Cuando se quedó solo, regresó el miedo al fantasma, por lo que se quedó a dormir en el sofá y cogió un poco de frío.

5

Al día siguiente, **Luz Acaso llegó a Talleres Literarios** a las doce menos diez y se quedó dentro del coche, escuchando la radio, para hacer tiempo hasta las doce. El programa de la radio trataba sobre la adopción y me habían invitado para que contara algún caso. Hablé de madres que entregaron a sus hijos en adopción al nacer y que después de muchos años decidieron buscarlos para verles el rostro. También conté historias de hombres y mujeres que averiguaron casualmente que eran adoptados y que ahora buscaban a su verdadera madre para conocer su rostro. Insistí en esa curiosa necesidad de conocer el rostro de la madre o del hijo perdidos, como si el rostro contuviera una escritura portadora de un mensaje esencial.

Pasaron unos minutos durante los que no sucedió nada dentro de la cabeza de Luz Acaso. Al volver en sí, se dio cuenta de que había empañado los cristales del coche con su respiración, que se había convertido en una suerte de jadeo. Entonces miró el reloj, bajó del coche, cogió el abrigo del asiento de atrás y se dirigió a la puerta de Talleres Literarios.

Álvaro Abril salió en seguida a recibirla acompañándola al mismo despacho del día anterior. Luz Acaso se sentó en el mismo sitio, también sin quitarse el abrigo, y él encendió el magnetofón:

—Al principio —dijo— le parecerá inevitable estar algo pendiente del aparato, pero en seguida se olvidará de su existencia.

—La verdad es que cohíbe un poco —dijo ella retirándose el pelo hacia atrás.

—Bueno, da la impresión de que obliga a decir las cosas un poco más elaboradas de lo normal, pero usted no le haga caso. Exprésese como quiera y hable de lo que le dé la gana. Ya me encargaré yo de seleccionar y articular los materiales.

Luz Acaso carraspeó.

—A ver qué sale —dijo.

—Si quiere, por romper el fuego, podríamos empezar por lo de ayer. Me había dicho usted que era viuda.

Luz Acaso se abrió los faldones del abrigo descubriendo una falda negra, de piel, que Álvaro Abril no pudo evitar mirar.

—Perdón, ¿no quiere quitarse el abrigo? —preguntó.

—No del todo —dijo ella—, hace frío aquí.

—Estos chalets antiguos tienen muchas pérdidas.

La mujer permaneció mirando al vacío, en la dirección de Álvaro, quien insistió:

—¿Y bien?

—Tengo que confesarle una cuestión previa. No soy viuda. Le mentí ayer. De repente me vino a la cabeza la idea de que era viuda y no fui capaz de reprimirla.

Ella hizo una pausa durante la que Álvaro Abril permaneció inmóvil, como un mueble, con la respiración contenida y los ojos clavados en dirección a la mujer.

—No soy viuda —añadió—, eso era mentira, pero mi llanto era verdadero. Lloraba de verdad por una pérdida falsa. Y es que he tenido muchas veces esta fantasía, la de quedarme viuda, aunque nunca he deseado casarme. Parece contradictorio, pero dentro de mí no lo es.

La mujer se quedó de nuevo en silencio y por un momento pareció que el universo entero se había callado al escuchar su confesión. El roce de la cinta del magnetofón acentuó aquel silencio escandaloso, que rompió finalmente Álvaro Abril:

—Las fantasías —dijo— también forman parte de la realidad. No se preocupe.

—¿Podría incluir entonces todo eso en mi biografía? —preguntó la mujer intentando reprimir las lágrimas—. ¿Podría incluir que, aunque no soy viuda, mi temperamento es el de una mujer que ha perdido a su marido? ¿Podría, en una autobiografía verdadera, colocar ese dato falso?

—Sí —dijo él—, se puede hacer.

—¡Pero si no es verdad! —añadió ella retirándose una lágrima única del ojo derecho con el dorso del dedo índice.

—No sería verdad para un currículum, pero sí para una biografía.

—Entonces, cuéntelo, cuente que sentí la pérdida de mi marido como, como...

—¿Como una amputación?

—Como una reposición más bien, una reposición de algo que había perdido al casarme. Mientras él vivía, yo no sabía hacer nada práctico, ni firmar un cheque, ni arreglar un grifo, nada. No sabía lo que pagábamos al mes de gas, de luz, de agua. Todo lo llevaba él. Al principio creí que no podría salir adelante yo sola, pero luego encontré placer en aprender, y cada conquista que llevaba a cabo me servía también para darme cuenta de hasta qué punto había estado sometida a sus intereses. Creo que llegué a odiarle un poco. Un día desarmé un enchufe de la casa que no funcionaba. Para mí, el interior de un enchufe era tan misterioso como el interior de una cabeza. Pero vi que no tenía más que dos cables y que uno de ellos estaba suelto. Lo sujeté al tornillo del que parecía haberse desprendido, armé de nuevo todo y funcionó. Entonces, lejos de alegrarme, sentí una tristeza enorme y me eché a llorar. Pensé que habría dado cualquier cosa por que él me hubiera visto arreglar aquel enchufe. ¿Comprende?

—Sí —dijo Álvaro Abril tomando notas en un gran cuaderno.

Luz Acaso se desprendió entonces del abrigo y lo dejó caer sobre el asiento, detrás de su espalda. Llevaba un jersey negro muy fino, de cuello redondo, en el que se marcaban los huesos de sus hombros y de sus clavículas, pues era muy delgada. Daba un poco de frío, o de piedad, ver un cuello tan frágil, completamente desnudo.

—¿Cómo se llamaba su marido? —preguntó Álvaro.

—Ya le he dicho que no era real, de modo que no necesitaba llamarse de ningún modo. No logré encontrarle un nombre que encajara con su temperamento.

—¿Desea que hablemos de otra cosa? ¿Algo de su niñez, quizá? ¿Quiere describir a sus padres?

—No, no, prefiero continuar con mi marido. Verá, el día del entierro sucedió algo un poco misterioso. Como falleció en casa, pusimos la capilla ardiente en el salón. Yo habría preferido ponerla en nuestro dormitorio, para no tener que andar moviendo el cadáver. Pero mi madre dijo que cuando estos ritos funerarios se llevaban a cabo en el domicilio, la capilla ardiente se colocaba en la habitación más grande y la menos íntima. De modo que con la ayuda de los vecinos y de los empleados de la funeraria retiramos los muebles del salón y montamos una capilla ardiente que no tenía nada que envidiar a la de los tanatorios de verdad. Yo siempre he sido partidaria de morirme en casa. Me he muerto, imaginariamente, claro, tres o cuatro veces y ninguna de ellas en el hospital. También algún día me gustaría hablarle de mi propia muerte.

—De acuerdo —dijo Álvaro.

—Mi madre se ocupó de colocar en el recibidor una especie de velador con un libro de firmas y una bandejita de plata para que quienes acudieran al velatorio estampasen su firma y dejaran su tarjeta de visita. Mi madre era viuda y conocía bien aquellos ritos que impregnan de dignidad, creo yo, estas situaciones dolorosas. Cuando terminamos de montarlo todo, a eso de las diez de la noche, empezó a llegar gente. Al principio se trataba de gente conocida, pero luego, a medida que pasaban las horas, la casa se llenó de sombras que hablaban entre sí con una taza de café entre las manos. Perdí el control sobre los visitantes. Me saludaban personas a las que no había visto en la vida. Yo daba las gracias mecánicamente, suponiendo que eran compañeros o compañeras de trabajo de mi marido, o bien familiares lejanos, de los que sólo aparecen de entierro en entierro, en fin. Al amanecer, mi madre me dio una pastilla para que aguantara.

—Una pastilla de qué.

—No lo sé. Al tratarse de una pastilla irreal, no necesité ponerle nombre. Era una pastilla para aguantar. Le aseguro que hay pastillas para eso.

—Perdone, siga.

—Pues bien, por la mañana llegaron los de la funeraria, bajaron el féretro, fuimos al cementerio e incineramos al difunto. Hasta ahí, todo normal. Al regresar a casa, caí rendida y estuve durmiendo dos días seguidos, eso dijo mi madre. Me levanté muy débil de la cama y me hice un caldo para reanimarme. Había perdido las ganas de comer. Me senté en una butaca que tengo delante del balcón y me puse a mirar las casas del otro lado de la calle como una convaleciente. Vivo en una calle muy estrecha, que se parece a las calles de Praga. Ahora me doy cuenta de que la muerte de mi marido fue en cierto modo como el fin de una larga enfermedad. La enfermedad había sido el matrimonio. Por eso yo estaba convaleciente. Convalecía de él, y tuve la impresión de que se trataría de una convalecencia larga, larga. La entretenía mirando álbumes de fotografía antiguos, de cuando éramos jóvenes, porque nos conocimos muy jóvenes. Yo me quedé embarazada de él a los quince años. Fue un escándalo en nuestras familias. Decidieron que seríamos incapaces de hacernos cargo del bebé y lo dimos en adopción por un sistema que había entonces que no se sabía a quién se entregaba el niño. Tú no te enterabas de nada, ni siquiera del sexo de tu hijo, porque no te dejaban verle la cara para que no te encariñaras con él. No sé si fue un niño o una niña, perdone, pero no puedo recordar esto sin emocionarme. Muchas veces me he preguntado cómo sería hoy su cara. A veces voy por la calle mirando a la gente y me digo éste o ésta podrían ser, éste o ésta no. Aquello sí que fue una amputación. Luego, cuando nos casamos, no quise tener hijos porque me parecía una traición a aquel niño o a aquella niña que quizá no llegara a saber nunca que había sido arrancado con violencia de su madre.

Luz Acaso se puso el abrigo por los hombros, como si los recuerdos le hubieran producido frío. Álvaro Abril se pasó la lengua por los labios enrojecidos, observando, entre la fascinación y el miedo, a Luz Acaso. Había dejado de tomar notas, confiándolo todo al magnetofón, cuya cinta llegó en ese instante al final, produciendo un ruido seco que sobresaltó a los dos. Álvaro se apresuró a darle la vuelta y Luz Acaso continuó su relato.

—Mi hijo tendría ahora su edad —añadió por sorpresa.

—No se lo va a creer, pero da la casualidad de que soy adoptado —dijo él—. Nunca conocí a mis verdaderos padres.

—La vida está llena de coincidencias, si uno sabe verlas. Me he dado cuenta de que este callejón se llama Francisco Expósito.

—Es lo primero que vi cuando empecé a trabajar en Talleres Literarios, el nombre de la calle.

—Pero usted no es Expósito.

—Soy Abril. Recibí el apellido de mis padres adoptivos.

—Pues bien, quedamos en que me había sentado frente al balcón como una convaleciente. Mi madre venía a veces y me preparaba comidas nutritivas que apenas era capaz de tragar. Ya he dicho que miraba álbumes de fotografías antiguas y todo eso. Pero un día cogí el libro de firmas del velatorio de mi marido y me puse a hojearlo. Se trataba en realidad de un gigantesco libro de contabilidad, que era lo más parecido a un libro de firmas que había encontrado mi madre en la papelería. Algunas personas habían escrito en el *Debe* y algunas en el *Haber*. Las frases eran sencillas y convencionales, pero de repente tropecé con una que me llamó la atención porque decía así: «La verdadera viuda estuvo aquí sin que nadie la reconociera, así es la vida». Había habido otra mujer, en fin, y no se trataba de una mujer con la que mi marido hubiera tenido una aventura pasajera, puesto que se postulaba como «la verdadera viuda». Cuántas existencias paralelas, pensé, se pueden llevar a cabo en una sola existencia sin que lo adviertan ni las personas más cercanas. A nadie, hasta hoy, le había contado lo de mi hijo, por ejemplo, y sin embargo la ausencia de ese hijo ha ido creciendo junto a mí sin que nadie, nadie, ni siquiera la gente más cercana, advirtiera ese vacío tan escandaloso. Comprendí perfectamente a aquella mujer que decía ser la viuda verdadera, entre otras cosas porque yo, más que un marido, había perdido una enfermedad. Yo no era una viuda, sino una convaleciente. Hice memoria de las mujeres que me habían dado el pésame durante la noche del velatorio, pero no logré deducir cuál de ellas era la viuda verdadera, con la que me habría gustado hablar para cederle el título oficial de viuda a cambio de que me hubiera contado cosas de mi marido que yo ignoraba. Crees que conoces a las personas y ya ves. Pero pasó tanta gente aquella noche por mi casa y estaba yo tan aturdida, que me fue imposible seleccionar un rostro de entre todos los que me habían saludado. La viuda verdadera se llamaba Fina, así había firmado en el libro, al menos, un nombre que sin ser original suena un poco raro, incluso un poco cómico.

—¿Y cómo me dijo que se llamaba su marido? —volvió a preguntar Álvaro Abril con el gesto de quien ha olvidado un dato sin importancia, para tratar de situar la verdad a un lado de la biografía y la mentira al otro.

—Ya le he dicho que no tenía nombre, no se me ocurrió ninguno que le cuadrara.

—Perdón, es cierto.

—Busqué entonces entre las tarjetas de visita, que estaban guardadas en un sobre, y encontré una en la que ponía: «Fina, discreción y compañía para caballeros serios. Veinticuatro horas». Abajo figuraba el número de un móvil al que llamé en seguida, aunque colgué cuando respondió una mujer.

—¿Y? —preguntó Álvaro Abril.

—Estoy un poco cansada. Si no le importa, lo dejaremos aquí por hoy.

Álvaro Abril miró el reloj. Dijo:

—Como quiera. De todos modos, va a ser la hora.

6

Por lo que más tarde me contaría María José, Luz Acaso abandonó Talleres Literarios perturbada, pero dichosa, aunque habría sido imposible señalar dónde terminaba la perturbación y comenzaba la dicha, pues la una se introducía en el territorio de la otra como los dedos de dos manos cruzadas. El coche parecía ir solo. Nunca las velocidades habían entrado con aquella facilidad ni los semáforos habían cambiado tan oportunamente de color. López de Hoyos, que era una calle caótica, se comportaba como un mecanismo de precisión en el que todo sucedía al servicio de algo. Frenó y vio cruzar por delante de ella a una mujer con bolsas que sin duda se dirigiría a un sitio misterioso. Quizá a una cocina. Descubrió de súbito que las cocinas eran lugares raros, capaces de provocar acontecimientos en las cabezas de quienes entraban en ellas. Pensó en la de su casa y le apeteció llegar. El día anterior, cuando María José, la tuerta, se despidió después de haber dormido la siesta en su sofá, había vuelto a repetir lo de Praga:

—Qué suerte, vivir en Praga sin necesidad de salir de Madrid. Creo que en una casa como ésta sería capaz de escribir una gran obra sobre el lumbago. O sobre el l'um bago.

Luz debió de sentirse orgullosa. Su vida había adquirido un valor inexplicable. Tenía una casa en Praga y una biografía en marcha. Y el tiempo continuaba centroeuropeo, aunque las temperaturas habían subido un poco en las últimas horas.

Colocó el espejo retrovisor de manera que en lugar de ver el tráfico se viera a sí misma. De este modo, cada vez que miraba distinguía sus propios ojos e imaginaba que eran los de una pasajera que viajaba a su espalda, persiguiéndola, aunque cada vez se sentía más lejos de sí misma. Iba dejando atrás una vida para abrazarse a otra.

En esto, el ocupante de un automóvil situado a su derecha le gritó algo obsceno y ella salió de su ensimismamiento pensando que quizá había realizado alguna maniobra incorrecta. No le importó. Es más, observó con una indiferencia extraña el rostro del que salían los insultos y sonrió. Después, sin abandonar la expresión, giró el volante y se aproximó al automóvil hasta rozarse con él. Vio la cara de desconcierto del automovilista vociferante, que se apartó a un lado y frenó. Ella, en cambio, aceleró y lo dejó atrás. Cuando miró por el retrovisor, ya no estaban sus ojos.

Había cerca de la casa de Luz un solar en el que siempre encontraba sitio para aparcar el coche, aunque ella solía pasar primero por delante de su portal, por si aparecía un hueco. No vio ninguno, pero sí a la tuerta, María José, de pie, en el portal, con una bolsa de viaje en el suelo, esperando evidentemente que llegara. Dio un par de vueltas más, para observarla, y finalmente aparcó en el solar. Cuando llegó al portal, María José tenía la bolsa en la mano, como si se hubiera cansado de esperar y estuviera dispuesta a irse.

—Hola —dijo Luz.

—Hola, ¿puedo subir?

En las escaleras María José dijo que sus padres la habían echado de casa por negarse a trabajar en la pescadería.

—Puedes quedarte unos días conmigo —dijo Luz.

—¿Cuántos días? —preguntó la tuerta.

—No sé, unos días, hasta que decidas qué vas a hacer.

—Ya te he dicho lo que quiero hacer: escribir algo sobre el lumbago. O sobre el l'um bago.

Luz abrió la puerta de su casa y entró seguida de la tuerta. Cuando estuvieron dentro, se volvió y preguntó:

—¿Y cuánto tiempo te llevará escribir ese libro?

—En Madrid me habría llevado toda la vida, pero en Praga es cuestión de semanas.

Comieron juntas, como el día anterior, en la cocina oscura y luego se sentaron en el sofá. Luz contó a María José que Álvaro Abril era adoptado.

—Podría ser mi hijo, fíjate —dijo riéndose—, porque yo entregué en adopción a un hijo que ahora tendría su edad.

—¿Pues cuándo lo tuviste?

—A los quince años. Me quedé embarazada de un hombre que después murió. Nada más tener al niño, me lo quitaron y se lo entregaron a otra mujer que esperaba en la habitación de al lado, para fingir que lo había parido ella. Ni siquiera pude verle la cara. Eso es lo que más echo de menos de él: no haberle visto el rostro.

—¿Cómo sabes que era un niño?

—No lo sé. Pudo ser una niña. Tú también podrías ser mi hija.

—Yo no soy adoptada.

—Pues me parece que te acabo de adoptar.

Luz y María José rieron. Estaban sentadas en el sofá, delante de la ventana que daba a María Moliner, y la tarde tenía, como el día anterior, una oscuridad en cuyo interior parecía haber una burbuja de luz. Quizá la burbuja de luz estuviera más en las cabezas de ellas que en la tarde; el caso es que la oscuridad proporcionaba acogimiento y la burbuja de luz prometía futuro.

—¿Te importa que me quite el parche un rato? —preguntó María José.

—Por favor.

La tuerta se quitó el parche y al abrir el ojo derecho proporcionó a su rostro un golpe de luz que deslumbró a Luz.

—Qué guapa eres —dijo.

—No quiero ser guapa. Quiero ser eficaz. Háblame de Álvaro Abril.

—Es tímido.

—¿Y qué más es?

—Nervioso. Se muerde el labio inferior así —dijo Luz mordiéndose el suyo—, por eso lo tiene siempre un poco enrojecido.

—¿Y qué más?

—No sé qué más. Hoy estaba un poco acatarrado.

Permanecieron en silencio y al poco María José adoptó la postura del día anterior, para dormir un rato. Dice que antes de perder la conciencia, oyó un golpe de viento, y al abrir los ojos vio cómo el cristal de la ventana se llenaba de gotas de lluvia que en seguida formaron regueros. También vio que Luz abría su bolsa de viaje y comenzaba a vaciarla. Al final encontró *El parque,* la novela de Álvaro Abril. Se sentó junto a María José y comenzó a leerla.

7

Yo, entretanto, trabajaba en un reportaje sobre la adopción. Tengo la flaqueza de atribuir a la casualidad una intención oculta. Quizá el mundo se sostiene sobre una red invisible de casualidades. Si un fragmento de esa red queda al descubierto ante tus ojos, cómo evitar la tentación de tirar del hilo. Cuando estábamos juntos, mi mujer me acusaba de tener un temperamento religioso. No me importa llamarlo así, puesto que la red de la que hablo *religa* o une lo disperso y le otorga un sentido.

Había recogido suficiente material sobre la adopción para un libro, pero lo tenía aparcado, a la espera de que se me ocurriera el hilo conductor en torno al que organizar toda esa documentación. Mientras el material reposaba, conocí por casualidad a Álvaro Abril en las circunstancias que ya han quedado descritas. Entonces, no sabía que era adoptado. ¿Lo era?

Dos o tres días después de que me presentaran a Álvaro, me sucedió algo curioso: un soltero sin hijos, un amigo al que conocía desde la adolescencia, pronunció delante de mí una frase enigmática:

—Si yo hubiera tenido hijos —dijo—, el mayor tendría ahora veinticinco años.

Habíamos cenado juntos, solos, y luego habíamos ido a tomar una copa, como siempre que nos veíamos, una o dos veces al mes desde hacía treinta años. Los dos éramos cincuentones y a mí me parecía un milagro conservar aquella costumbre a la que sacrificaba cualquier otro compromiso. En algún momento hice un comentario sobre mi hija y entonces él dijo aquello de que si hubiera tenido hijos el mayor tendría ahora veinticinco años.

—¿Y el pequeño? —pregunté conteniendo la respiración, pues no estaba seguro de haber oído bien.

—El pequeño tendría veintidós —dijo llevándose el vaso a los labios con gesto de nostalgia.

Yo tenía muchos testimonios sobre mujeres que se habían desprendido de sus hijos sin llegar a verlos. Durante años, fue una práctica habitual en algunos sanatorios de monjas. La joven que no podía hacerse cargo de su bebé paría en una habitación mientras que en la de al lado esperaba la madre falsa. No se trataba propiamente de una adopción, puesto que a efectos legales la madre falsa registraba al niño como si lo hubiera tenido ella. Pasado el tiempo, algunos de estos bebés, convertidos en hombres o mujeres, descubrían por azar el engaño y caían en la obsesión de conocer sus orígenes. Las madres a quienes se los habían arrebatado sin permitirles disfrutar de ellos siquiera unos segundos soñaban, por su parte, con encontrar a esos hijos de los que no se pudieron despedir. Muchas iban por la calle diciéndose: éste podría ser; este otro no; aquélla quizá; aquella otra, de ninguna manera.

Algunos colegas sabían que yo llevaba tiempo inmerso en esa investigación y me facilitaban datos, o me los solicitaban. Por eso, el día en el que Luz Acaso llegó diez minutos antes de las doce a su segundo encuentro con Álvaro Abril y permaneció dentro del coche escuchando por la radio un programa sobre la adopción, yo estaba al otro lado, en la emisora, aportando los testimonios que ella oía: ahí está la red de casualidades con las que se teje la realidad. Naturalmente, esto lo supe mucho después, pero creo que debo decirlo ahora.

Pues bien, cuando mi amigo pronunció aquella frase *(si hubiera tenido hijos, el mayor tendría ahora veinticinco años)* pensé que en la vida de las personas era más importante lo que no sucedía que lo que sucedía. Aquel soltero aparente tenía en otra dimensión oculta una familia imaginaria, una familia que llevaba construyendo al menos desde hacía veinticinco años. Pensé entonces que cada uno de nosotros lleva dentro un «lo que no», es decir, algo que no le ha sucedido y que sin embargo tiene más peso en su vida que «lo que sí», que lo que le ha ocurrido. Es posible que haya personas en las que misteriosamente se cumpla «lo que no» y deje de cumplirse «lo que sí», pero no tengo ningún caso documentado de lo que, de existir, sería una aberración pavorosa. Pensé en mí mismo: era un buen autor de reportajes, pero lo que pesaba en mi vida no eran esos reportajes tantas veces premiados, sino una novela inexistente, que sin embargo estaba escrita en una dimensión distinta a aquella en la que me desenvolvía. Muchas de las mujeres que habían entregado a sus bebés a una madre falsa habían tenido después una vida feliz, en ocasiones llena de descendencia. Pero el hijo más importante de todos era «el que no». Algunos de esos hijos, por su parte, habían crecido en familias falsas envidiables, pero una vez que se enteraban de su condición espuria no hacían sino añorar aquella otra familia inexistente, «la que no».

Todo el mundo tiene una herida por la que supura un «lo que no», que ningún «lo que sí», por extraordinario que sea, logra suturar.

Imaginé a mi amigo hacía veinticinco años, el día en el que no nació su hijo mayor y también el día en el que no se casó. Supe en seguida con quién no se había casado porque habíamos sido compañeros de facultad y conocía a todas las chicas con las que no había salido, aunque sólo se había enamorado de una con la que —ahora me daba cuenta— no había vivido durante todos aquellos años, y con la que tampoco había tenido dos hijos, el mayor de los cuales no tenía ahora veinticinco años.

Esa noche no pude dormir. Continué hilvanando la biografía paralela de mi amigo. Lo recordé sentado en la playa algunos veranos que había pasado las vacaciones con mi mujer y conmigo, cuando éramos jóvenes y nuestra hija era pequeña. Siempre había tenido una habitación disponible en nuestra casa, donde se adaptaba con gusto a las rutinas familiares. Lo recordé, decía, sentado en la playa con un libro entre las manos. A ratos, dejaba caer el libro y se perdía en la ensoñación de los hijos que no había tenido con la mujer con la que no se había casado. Quizá cuando yo le veía perder la vista en el horizonte estaba echándoles un vistazo, para que no se ahogaran. Tal vez veía cómo sus hijos jugaban con la mía. Recordé entonces que mi amigo, a medida que mi hija crecía, me había hecho preguntas curiosas, de orden práctico, un poco inexplicables en alguien sin familia. Un día se interesó por el calendario de vacunas. Quería saber a qué edades se vacunaban los niños y de qué. Tal vez llevaba una cartilla imaginaria de vacunas. Siempre se interesó también por sus estudios y tomaba nota de la edad en que se aprendía a dividir o a hacer quebrados o ecuaciones.

—¿Tiene tu hija más dificultad con la lengua o con las matemáticas? —preguntaba con un interés que para mí resultaba enigmático.

Comprendí entonces el sentido de todas aquellas preguntas. Cada vez que yo llevaba a vacunar a mi hija, él llevaba a no vacunar a sus hijos. Podía verle, en esa otra dimensión paralela a su vida de soltero sin hijos, no llevando a sus hijos al colegio, no llevándolos al cine, al circo, a la hamburguesería, a los museos. Me pregunté si en esa existencia de «lo que no» ocurrirían desgracias, como en la existencia de «lo que sí». ¿Tendrían fiebre los hijos no reales? ¿Cogerían el sarampión, la gripe? ¿Toserían por las noches, en la cama, al otro lado del pasillo oscuro?

De súbito, comprendí muchas cosas de mi amigo, y quizá de mí mismo, que hasta entonces había tomado por rarezas inexplicables. Tal vez en esa existencia de «lo que no» su vida había sufrido reveses que yo no era capaz de imaginar. Advertí lo cruel que había sido cuando le decía que él no tenía preocupaciones. Vaya si las tenía, y quizá más grandes que las mías.

Había un vínculo misterioso entre todo aquel material sobre la adopción que había acumulado y el descubrimiento de «lo que no». Quizá, pensé, había estado reuniendo documentación para trabajar en una cosa creyendo que estaba trabajando en otra. Esa noche, me desperté a las cuatro de la madrugada y comencé a escribir un cuento titulado *Nadie*.

8

El tercer encuentro entre **Luz Acaso y Álvaro Abril** empezó como los dos primeros. Él salió a recibirla al vestíbulo de Talleres Literarios y la acompañó hasta el despacho dudando si debía ir delante o detrás. Ella se sentó y se desabrochó el abrigo sin llegar a quitárselo. Llevaba un jersey muy parecido al del día anterior, aunque de color malva, y una falda de tela cuyo borde quedaba por debajo de las rodillas incluso al sentarse. Álvaro abrió el cuaderno y cuando consideró que ella estaba preparada encendió el magnetofón. Luz Acaso tosió, se ruborizó un poco y comenzó a hablar:

—Quizá debería comenzar diciendo que ayer también mentí al decir que cuando era adolescente había tenido un hijo. Acababa de oír por la radio, en el coche, un programa sobre adopciones y me impresionó tanto que hice mío el problema de esas pobres mujeres a las que les arrebataron el bebé nada más nacer. Pero se trataba de una mentira que no era una mentira, porque mientras la contaba era verdad. ¿Puede usted entender esto, que una cosa sea al mismo tiempo mentira y verdad?

—Sí, creo que sí —pronunció, turbado, Álvaro Abril, al tiempo que desviaba la mirada del cuerpo de Luz Acaso, cuyos senos acababa de descubrir. El día anterior había descubierto sus clavículas. Parecía que se le revelaba por partes, aunque siempre se le hubiera presentado entera.

—De hecho —continuó ella—, en el mismo instante de mentir recordé perfectamente el día en el que había entrado en el sanatorio con el bebé en el vientre y una maleta pequeña, que me había preparado mi madre a toda prisa. Rompí aguas de noche, una semana antes de salir de cuentas, y mis padres se asustaron muchísimo. En tales circunstancias, se suele pedir ayuda a los vecinos, pero ningún vecino sabía que yo estaba embarazada, porque se lo habíamos ocultado a todo el mundo. Un embarazo en una cría de quince años era en mi medio una vergüenza. Hasta el último mes llevé una faja que me disimulaba el vientre y trajes ceñidos que quizá perjudicaron al bebé. Yo tenía la obsesión de no dañar al niño, y mi madre la de que no se me notara. Pedimos un taxi por teléfono y bajamos clandestinamente las escaleras. Mis padres estaban más preocupados por la posibilidad de que nos tropezáramos con un vecino que con que al bebé o a mí nos sucediera algo. Fuimos a un sanatorio de monjas que hay en Príncipe de Vergara, donde ya estaba todo pactado para que le entregaran el niño, o la niña, nada más nacer, a un matrimonio del que no sabíamos nada. Sólo nos aseguraron que eran personas acomodadas y de formación religiosa. El matrimonio receptor ignoraba también quién era la madre. Lo hacían así para que en el futuro no hubiera la mínima posibilidad de que nos encontráramos. Perdone, ¿me podría conseguir un poco de agua?

Álvaro Abril detuvo el magnetofón, se levantó y salió del despacho. Me contó que llegó a la cocina de Talleres Literarios y se sentó, trastornado, en una banqueta. El día anterior, cuando ella había dicho que él, atendiendo a su edad, podía ser su hijo, había fantaseado con esa posibilidad, a la que ahora tenía que añadir la de no serlo, o quizá la de serlo y no serlo simultáneamente, pues cómo saber cuándo aquella mujer decía la verdad y cuándo no.

Llenó, confuso, un vaso de agua y lo llevó al despacho. Luz Acaso no había cambiado de postura, aunque tenía los ojos algo enrojecidos. Tal vez, pensó Álvaro, le había hecho salir a por el agua para no llorar delante de él. Tomó dos sorbos y continuó hablando:

—Antes de entrar al paritorio, estuve en una habitación, con goteo, para que dilatara, porque no dilataba. Mi madre estaba a mi lado. Le pedí que nos quedáramos con el niño, pero ella se mostró inflexible, aunque luego se conmovió un poco y dijo que, si lo hubiéramos pensado antes, tal vez podríamos haber fingido que era de ella. Se trataba de una práctica habitual también por aquellos días. Cuando una chica joven se quedaba embarazada, la madre iba poniéndose cosas alrededor del vientre, fingiendo un embarazo. Cuando llegaba el momento, madre e hija se iban al sanatorio y regresaban como si lo hubiera tenido la madre. La verdadera madre se convertía en hermana. Hay muchos casos así, por lo visto, de gente que es hija de su abuela y hermana de su madre. Pero me dijo que ya no estábamos a tiempo. Luego a mí me dieron los dolores y no pude continuar defendiendo mi derecho a quedarme con el bebé.

Luz Acaso se llevó el vaso de agua a la boca y bebió otros dos sorbos. Me contó Álvaro Abril que, al adelantar el brazo hacia el borde de la mesa, el jersey se le había ceñido al cuerpo proporcionándole una visión de sus pechos que le había hecho daño.

—¿Qué clase de daño? —pregunté.

—Un daño remoto —dijo él—, como ese daño infantil que procede de lo más hondo del pasillo y sabes que te está destinado. Este daño procedía de lo más profundo de mi biografía y avanzaba hacia el presente desde la oscuridad aquella. Yo era como un niño detrás de las cortinas, con la mirada clavada en ese dolor del que me estaba enamorando.

Me habló también de las clavículas. Estaba obsesionado con las clavículas de Luz Acaso, porque le parecían de una fragilidad extrema. Fue descubriendo su cuerpo, en fin, como se descubre una ciudad extranjera en la que sin embargo tienes la impresión de haber estado alguna vez. Aquel día, el tercero, Luz continuó contándole el regreso a la casa, sin el niño:

—Estuve tres días en el sanatorio —dijo— recuperándome del parto. Luego hicimos la maleta y regresamos a casa. Yo me sentía hueca, no vacía, sino hueca. Durante más de un mes no salí de la habitación. Dejé de estudiar. Me asomaba a la ventana, veía pasar por debajo a las chicas de mi edad y comprendía que yo tenía un siglo más que todas ellas juntas. Pensé que mi vida, a partir de entonces, no consistiría más que en esperar a que la casualidad me devolviera a mi hijo, o a mi hija. Empecé a salir. Iba a los parques y miraba a los hijos de la otras mujeres diciéndome éste podría ser, éste no. Ésta sí, esta otra no. Perdone, pero no puedo continuar.

A estas alturas, Álvaro Abril ya no sabía si lo que le contaba Luz Acaso era verdad o no, de modo que no pudo reprimirse y preguntó:

—¿Pero la historia del embarazo es cierta o no?

—Ya le he dicho que no. No en la realidad, al menos, pero sí en una parte de mí. No hay forma de escribir una biografía de este modo, ¿verdad?

—Sí, sí la hay —dijo Álvaro aterrado por la posibilidad de que ella abandonara el proyecto.

—Pero usted necesitará datos reales.

—Las fantasías son datos reales. No se preocupe. Siga.

—Hoy no, mañana quizá.

—Qué quiere decir «quizá».

—No sé.

Álvaro le hizo jurar que volvería. Ella dijo que sí y se fue a casa, donde María José había preparado algo de comida utilizando sólo el brazo izquierdo y el ojo izquierdo.

—A ver qué te parece esta comida zurda —dijo.

Se trataba de un guiso de pescado muy oscuro que Luz observó con franqueza antes de coger la cuchara. María José le pidió que lo probara con la mano izquierda y con el lado izquierdo de la boca, a lo que Luz accedió con naturalidad.

—Está muy bueno —dijo.

Luego se sentaron las dos a la mesa de la cocina y comenzaron a comer, al principio en silencio. Luego María José preguntó qué tal le iba con Álvaro Abril.

—El pobre —dijo— está fantaseando con la posibilidad de ser mi hijo.

—¿Y podría ser?

—Por la edad, sí —respondió Luz.

Después de comer, se sentaron en el sofá del salón y Luz se interesó por el libro de María José sobre el lumbago, o quizá el l'um bago.

—Ése es el problema —dijo ella—, que ahora no sé si escribir sobre una cosa o sobre la otra. De todos modos, esta mañana he escrito unos textos zurdos, para hacer dedos.

—¿Me los quieres enseñar?

—Prefiero que no, pero me gustaría que me hicieras un favor: que le preguntes a Álvaro Abril por qué se puede empezar una novela diciendo «yo tenía una casa en África» y no «yo tenía un acuario en el salón». El acuario que tenían mis padres en el salón era para mí tan importante como la casa que tenía en África Isaac Dinesen. ¿Viste la película?

—¿*Memorias de África*?

—Sí, y empezaba así, yo tenía una casa en África.

—Yo tenía una casa en África, sí, qué bonito.

—Es lo que te decía. Estoy pensando —añadió— que si Álvaro Abril fuera hijo tuyo y yo me casara con él podría ser tu hija política.

9

¿**P**or qué reunía <u>yo</u> **material sobre la adop-**
ción? Todo empezó un día que firmaba
ejemplares de <u>mi último libro de reportajes</u>
<u>en unos grandes almacen</u>es. Había firmado muy poco
y, cuando ya estaba a punto de retirarme, se acercó un
joven de veintitantos años que me pidió una dedica-
toria. Mientras yo escribía, me dijo que en su casa <u>me</u>
llamaban el <u>hermanastro</u> de su padre.

—¿Y eso? —pregunté.

—Porque es que eres idéntico a mi padre. Podrías
ser su hermano gemelo, pero te llamamos el hermanastro.

Los dos reímos, qué íbamos a hacer, y él me apun-
tó en un papel una dirección y un número de teléfono, «por si algún día quieres conocer a tu doble»,
dijo.

Metí el papel en el bolsillo de la chaqueta y olvidé el asunto. En realidad no lo olvidé, sino que lo arrojé al sótano, de donde salió poco tiempo después, una noche que me desperté de una pesadilla y comencé a darle vueltas. Supongamos, me dije, que ese hombre y yo fuéramos realmente hermanos gemelos y que nuestros padres nos hubieran separado al entregarnos en adopción a dos familias distintas. Se trataba de una idea novelesca bastante atractiva (yo corría detrás de cualquier idea novelesca para desintoxicarme de los reportajes), aunque tenía el defecto de que su arranque era real, pues de no haber sido por el encuentro con aquel lector joven, a mí no se me habría ocurrido.

Empecé, no obstante, a sugestionarme con la posibilidad de ser el gemelo de otro, lo que en cierto modo explicaría esa sensación de estar inacabado, inconcluso, que me ha acompañado a lo largo de la vida. Entiéndase de todos modos esta sugestión como un juego retórico que daba vueltas en mi cabeza mientras yo daba vueltas en la cama. Jamás antes se me había pasado por la cabeza la posibilidad de ser adoptado y tampoco ahora albergaba ninguna duda acerca de que los padres que había conocido —ya muertos— eran mis verdaderos padres.

Al poco tiempo, un día me puse la misma chaqueta que llevaba cuando estuve firmando libros y tropecé con el papel que me había dado el muchacho. Llamé por teléfono un par de veces, pero colgué antes de que contestaran. Yo vivía en la calle Alcalá, muy cerca de Manuel Becerra, y la casa de mi presunto ge-

melo estaba en Pez Volador, bajando por Doctor Ez-
querdo. Decidí acercarme. Pese a mis deseos de escribir ficción, cuando disfruto realmente es cuando
tomo datos de la realidad, y sé que hay que actuar
por impulsos, pues nunca sabes la dirección de un reportaje. Tomé el autobús, dominado por un impulso y
al poco me encontraba frente al portal de mi «hermano». Se trataba de una casa de clase media, situada
en una urbanización de clase media como la que podía haber ocupado yo de no gustarme tanto los pisos
antiguos, con los techos altos y las cocinas grandes.
En la esquina de la calle había un quiosco de prensa
al que me acerqué y compré un periódico observando
las reacciones del vendedor. Noté que me miraba ex-
trañado, como si me conociera y no me conociera al
mismo tiempo. Habría bastado que yo le hubiera
dado alguna confianza para que me tomara por quien
no era.

Con el periódico debajo del brazo, regresé hacia el
portal de mi «hermano» y me coloqué en la acera de
enfrente, dando pequeños paseos de un lado a otro.
Fue entonces cuando empecé a pensar en la adopción
como materia para un gran reportaje. Como un gran
reportaje novelesco, quiero decir. Imaginé que el
mundo estaría lleno de historias reales muy parecidas
a la que yo estaba imaginando en aquellos instantes y
que se trataba de un material que se encontraba ahí, a
disposición del primero al que se le ocurriera tomarlo. Excitado por la necesidad de empezar cuanto
antes, hice un movimiento para volver a casa y enton-

ces me vi venir por la acera de enfrente en dirección al portal. He dicho «me vi venir» porque en efecto era yo ese sujeto que avanzaba lentamente hacia la casa de mi «hermano». Pese a que soy un cincuentón, la imagen que tengo de mí mismo es la de un chico. Sigo vistiendo de manera informal, como cuando era joven, y aunque he tenido que dejar de fumar y controlar un poco la bebida, todavía soy capaz de trasnochar y trabajar al día siguiente. Pero la versión de mí mismo que caminaba por la acera de enfrente iba vestida con corbata y una chaqueta azul y pantalones grises, de franela, supongo. Llevaba el pelo más corto que yo, pero peinado hacia atrás también. Comprendí el desconcierto del quiosquero y yo mismo permanecí perplejo unos segundos al verme fuera de mí con aquella objetividad. Comprendí que era ya un «señor mayor», o quizá que me había librado milagrosamente de ser un señor mayor como el que ahora abría el portal y se perdía, de espaldas, en la oscuridad.

Regresé a casa trastornado y me senté frente al ordenador sin saber por dónde empezar. Al rato sonó el teléfono: mi ex mujer me invitaba a cenar con nuestra hija, que había regresado de Berlín, en donde trabaja como profesora de filosofía. Pese a que su madre y yo nos separamos cuando ella era adolescente, nunca hemos podido vernos solos: no sabemos qué hacer sin la intermediación de alguien. Le dije que no, que no podía, y quedé en ir a comer a su casa al día siguiente. Cuando colgué, me pregunté qué significaría la paternidad para mi hija. Ni siquiera sabía qué significaba para mí, y sin embargo estaba obsesionado con el asunto. De hecho, esa noche estuve varias horas navegando por Internet en busca de documentación y comprobé que había varias asociaciones de personas que buscaban a sus verdaderos padres o de padres que buscaban a sus hijos. A los pocos días de este suceso fue cuando coincidí con Álvaro Abril en la fiesta de su editor. Yo aún no sabía que él era adoptado, si en realidad lo era, pero los hilos de la trama, como vemos, ya estaban uniendo sus intereses y los míos.

Entretanto, escribí y publiqué el relato *Nadie* en el periódico. Se contaba en él la historia de un individuo llamado Luis Rodó que un día, después de que se hubieran ido a casa los empleados de la pequeña editorial de la que era propietario, atendió una llamada telefónica. Detestaba atender el teléfono, pero lo descolgó porque le pareció que sonaba con apremio.

—¿Luis Rodó? —preguntó una voz al otro lado.

—Sí... —respondió él con un titubeo perceptible, como si no estuviese muy seguro de ser él, o quizá dispuesto a cambiar de identidad según quien se manifestara al otro lado.

—Soy Luisa, la hija de Antonia —añadió la voz.

Rodó permaneció en silencio unos segundos, recomponiendo el tiempo, ordenándolo, distribuyendo los materiales del pasado para digerir esta llamada que abrochaba una emoción abierta hacía veinte años.

La hija de Antonia.

Luis Rodó había sido amante de Antonia hacía veinte años, al poco de casarse, impulsado por la necesidad de correr riesgos sentimentales cuyas riendas creyó que sería capaz de manejar. Practicaba el adulterio como un deporte emocional: para poner a prueba su capacidad afectiva. Iba desde las amantes a la esposa un poco menos protegido cada vez. Quería saber cuál era el límite.

El límite fue Antonia, cuya hija estaba ahora al otro lado del teléfono. Del mismo modo que la retina del ahogado reproduce su existencia en décimas de segundo, Luis Rodó, recordó, mientras sostenía el auricular con la respiración contenida, que al poco de romper con Antonia, un día se encontraba en la habitación de un hotel con una colega a la que había seducido en una convención de editores, y se dio cuenta de que había perdido la vocación de adúltero: ya no esperaba encontrar en esa actividad clandestina ningún mensaje salvador, de modo que se retiró del adulterio por lo que le pareció una desproporción intolerable entre placer y daño. Más tarde, cuando dejó el tabaco como consecuencia de un cálculo facultativo de semejante índole, comenzó a beber de forma moderada y sólo en el alcohol acabó encontrando un equilibrio soportable entre destrucción y gozo.

—No caigo —dijo finalmente.

—Perdón, quizá me he equivocado —añadió la voz al otro lado del hilo telefónico, y se cortó la comunicación.

Luis Rodó dejó a un lado el original en el que se encontraba enfrascado (una novela mediocre, sentimental, que quizá podría producir beneficios, aunque no sin un coste de imagen para su catálogo) y se entregó al miedo. Llevaba años esperando aquella llamada, sufriendo anticipadamente por ella, y conocía el grado de desasosiego que le proporcionaría cuando se produjese. Lo había calculado todo con la precisión de los presupuestos anuales y comprobó con asombro que las cantidades de emoción y pánico cuadraban con sus estimaciones.

Aunque ya era tarde, esperó una hora más bebiendo de forma moderada y leyendo la novela mediocre de manera mecánica sin que el teléfono volviera a sonar. Después, echó las llaves y se fue a casa, donde su mujer le comentó que habían telefoneado un par de veces.

—Pero han colgado —añadió.

—No sería nadie —dijo él, y luego, mientras ayudaba a preparar la cena, pensó en aquella frase que había dicho de manera mecánica: *no sería nadie.* Lo más probable, sin embargo, es que hubiera sido nadie quien llamara. O, mejor dicho, Nadie, con mayúscula, la hija de Nada, con mayúscula también. Recordó entonces, mientras partía en rodajas un tomate, que cuando su relación con Antonia estaba a punto de terminar, él percibió algo raro en ella: una amenaza sin dirección, una advertencia. En cualquier caso, la atmósfera sentimental se llenó de presagios, y el apartamento en el que solían encontrarse después de comer, muy cercano a la editorial, empezó a parecerle una trampa, un cepo al que temía quedar atrapado para siempre de una manera misteriosa.

Empezó a obsesionarse con la idea de que Antonia intentara prolongar aquella relación agonizante en un hijo. Los últimos días de adulterio fueron para Luis Rodó un infierno de remordimientos anticipados.

—¿Tomas pastillas o algo? —había preguntado a Antonia la primera vez, antes de penetrarla.

—Sí, sí, no te preocupes, entra —había dicho ella.

Y Luis había entrado sin reservas. No calculó entonces la posibilidad de que se enamoraran ni el tamaño de su pereza para romper con todo y comenzar de nuevo.

Antonia estaba casada a su vez. Podía tener hijos de su marido, se decía Luis Rodó para tranquilizarse, calificando de aprensiones neuróticas aquellas fantasías de embarazo que le quitaban el sueño. Cuando ella permanecía más de dos minutos en silencio, él preguntaba si le sucedía algo temiendo oír que se había quedado embarazada de él.

—¿Qué te pasa?

—Nada.

Nada, con mayúscula. Aquella Nada había sido el embrión de Nadie. Nadie, de existir, tendría ahora veinte años. Luis Rodó había seguido su crecimiento desde que rompiera con Antonia paso a paso. No había habido un solo día de su vida en el que no pensara en él (o ella). Le (o la) había acompañado al colegio y al médico más de mil veces. Y algunas tardes de domingo en que se quedaba con la mirada perdida, fingiendo que leía el periódico, estaba fantaseando en realidad con que llevaba a Nadie al cine, al circo, al zoológico. Conocía perfectamente el tacto de aquella mano imaginaria, el tamaño de sus dedos, la calidad de su sudor. Cuando llegaba el verano y se iba a la playa con su mujer, no era raro que se quedara absorto, mirando el horizonte, y se dijera: Nadie tendrá ahora cuatro años, o siete o dieciséis. En su día, se había hecho incluso con un calendario de vacunas infantiles para llevar rigurosamente el control de las que le tocaban a cada edad. Siendo incapaz de decidir si Nadie era un chico o una chica, le había ido confeccionando con el tiempo un rostro ambivalente, fronterizo, que ahora se decantó hacia el lado femenino sin necesidad de hacerle más que un par de ajustes.

A veces, cuando este delirio alcanzaba un grado de realidad insoportable, Luis Rodó daba marcha atrás repitiéndose que aquella criatura, Nadie, no existía fuera de su cabeza, lo que le proporcionaba una mezcla de alivio y desengaño, a partes iguales: siempre la proporción obsesiva entre felicidad y desdicha. En su matrimonio no había tenido hijos, de manera que Nadie, a la vez de sustituir sin riesgos aparentes esa ausencia, le proporcionaba un grado de culpa razonable frente a su esposa. Todo ello, desde luego, mientras Nadie continuara siendo un producto imaginario. Pero es que ahora amenazaba con hacerse real. De momento, ya hablaba y era capaz de llamarle por teléfono.

En este punto, Luis Rodó fue atacado por una caída del ánimo que se anunció con un sudor disolutivo, que empapó su frente, y una sensación de vacío en el estómago. Abandonó el cuchillo con el tomate a medio partir y fue a sentarse a la mesa de la cocina.

—¿Qué te pasa? —preguntó su mujer.

—Nada —dijo él, y sintió que había mencionado sin darse cuenta la soga en casa del ahorcado, ya que Nada era el padre, o quizá la madre de Nadie—, estas caídas de tensión.

Su mujer le miró compasivamente y continuó preparando la cena mientras preguntaba por la marcha de la editorial, que atravesaba a veces por dificultades financieras. Atribuía el malestar de su marido a problemas empresariales, aunque las cosas habían mejorado últimamente y los bancos volvían a abrirle líneas de crédito. Hasta había aparecido una gran editorial dispuesta a adquirir el sello dejando a Luis Rodó al frente de la gestión. No se trataba de problemas económicos, aunque él no dijo que no, pues prefería que su mujer pensara eso a que llegara a sospechar siquiera la índole de los temores que aceleraban su pulso.

Cenó sin ganas y se retiró pronto a la cama. Ella se quedó a ver una película de miedo que pasaban por la televisión. Al rato, la oyó llegar y se hizo el dormido. Su mujer se movía a oscuras por el dormitorio, procurando no despertarle, aunque tropezó un par de veces con los bultos que le salieron al paso en la oscuridad.

—¿Estás dormido? —preguntó cuando al cabo de una eternidad se deslizó al fin entre las sábanas.

—Sí —dijo él, y eso fue todo.

O casi todo, porque esa noche sonó el teléfono dos veces. Luis Rodó, que estaba en tensión, esperando que se produjera esa llamada, descolgó el de la mesilla sin que su mujer llegara a despertarse. Quizá, pensó él, fingió que dormía: a partir de cierta edad el sueño y la vigilia, como el pasado y el presente o lo verdadero y lo falso, tendían a apelotonarse, a confundirse. En las dos ocasiones oyó una respiración al otro lado del hilo y luego el ruido del auricular al ser abandonado sobre la horquilla. Sólo podía ser Nadie, que no parecía dispuesta a soltar la presa una vez que la había cogido por el cuello. Rodó se preguntó desde dónde llamaría. Desde Madrid probablemente, aunque Antonia siempre le había hablado con pasión de Barcelona.

—Si me separo de mi marido y tú me abandonas —decía a veces—, me iré a vivir a Barcelona.

Cuando empezó a amanecer, llegó a la conclusión de que no llamaba desde Madrid ni desde Barcelona, sino desde el pasado. El pasado se configuraba de súbito como una región de la conciencia desde la que los fantasmas lanzaban mensajes al presente.

Al día siguiente llegó a la editorial agotado, como un criminal sin coartada, y movió de un lado a otro los papeles que tenía encima de la mesa hasta que a media mañana le pasaron una llamada de alguien que había preferido no identificarse.

—Soy Luisa, la hija de Antonia —repitió de nuevo la voz, como si telefoneara por primera vez.

—¿Cómo está tu madre? —preguntó Luis Rodó.

—Muerta —respondió la voz sin emoción alguna. Parecía llevar a cabo un trabajo rutinario. El modo más cruel de ajustar cuentas, se dijo Luis Rodó.

—¿Quieres que nos veamos? —preguntó al fin.

—¿Quieres tú? —preguntó la mujer.

Él dijo que sí para no perderse en trámites inútiles, de modo que quedaron citados a la hora de la comida en un restaurante cercano a la editorial en el que Rodó organizaba comidas de negocios. Quizá esto no fuera otra cosa que un negocio que convenía liquidar cuanto antes.

A veces, Luis Rodó era asaltado por la fantasía de que los personajes de los libros que publicaba salían del fondo de las páginas y pedían también su porcentaje de royalties, o los mismos cuidados de que eran objeto los autores, casi siempre dispuestos a cambiar dinero por halagos. Quizá Luisa, ese personaje que ahora se precipitaba desde la fantasía a la existencia, no quisiera más que un porcentaje de la vida de Luis. Tal vez, se dijo, regresará a las regiones quiméricas de las que procede si logro alcanzar con ella un acuerdo razonable. Rodó no ignoraba que parte del pago le sería exigido en emociones, probablemente en emociones baratas, de telenovela, como las que le pedían en la intimidad del despacho la mayoría de los escritores. Ojalá se conformara con emociones nada más, pero toda negociación emocional incluye una cláusula económica. Ésta, pensó, también.

Mientras hacía cálculos económicos, advirtió que no se había conmovido aún por la muerte de Antonia.

Estaba más endurecido de lo que creía. O había alcanzado esa edad mezquina en la que la muerte de los otros servía, sobre todo, para confirmar que uno continuaba vivo y con la estadística soplando a su favor. Así pues, mientras llegaba la hora de comer, en lugar de aplicarse a la pena, se aplicó a realizar estimaciones económicas. Imaginó cifras que disminuían o aumentaban dependiendo del tamaño de la ternura, y a las dos abandonó el despacho y se dirigió caminando a su pasado, donde llegó más viejo de lo que era.

No habían dicho cómo se identificarían, pero Luis Rodó reconoció en seguida a aquella fotocopia de Antonia sentada a la mesa del fondo, la de los adúlteros, se dijo conteniendo la respiración, mientras iba al encuentro de la muchacha, al encuentro de Nadie, a quien tantas veces, en su imaginación, había llevado al cine, al zoo, al médico, al colegio. Si supiera, se dijo, todo lo que he hecho por ella durante estos veinte años en los que no existió... Ahora que es real, curiosamente, es cuando me preparo para negarle cosas, para negociar. Quizá para educarla.

Se besaron guardando una distancia excesiva y luego él empezó a hablar de forma atropellada mientras la estudiaba con más detenimiento del que ella habría podido imaginar. Se parecía mucho a Antonia, desde luego, pero era una Antonia algo diabólica, pues al sonreír se le achicaba anormalmente el ojo izquierdo y mostraba un colmillo fuera de sitio transformándose súbitamente en otra: era un doble imperfecto y, en ese sentido, había en él algo amenazador, aciago. Por lo demás, vestía como lo habría hecho la propia Antonia veinte años más tarde, con una blusa blanca, muy elegante, cuyo escote dejaba ver los bordes de su ropa interior.

Luis Rodó se buscó a sí mismo en aquel rostro, en aquellas encías, también en el esquema corporal de la muchacha, pero no halló nada de sí. Los parecidos físicos, se dijo, los crea en gran medida la convivencia, la imitación, el reflejo. Cuando logró dejar de hablar del tiempo, del tráfico, de las horas que dedicaba uno en Madrid en llegar de un sitio a otro (del presente al pasado, le habían dado ganas de añadir), todo ello en confuso desorden, se sobrepuso a la expresión interrogativa de la chica y le preguntó por fin de qué había fallecido su madre.

—De una larga y penosa enfermedad —respondió ella con una seriedad inexplicable, pese a lo ridículo de la fórmula.

Luis Rodó temió que la chica fuese completamente idiota, situación para la que no se había preparado, pero que le produjo en seguida una mezcla de alivio y desengaño, a partes iguales (la pasión por los cócteles emocionales bien equilibrados). Si era idiota, no podía ser hija suya, lo que en cierto modo era una lástima también. Y es que a pesar de los peligros que conllevaba su aparición, había algo excitante en aquel encuentro que anudaba dos segmentos de la existencia entre los que quizá sólo había habido un paréntesis de tiempo.

La idea de que toda su vida, desde que rompiera con Antonia, hubiera sido un paréntesis, una interrupción, una pausa, le provocó un vértigo excesivo, de manera que, disculpándose, se levantó, fue al servicio, y allí, a solas, volvió a considerar la posibilidad de haber tomado en su día la dirección emocional equivocada: quizá debería haber abandonado a su mujer y huir con Antonia. Cuántas vidas se estropearían por pereza. Quizá la suya era una de ellas. Pero si Luisa fuese realmente hija suya, el paréntesis se cerraría en ese instante y le sería dada la oportunidad de retomar su verdadera vida aun a costa de una desproporción excesiva entre placer y daño. Pero no, esa chica parecía idiota. Era mucho mejor que fuese completamente idiota o, en su defecto, completamente irreal.

—De modo que fue víctima de una larga y penosa enfermedad —dijo al sentarse retomando la conversación en el mismo punto en el que la había dejado.

—Ya te lo he dicho —respondió ella—. Y me habló de ti, al final casi no hablaba de otra cosa, por eso te he llamado.

Luis Rodó permaneció en silencio observando ya con impertinencia de macho a la joven, aunque no hubiera decidido todavía si su expresión interrogativa era consecuencia de la ingenuidad o del cálculo.

—¿Por quién te llamas Luisa? —preguntó.

—¿Por quién crees? —dijo ella.

Luis no respondió. Fue de un asunto a otro esperando que la chica tomara la iniciativa, que estableciera los términos de la negociación económica o emocional, lo mismo daba. Lo importante era que quedaran establecidas en seguida las reglas del juego. Pero Luisa jugaba a la indolencia, quizá fuera indolente. Respondía con monosílabos a las cuestiones neutrales y, a las no neutrales, con preguntas que parecían el eco de las de Luis. Explicó de mala gana que estudiaba Historia, que vivía sola en un apartamento, y se quedó mirándole más de una vez con el tenedor a medio camino entre el plato y la boca, como si buscara en el rostro de Luis unas excelencias de las que su madre le hubiera hablado y con las que quizá ella no lograba dar.

—¿Necesitas algo? —preguntó al fin un Luis Rodó desesperado.

—¿Tú crees que necesito algo? —preguntó ella a su vez, como en un eco.

De mala manera llegaron al postre y del postre al café. Luis Rodó pidió una copa de coñac que le proporcionó el arrojo preciso para hacer la pregunta que hasta ese instante se había censurado:

—¿Y tu padre?

—Mi madre me dijo que murió antes de que yo naciera —respondió la chica observándole de un modo significativo. Parecía imposible alcanzar una conclusión, un término para aquel juego en el que sintió que estaba perdiendo incluso lo que no había apostado. Y entonces, de súbito, quizá durante un segundo nada más, se vio reflejado en la chica como en uno de esos espejos colgados de las paredes de los restaurantes en los que al mirarte ves, al mismo tiempo que tu rostro, el de tu enemigo. Recordó esa técnica negociadora que tanto y con tan buenos resultados había empleado él, esa técnica consistente en no ir al grano hasta que el interlocutor, desesperado por la falta de progreso, se acerca a tu territorio, donde lo haces pedazos. ¿Dónde habría aprendido Luisa aquellos procedimientos?

Pero no, se dijo, atribuyo al cálculo lo que no es sino pura ingenuidad. No hay nada aquí, ni siquiera un folletín, un argumento de novela barata. Ahora me despediré de ella y durante los próximos años Nadie, con mayúscula, continuará creciendo en mi conciencia, haciéndose mayor dentro de mí. Quizá se case y me dé nietos. Los nietos imaginarios son más fáciles de educar que los hijos reales. Dios mío...

—¿Decías algo? —preguntó ella detrás de la sonrisa que la convertía en otra.

—... Dios mío, qué malo es este café —añadió apurando los restos que habían quedado en la taza.

—Si quieres, te invito a uno en mi apartamento —dijo ella—. Está aquí cerca y el café es una de las pocas cosas que hago bien. Eso decía mi madre al menos.

—El caso es que tenía que estar en la editorial a primera hora de la tarde —se defendió él.

—Entonces nunca sabrás lo bien que hago el café —respondió ella con el tono de una provocación insoportable.

—Al diablo —dijo Luis jugándoselo todo a cara o cruz—. Probemos ese café.

Nada más salir a la calle y girar a la derecha Luis Rodó tuvo la certidumbre de que el apartamento al que le llevaba Luisa era el mismo en el que veinte años antes él se encontraba con su madre. Caminaron unos cien metros, en efecto, y volvieron a girar a la derecha, entrando en una calle estrecha y oscura, con árboles cuyas ramas rozaban las ventanas de las viviendas, una calle de adúlteros, una emboscada. Entraron, como era de esperar, en el segundo portal y desde él se dirigieron al segundo piso. A medida que progresaban por aquellos espacios, Luis Rodó tenía la impresión de penetrar en el interior de un cuadro en relieve, en una pintura por la que recorría un tramo de su vida pasada. Todo era idéntico a como lo recordaba, a como lo había visto en su cabeza cada vez que había visitado aquella casa con los recursos de la memoria. Todo estaba también más desgastado, desde luego, lo que producía un efecto siniestro, como la sonrisa de la chica que se convertía, de Antonia, en una amenaza.

El apartamento de adúltero resultaba, en efecto, más conminatorio que entonces, pese a que los muebles y su disposición eran los de hacía veinte años. Luis Rodó se asomó a la cocina americana situada en uno de los extremos del pequeño salón y vio el acero inoxidable de la pila con la misma extrañeza con que lo contemplara entonces al enjuagar un vaso o al vaciar en su interior una cubitera de hielo. El acero había perdido brillo, pero qué no. Él tampoco tenía la mirada febril de entonces, ni ese grado de excitación que le proporcionaban siempre los espacios clandestinos, las habitaciones ocultas. Y había ido cogiendo cada año unos gramos, de manera que era también varios kilos más gordo.

Le pareció que el apartamento estaba amueblado con bultos, no con mesas ni sillas, sino con bultos como los que le salían al paso en el interior de la conciencia cuando se internaba en ella. Él mismo tenía algo de bulto perplejo entre aquellos volúmenes oscuros. Se acercó a la ventana y vio la calle estrecha, secreta, y el árbol cuyas ramas rozaban el cristal. Recordó un día, hacía veinte años, en el que al asomarse con semejante expresión a la de ahora había visto un nido de gorriones situado en el cruce entre dos ramas. Había gritado a Antonia para que se levantara de la cama y se acercara a ver el espectáculo. Y los dos observaron el comportamiento de cuatro pájaros pequeños dentro de aquel artefacto natural llamado nido y se quedaron asombrados de que cosas así pudieran suceder todavía en Madrid.

Entonces, siendo consciente de la ausencia del nido y de la calidad de bulto que había adquirido todo desde entonces, incluida Antonia, que se había transformado en una Luisa que preparaba torpemente el café a sus espaldas, se puso a llorar de cara a la ventana. No era un llanto espectacular. La chica ni siquiera lo advirtió. Lloraba, pues, como un condenado a muerte después de haber agotado todos los recursos administrativos y todas las reservas de fortaleza emocional, lloraba con idéntica resignación con la que se producen algunos acontecimientos atmosféricos. Su llanto era exactamente eso: un acontecimiento atmosférico más que un recurso orgánico para defenderse de la lástima que sentía por sí. Por un instante, pensó en su mujer y la imaginó en otra galaxia. Quizá ella también tenía una ventana secreta en la que lloraba al asomarse porque no había nido o porque volvía a haberlo, qué más daba. Se lloraba por una cosa y por su contraria, por el frío o por el calor, por la escasez o la abundancia, pero sobre todo se lloraba por el tiempo, por el paso del tiempo que reducía todo no a su ceniza, lo que habría implicado alguna clase de grandeza, sino a una forma de existencia miserable, ruin, menesterosa.

Aquella Antonia, llamada Luisa, que ahora se acercaba a él y miraba al exterior intentando ver lo que tanto le conmovía, era en efecto una versión devaluada de la Antonia de entonces, del mismo modo que él se había transformado en un Luis menor, en una sombra de sí mismo, como decía el tópico con tanto acierto, pues al deslizar el brazo por la cintura de la chica y atraerla hacia sí, no percibió la sensación que cabía esperar. Y es que no tocaba aquella cintura con sus dedos, sino con una sombra de sus dedos, del mismo modo que con una sombra de sus labios se acercó a besarla y notó en ellos la calidad del corcho, como si alguien hubiera colocado una gasa de indiferencia entre sus órganos y la realidad.

La chica se dejó hacer con la misma pasividad con la que se había dejado hablar durante la comida. Con movimientos expertos, Luis fue arrastrándola a la pequeña habitación, donde le esperaba la cama de entonces, las sábanas de entonces, que eran la mortaja de ahora, y la desnudó sin resistencia alguna.

—¿De dónde has sacado este apartamento? —preguntó

—Me lo dejó mi madre. Era su espacio secreto, su habitación con vistas, ¿no te gusta?

—Me gusta —dijo Luis, y continuó recorriendo el cuerpo de la joven con la avaricia ahora de quien entra en las habitaciones de una casa antigua, buscando restos de Antonia desde luego (aquella particularidad de la vulva, ese pezón retráctil, el lunar del codo), pero, sobre todo, detritos de sí mismo. Y no halló ninguno. Aquella idiota no era hija suya, no había nada de él en aquel cuerpo, de modo que podía entregarse sin culpa, con inocencia incluso.

—¿Tomas pastillas o algo? —preguntó antes de penetrarla.

—Sí, sí, no te preocupes, entra.

El tiempo era un espejo: reflejaba las cosas más que prolongarlas, pues le sonó aquella pregunta y su respuesta. Sólo después de que acabara la sesión amatoria, llevada a cabo con más oficio que pasión, recordó el instante en el que le había hecho una pregunta idéntica a Antonia. Y su respuesta. La única diferencia, lo advirtió en la mirada de la chica, mientras se vestía para regresar a la editorial, es que Antonia le había dicho la verdad y Luisa le había mentido. Quizá la amenaza se cumpliera de todos modos, aunque con

97

veinte años de retraso. Qué desproporción, pensó, qué anomalía.

—Mañana te llamo —dijo él cuando Luisa fue a despedirle a la puerta del apartamento, cubriéndose con la sábana a modo de sudario.

Esa noche, cuando llegó a casa, su mujer le preguntó con quién había comido.

—Con Nadie —respondió, y aunque dijo Nadie con mayúscula, ella no lo notó.

Luego, en la cama, hizo cálculos y pensó con desasosiego que cuando la nueva Nadie tuviera veinte años, él tendría sesenta y cinco.

Seré un padre mayor, se dijo, quizá un padre muerto, y tomó a su mujer de la cintura colocándose en la posición de dormir, en la posición de morir, tal vez soñar.

El cuento terminaba exactamente en este punto. Por un lado, me parecía bien que terminara en el instante en el que en cierto modo empieza, aunque, por otro, tenía la impresión de haber precipitado el final. De hecho, aun después de haberlo publicado continuó creciendo dentro mi cabeza. Pensé que si hubiera dejado reposar la idea, quizá me habría salido una novela corta. La práctica del reportaje me ha inutilizado para la ficción: tiendo a cerrar las cosas con demasiada rapidez. Me gusta la morosidad en la escritura de los otros, pero soy incapaz de aplicarla a la mía.

Y bien, no negaré que en la historia de Nadie había algún dato autobiográfico. De joven, mantuve una relación adúltera con una mujer de la que supongo que estaba enamorado. Digo supongo porque mi capacidad para el amor es limitada. De aquella relación me interesaba, creo, la clandestinidad. Quizá pensaba que en lo oculto se abren grietas a otras dimensiones. Lo cierto es que no se abrió ninguna, aunque mi matrimonio se comenzó a resquebrajar. Jamás volví a saber nada de aquella mujer que no estaba dispuesta a prolongar una relación sin horizonte. Desapareció de mi vida, sin más. Tardé tiempo en olvidarla y cuando llamaba a la puerta de mi memoria y yo le abría, ella aparecía embarazada. Durante una época imaginé que se había quedado embarazada antes de desaparecer. Era un juego retórico también, pero algún significado oculto deben de tener estos juegos.

Cuando mi amigo dijo aquella frase (*si yo hubiera tenido hijos, el mayor tendría ahora veinticinco años*), creo que algo explotó dentro de mí que me hizo escribir esa misma noche *Nadie*. Si aquella mujer hubiera tenido un hijo mío, ese hijo tendría hoy veinticinco años, la edad de mi hija real. He dicho mi hija real y ya es hora de que diga la verdad: no estoy seguro de que sea mi hija. Al poco de que naciera, un día estaba yo discutiendo con mi ex mujer algo relativo a su educación y en un momento determinado, a una pregunta de ella, dije gritando:

—Sé perfectamente lo que hago porque es mi hija.

—¿Estás seguro? —respondió ella.

Inmediatamente, al ver mi expresión, se echó a reír intentando hacer pasar su interrogación como una broma. Pero desde ese día se abrió en mí una duda que aún permanece sin cerrar. Siempre sospeché que mi ex mujer había tenido por aquellos años, quizá como venganza a mis infidelidades, alguna aventura. Tal vez mi hija era fruto de una de esas aventuras y no de nuestras relaciones conyugales.

De este modo perdí a mi hija real, si es mi hija real. Desde entonces, ya sólo pude verla como a una hija adoptada. Y tampoco exactamente como a una hija adoptada, pues todos, en cierto modo, lo somos, sino como a un sucedáneo de hija. Me porté bien con ella, pero fui un padre distante y esa distancia marcó para siempre nuestra relación. Nos vemos cuando viene de Berlín (siempre con su madre delante), pero estamos cada uno en una orilla. No me conmueve, ni yo a ella. Me emociona más la idea de un hijo irreal que todos estos años hubiera estado creciendo en el lado oculto de mi vida. Daría todo por ese hijo (es un decir); es más, me atrevo a suponer que no debo de haber sido un mal padre imaginario para ese hijo. Creo también que habría sido un buen hijo para los padres irreales que nos dieron en adopción a mi hermano gemelo y a mí. Cómo me gustaría ahora que todo fuera cierto: que yo fuera adoptado y que hubiera tenido un hijo con aquella mujer de la que no he vuelto a tener noticias en todos estos años.

Lo cierto es que un par de frases cercanas en el tiempo («en mi casa te llamamos el hermanastro» y «si yo hubiera tenido hijos, el mayor tendría ahora veinticinco años») desencadenaron la recogida de documentación sobre la adopción y la publicación de mi primer relato de ficción. La red invisible sobre la que se asienta la realidad estaba dejando demasiados hilos al descubierto y en todos ellos me enredaba yo.

A los dos días de haber publicado este cuento, *Nadie* (¿era un buen título?), al abrir el correo electrónico, encontré el siguiente mensaje de Álvaro Abril: «Un amigo común me ha proporcionado tu dirección electrónica. Me gustó *Nadie*, me gustó mucho *Nadie*. Todo ese juego entre la realidad y la ficción, la ambigüedad sobre si ella es hija o no de él... El otro día me llamó mi editor para hacerme un encargo: quiere publicar un volumen de cartas de escritores a la madre, pues el año pasado sacó uno de cartas de escritoras al padre que funcionó muy bien. Me ha pedido que escriba una de esas cartas: un cuento, en definitiva, pero no estoy seguro de saber escribir un cuento, por eso me ha dado tanta envidia el tuyo. Me interesa mucho el asunto de la autoría en la obra de arte, que quizá no sea muy distinto del de la paternidad. ¿Somos hijos de nuestros padres? ¿Somos los autores de nuestras obras? Estas preguntas tienen para mí un interés especial porque, además de escritor, soy adoptado. Tengo una madre falsa, que falleció hace cinco años, y otra verdadera que no he llegado a conocer. ¿A cuál de ellas debería dirigirme? El hecho de que mi editor me haya pedido esa *carta a la madre* casi el mismo día que leí tu cuento en el periódico es una coincidencia curiosa, por calificarla de algún modo. Bueno, no te entretengo más. Enhorabuena por *Nadie*

101

y un abrazo, Álvaro Abril. (P. D. Sigo trabajando en Talleres Literarios con la mujer aquella de la biografía. No te puedes imaginar el material que produce)».

Así que Álvaro Abril era adoptado (¿cómo no iba a tener dificultades para escribir una *carta a la madre?*). Casi se me corta la respiración. La red estaba dejando al descubierto una buena parte de su trama. Por lo demás, me halagó su comentario sobre mi cuento. Nadie más me había felicitado por él y creo que hasta en el periódico lo publicaron por no desairarme. Le contesté con las siguientes líneas: «Gracias por tus comentarios. Quizá sepas que llevo tiempo recogiendo documentación sobre la adopción para escribir un reportaje. Me vendría muy bien conocer tu caso. ¿Podríamos comer juntos algún día? Yo invito».

10

Durante los siguientes días me asomé varias veces al correo electrónico sin encontrar respuesta. Más tarde, al reconstruir el caso, comprendí que Álvaro Abril estaba ocupado en asuntos más apremiantes.

El escenario, al otro lado, era el siguiente: María José, la tuerta, se había instalado con toda naturalidad en la casa de Luz Acaso, que aceptó su presencia con una confianza algo insensata, si pensamos que no sabía nada de ella. Al principio, la falsa tuerta dormía en el sofá del salón, pero una noche se coló en el dormitorio de Luz y dijo que tenía miedo. Luz le hizo un hueco entre las sábanas y desde ese día durmieron juntas.

—Somos dos mujeres en Praga —decía María José encogiéndose de felicidad—. Fíjate qué titulo para una novela. Dos mujeres en Praga.

—No digas cosas —respondía Luz con sonrisa indulgente.

La habitación de la izquierda permanecía cerrada con llave, guardando un secreto sobre el que Luz nunca habló. En cierto modo, esa estancia cerrada era la metáfora del lado izquierdo que María José pretendía colonizar en el interior de sí misma. Podía ser una casualidad o podía ser que Luz Acaso, viendo la pasión de María José por el lado izquierdo, la hubiera cerrado para hacer su casa más interesante de lo que era, como cuando fingió tener lumbago o ser zurda. En uno de sus encuentros con Álvaro Abril en Talleres Literarios, por otra parte, situó esa habitación como el escenario de una historia sentimental importante. ¿Cómo saber la verdad?

María José no había comenzado a escribir sobre el lumbago, o el l'um bago, porque necesitaba, o eso dijo, conquistar antes su lado izquierdo.

—No te puedes imaginar —le decía a Luz— lo misterioso que es ese lado. Al principio temí que estuviera hueco, y que al atravesar la frontera entre el hemisferio derecho y el izquierdo cayera en una especie de vacío, como cuando la tierra era plana y los barcos que llegaban a sus bordes se precipitaban en la nada. Pero por lo poco que he podido ver, ese lado está lleno de construcciones misteriosas y de una vegetación desconocida.

Fueran o no ciertas, las descripciones que María José hacía de ese lado parecían sacadas de un relato fronterizo. Luz la escuchaba encandilada, aunque a veces también con expresión condescendiente, y a cambio de aquellas historias le hacía confidencias sobre sus encuentros con Álvaro Abril, que era el tema de conversación preferido de las dos.

—¿Se muerde las uñas?

—Las uñas no. Te dije que se mordía el labio inferior, de este modo.

Más tarde, cuando conocí personalmente a María José, obtuve mucho material de ella, pero no me fue fácil distinguir lo verdadero de lo falso. Tampoco supe si en su cabeza estas categorías permanecían separadas. Procuré, a la hora de seleccionar unos hechos y desestimar otros, aplicar el sentido común —mi sentido común—, lo que quizá significa que este relato es la suma de dos invenciones (de tres, si contamos el material aportado por Álvaro). Lo interesante es que todos los materiales, pese a su procedencia, siempre fueron compatibles.

En la vida cotidiana, María José adoptó un poco el papel de hija: hacía con gusto los recados que le pedía Luz y ordenaba la casa con ella. Nunca le preguntó por la habitación cerrada, y en la práctica actuaban como si no existiera. La adecuación entre ambas era tal que cualquiera habría dicho que llevaban toda la vida juntas.

Una tarde que Luz fue al ambulatorio a por una baja, o eso dijo, María José salió a la calle, telefoneó desde una cabina a Talleres Literarios y preguntó por Álvaro Abril.

—Escúcheme con atención —le dijo— porque no se lo repetiré más de una vez: Yo era monja. Trabajé varios años como ayudante de quirófano en el hospital de Príncipe de Vergara donde usted vino al mundo. Nada más nacer, usted fue entregado en adopción a otra mujer distinta de la que le alumbró. Aunque esto se hacía sin dejar rastros ni por el lado de la donante ni de los receptores, yo fui haciendo unas fichas que he conservado todos estos años en una caja de zapatos. Ya no soy monja. Me salí y llevo algún tiempo tratando de ponerme en contacto con las personas que fueron adoptadas mientras estuve allí. Escuche: usted fue entregado a un matrimonio llamado Abril, pero la persona que le alumbró era una chica que entonces no tendría más de quince o dieciséis años, una chica llamada María de la Luz Acaso. No puedo decirle más, corro un gran riesgo con lo que ya le he dicho. El apellido Acaso, por otra parte, tampoco es muy común. Ahora actúe usted según su conciencia, que yo ya he actuado de acuerdo con la mía.

Álvaro Abril estaba en su despacho, solo, preparando una clase. Dice que se le cayó el auricular del teléfono sobre la mesa y que lo primero que pensó fue que él jamás se habría atrevido a poner en un cuento o en una novela que a un personaje se le cayera el auricular del teléfono al recibir una noticia sorprendente. No le parecía creíble en la ficción, y sin embargo le acababa de suceder en la realidad. Y no tuvo fuerzas durante un buen rato para acercar la mano y colocarlo en su sitio. La descripción de su estado de ánimo, o de su estado físico, pues en ese momento eran indistinguibles el uno del otro, se acercaba mucho a la de un pequeño episodio catatónico semejante a los que se dan en el sueño, cuando uno quiere gritar, pero la lengua no obedece. Su cabeza, sin embargo, permanecía activa. Tenía, de súbito, ocho o diez años. En su casa había un pasillo que comunicaba, como un tubo, la entrada del domicilio con el salón. En la pared de ese pasillo, muy cerca de la puerta del salón, estaba colgado el teléfono. Su madre tenía la costumbre de hablar con un pie en el salón y otro en el pasillo, observando las imágenes de la televisión, siempre encendida, mientras sostenía el auricular aplicado a la oreja izquierda, de la que se había quitado un pendiente con el que jugaba en el hueco de su mano libre.

Un día Álvaro Abril la oyó decir algo que le llamó la atención y se volvió hacia ella para continuar escuchando. Su madre, como si hubiera sido sorprendida en algo indecente, se dio la vuelta internándose en el fondo del pasillo todo lo que el cable telefónico daba de sí para continuar hablando. Entonces, el pequeño Álvaro Abril se dijo: soy adoptado.

Cuando le pregunté qué le había oído decir a su madre, aseguró que no lo recordaba, pero que era algo que una madre jamás habría dicho delante de un hijo de verdad.

—Pero qué era —insistí.

—Dijo: «Estoy arrepentida; ahora no volvería a hacerlo».

Esa noche, dice, se metió en la cama pensando en sus padres reales, en su madre real especialmente, y se juró que dedicaría su vida a encontrarla. Primero, no obstante, necesitaba la confesión de la madre falsa, de manera que un día, al volver del colegio, mientras merendaba, dijo que tenía un compañero adoptado.

—Pero se ha enterado de casualidad —añadió—, porque sus padres querían ocultárselo.

—Esas cosas no se deben ocultar —dice que respondió la madre falsa.

Álvaro Abril supuso que mentía y aunque durante algunos años se olvidó del asunto y la vida regresó al cauce anterior, en la adolescencia volvió a atacarle un sentimiento de orfandad insoportable. Entonces empezó a escribir. Cuando se quedaba solo en casa, registraba los armarios y los cajones en busca de alguna prueba que certificara su sospecha. Encontró partidas de nacimiento, fotos en cajas de zapatos, cartas manuscritas dentro de sobres abiertos con cuidado o con desesperación, pero ni una sola prueba de su bastardía. Había, sin embargo, un dato real: sus padres eran personas mayores en relación al menos a los padres de sus compañeros. Quizá habían intentado tener un hijo propio y sólo cuando perdieron la esperanza decidieron adoptar. Álvaro, por otra parte, jamás se reconoció en los gestos de los tíos, ni en los de los parientes lejanos de las fotografías. Se encontraba en aquella familia como un extranjero y durante una época tuvo fantasías sexuales con su madre, lo que en un hijo biológico, aseguraba, habría sido inconcebible.

Cuando me lo contó, le expliqué que no era raro que los hijos se sintieran sexualmente atraídos por su madre, que eso, en fin, no constituía una prueba, pero él insistió en considerarlo patológico.

Y bien, pasó el resto del día presa de una excitación insoportable. La llamada de la falsa monja, de la falsa tuerta, se había producido a media tarde y no tenía programado ningún encuentro con Luz Acaso hasta el día siguiente, a las doce. Dio una clase de escritura delirante y al acabar fue a casa de sus padres, de su padre en realidad, pues <u>su madre había mu</u>erto <u>el mismo año en el que él publicó su novela.</u>

El padre, muy mayor, vivía con una señora que había empezado haciéndole la comida y que había acabado instalándose en la vivienda, no se sabía muy bien en calidad de qué. La mujer era árabe y ninguno de los dos hablaba el idioma del otro, pero se entendían con una precisión misteriosa en una lengua intermedia que iban creando día a día. El entendimiento quedaba reducido al ámbito de lo esencial, pero eso —pensaba Álvaro— es lo que posibilitaba la convivencia. De hecho, temía que si aquel idioma inventado se perfeccionara o se hiciera más complejo, podrían empezar a intercambiarse a través de él productos existenciales que separaran lo que la simpleza había unido.

—Quizá el problema de la torre de Babel —llegaría a decirme— no fue que aparecieran diferentes lenguas, sino que la que tenían se hizo más complicada ofreciendo a sus usuarios la posibilidad de dudar, de contradecirse, de atribuir al otro el miedo propio.

Desde que falleciera la madre, por otra parte, padre e hijo se habían ido distanciando y apenas intercambiaban monosílabos cuando estaban juntos. De manera que vieron la televisión los tres juntos, en el sofá, mientras comían ensalada y pan duro. Álvaro no había ido a confirmar que era adoptado, ya no tenía ninguna duda, sólo quería saber cuánto habían pagado por él, pues suponía que las monjas, al tiempo de solucionar el problema a las jóvenes embarazadas, cobraban gastos de internamiento, de quirófano, y sin duda también alguna plusvalía cuya cantidad le obsesionaba. Carecía de referencias, pero cuando intentaba imaginarse una cantidad, pensaba absurdamente en lo que había cobrado por su novela y se preguntaba si él habría costado más o menos. La ex monja había colgado el teléfono tan pronto que no había tenido tiempo de reaccionar. De otro modo, le habría preguntado si hacían recibos, si se dejaba algún rastro escrito de la transacción.

Cuando llevaban media hora viendo la televisión, su padre y la mujer árabe se durmieron en el sofá y Álvaro Abril comprendió que era absurdo plantear la cuestión, de modo que se levantó, entró con sigilo en el dormitorio del padre y abrió el cajón de un mueble en el que convivían, en confuso desorden, los recibos de la luz y los del agua con los recordatorios de su primera comunión o la escritura de la casa. Revisó cuantas carpetas le salieron al paso sin dar con ningún rastro documental.

Salió de allí dejándolos dormidos y entonces se acordó de mí, recordó que en mi correo electrónico de respuesta al suyo le había dicho que trabajaba en un reportaje sobre la adopción. Corrió a casa, abrió el ordenador y me puso el siguiente mensaje: «Me gustaría que conocieras mi caso. ¿Cuándo podemos hablar?».

Aunque era algo tarde, yo estaba trabajando y vi entrar el mensaje. Contesté en seguida, con la esperanza de que él no se hubiera apartado del ordenador y viera mi respuesta. Le decía que podíamos hablar en ese mismo instante y le daba mi número de teléfono, para que me llamara.

Crucé los dedos, pasaron unos minutos y sonó el teléfono. Era él.

—Hola —dijo.

—Hola —respondí yo.

Le pregunté, por iniciar la conversación de algún modo, cómo iba su *carta a la madre* y me dijo que mal, que no conseguía arrancar, aunque había cobrado un anticipo en metálico.

—¿Por qué en metálico? —pregunté sorprendido.

—Cuando el editor me propuso el encargo, dije que sí a condición de que me pagara de ese modo, pero no sé por qué lo hice. La verdad es que no tengo tarjeta de crédito y siempre me ha gustado manejar dinero real, pero de eso a pedir un anticipo en metálico...

—A lo mejor se pensó que querías cobrar en dinero negro.

—¿Por qué? —preguntó con expresión de alarma.

—No sé, nadie paga así, si no es por desprenderse de dinero negro.

Estuvimos un rato dando vueltas al asunto del dinero negro. Me pareció que Álvaro intentaba dar una imagen de escritor excéntrico y atormentado, aunque quizá fuera un escritor excéntrico y atormentado, ¿cómo saberlo? Cuando logré reconducir el diálogo al asunto de la adopción, él regresó a la *carta a la madre,* que le tenía obsesionado. No sabía si escribirla a su madre adoptiva y muerta o a su madre real, pero desconocida. Me pregunté si estaría bajo los efectos de algún estupefaciente, porque tenía tendencia a hablar formando círculos, pero en seguida me di cuenta de que sólo pretendía alargar la conversación.

—¿Tienes miedo? —le pregunté de súbito.

Tras permanecer unos segundos en silencio, dijo:

—Sí, no me acostumbro a vivir solo. Por la noche, esta casa se llena de fantasmas.

—¿Qué clase de fantasmas?

—No sé, fantasmas.

Entonces me contó que el día que nos conocimos, al volver a casa, contrató a una prostituta a la que confundió con su madre muerta. Me relató la escena de la ducha y la conversación posterior sobre carbunclos, o carbúnculos. Yo pensé que trataba de seducirme, y lo cierto es que lo estaba consiguiendo, pero aún necesitaba distinguir lo verdadero de lo falso. Mi olfato periodístico había empezado a señalarme que quizá Álvaro no era un adoptado verdadero, sino vocacional.

—¿Cuándo te dijeron que eras adoptado? —pregunté al fin en un intento por tomar las riendas de la conversación.

—En realidad, no sé que soy adoptado porque me lo hayan dicho, pero siempre he tenido esa sospecha.

—¿Por qué?

—Porque un día, tenía yo ocho o diez años, estaba viendo la televisión mientras mi madre hablaba por teléfono. Entonces ella pronunció una frase que una madre jamás habría dicho delante de un hijo verdadero.

—¿Qué frase?

—No me acuerdo, pero sé que me dije: soy adoptado.

Insistí en que tratara de recordar y aunque al principio no parecía dispuesto, finalmente pronunció la frase de su madre que ya he reproducido más arriba: «Estoy arrepentida; ahora no volvería a hacerlo».

Le dije dos cosas: que esa frase no significaba nada (aunque yo había perdido a mi hija real por una frase de mi mujer que tampoco significaba mucho) y que la fantasía de haber sido adoptado era relativamente común. Me respondió irritado que él también había leído a Freud (no lo había leído, yo tampoco, pero los dos éramos capaces de citarlo con cierta solvencia). Luego rebajó el tono y añadió que de pequeño se había sentido atraído sexualmente por su madre.

—Si has leído a Freud —dije con maldad—, sabrás que tampoco eso es anormal.

Volvió a irritarse y dijo que no me había llamado para discutir sobre Freud, sino para comentarme su caso si todavía estaba interesado en él.

—Lo estoy —dije.

Entonces me contó que había recibido la llamada de una ex monja que había trabajado como ayudante de quirófano en el sanatorio donde él había nacido.

—¿Puedes tú verificar —añadió— si en la época de la que hablamos se hacían esas cosas?

—Se hacían —dije, pues me sobraba documentación sobre el tema.

—¿Y podrías comprobar mi caso?

—Puedo intentarlo, pero no será fácil con los datos de que dispones. Las monjas se cierran como valvas cada vez que te acercas. Dame de todos modos unos días.

Mientras hablaba, percibí que la respiración de Álvaro Abril, al otro lado, era muy agitada. Intuí que no me había dicho aún lo más importante y le di un poco de hilo para que bajara la guardia. Al poco, fue incapaz de resistirse más y dijo:

—Lo mejor de todo es que no puedes ni imaginarte quién sería mi madre según esta ex monja.

—No, no puedo.

—¿Recuerdas la mujer de la que te hablé el día que nos conocimos en casa de mi editor?

—¿Qué mujer? ¿La de la biografía?

—Sí.

—¿Es ella?

—Eso dice la monja. Dice que se llamaba María de la Luz Acaso y esta mujer se llama Luz Acaso. No creo que haya muchas mujeres con ese nombre. Estoy hecho un lío.

—No me extraña —dije—, es todo demasiado no-velesco.

Le dije eso, que me parecía todo demasiado nove-lesco, pero para mis adentros pensé en la red de coincidencias sobre la que se sostiene la realidad y que a veces, por causas que desconocemos, se queda al descubierto, como los árboles cuando se retira la niebla.

—¿Continúas ahí? —pregunté.

—Sí.

—¿Y crees que esta mujer, Luz Acaso, sabe que tú eres su hijo? ¿Ha insinuado algo?

—Sí y no.

—¿Cómo que sí y no?

Entonces me explicó que en uno de sus encuentros Luz Acaso le contó que se había quedado embarazada cuando tenía quince años, mientras que en el siguiente lo negaba. También había estado casada y no había estado casada, y era y no era viuda al mismo tiempo.

—Te quiere seducir —dije aparentando una experiencia que no tengo.

—¿Crees que me querría seducir del modo al que te refieres si supiera que soy su hijo?

—No, creo que no —tuve que reconocer.

—La situación real, entonces, es que soy su hijo y no soy su hijo del mismo modo que ella es viuda y no es viuda y casada, pero no casada.

—Tienes una buena novela ahí —dije riendo.

—No quiero una novela, quiero una vida real.

Mientras hablábamos, intentaba imaginar la casa de Álvaro Abril. A ratos me la representaba grande y antigua y a ratos pequeña y moderna. Intenté imaginar también su mesa de trabajo. Situé el ordenador, el teléfono, los objetos de los que se rodeara. Posiblemente, no acerté en nada. Siempre que conozco a alguien, intento crearle un contexto, un orden, del mismo modo que cuando hablo por teléfono con una persona a la que no conozco físicamente intento deducir de su voz su rostro. Nunca acierto. Pero mientras jugaba a estas adivinanzas, una idea disparatada me vino a la cabeza: ¿Y si Álvaro Abril fuera mi Nadie? Ya expliqué lo que en aquel cuento había de autobiográfico. Aquella mujer que no había vuelto a ver desde hacía veinte o treinta años podía haber tenido un hijo mío, en efecto, que ahora tendría la edad de Álvaro Abril. No quiero crear una expectativa falsa: se trataba, como siempre, de un juego retórico. Quizá la red sobre la que se sostiene la realidad es pura retórica. La realidad no necesita sostenerse sobre ninguna red: ella es la red. Pero nosotros sí que necesitamos la invención. Necesitamos creer que las cosas suceden unas detrás de otras y que las primeras son causa de las segundas, como le dijo Álvaro a Luz Acaso en su primer encuentro.

Cuando escribo un reportaje, siempre soy consciente de que al seleccionar, de entre toda la documentación previa, los materiales definitivos, no hago otra cosa que manipular la realidad para que encaje en una lógica que sea comprensible para los lectores y para mí. Pero no siempre me creo lo que escribo. Muchas veces permanezco a este lado del reportaje, perplejo, frente a una realidad que aunque he logrado hacer entrar en la horma, a veces con éxito, continúa deshormada dentro de mi cabeza. Otras veces sucede al revés: hay mentiras que no resistirían la mínima confrontación con la realidad, pero que dentro de mi cabeza funcionan como un mecanismo de relojería. Mentiras, en fin, que merecerían ser verdades. La idea de que Álvaro Abril fuera mi Nadie, mi hijo, pertenecía a este tipo de mentiras. No lo era, sin duda, pero lo era en alguna dimensión de mí. Quizá en alguna dimensión suya yo había comenzado a ser su padre.

Quedamos en vernos al día siguiente, por la tarde, y colgamos, creo que con pesar, el teléfono.

11

Al día siguiente comí en casa de mi ex mujer, con mi hija y su novio alemán. Habían venido a Madrid para anunciar que se casaban. Yo, como padre, tenía que haber pronunciado algunas palabras un poco trascendentes, pero en ese momento sólo se me ocurrió darles la enhorabuena. Me pareció que mi hija, que actuaba de intérprete, añadió en alemán algo que yo no había dicho en castellano para dejarme en buen lugar. El encuentro fue difícil, no ya por las interrupciones dedicadas a la traducción, sino por las miradas que iban de un lado a otro de la mesa buscando un destinatario que no siempre hallaban. Tuve la impresión de que el alemán, que me observaba al principio como a un enemigo, comenzó a observarme tras el aperitivo como si intentara verse a sí mismo al cabo de veinte o veinticinco años. No necesitábamos hablar el mismo idioma para saber que los dos teníamos un pie en el mismo territorio.

—No has traído vino —reprochó mi ex mujer.

—No —dije.

—Ya no traes nada.

Y me llevo menos, estuve a punto de añadir, pero sonreí como si hubiera oído una delicadeza. Mi ex mujer era profesora de latín en un instituto de Madrid. Mi hija era profesora de filosofía en una universidad alemana. Mi yerno era un técnico con sensibilidad cultural. Las cosas no podían haber salido mejor, excepto que yo no estaba unido a ellas, a las cosas. No estoy dotado para los vínculos afectivos, aunque había intentado sustituir aquella falta con una familia del mismo modo que el cojo o el manco sustituyen la suya con una prótesis. Mi prótesis se enriquecía ahora con una pieza alemana, lo que la haría más sólida sin duda, aunque no para mí, pues hacía tiempo que la ortopedia se me había venido abajo obligándome a regresar al punto de partida.

El punto de partida tampoco era tan malo si eras capaz de llenar tu vida de hábitos. Soy un maestro de los hábitos, un coloso de las rutinas. Podría parecer que la tendencia a la repetición es incompatible con la condición de reportero, pero el reportaje sólo sale bien cuando constituye una ruptura de la pauta. Hay que tener hábitos para romperlos. La obra de arte (mis reportajes eran modestamente obras de arte) surge cuando rompes la norma, que es la materia prima. Repasé la norma mientras daba cuenta del pescado a la sal que había preparado mi ex mujer. Telefonearía al sanatorio en el que había nacido Álvaro Abril y pediría una entrevista con la madre superiora. Visualicé mi entrada en el hospital. Vi los pasillos, las escaleras, el ascensor quizá. La monja saldría de detrás de la mesa a recibirme. Yo me sentaría e iría al grano:

—Tal día de tal año nació aquí un niño que fue entregado en adopción a un matrimonio de apellido Abril. Pero la madre era una adolescente llamada Luz Acaso. La monja que trabajaba entonces como ayudante de quirófano, hoy secularizada, ha hablado conmigo. Necesitaría algún rastro documental de aquel parto porque estoy haciendo un reportaje sobre la adopción.

Algo me indicó que debía levantar la vista y cuando lo hice me encontré con la mirada espantada de mi ex mujer, mi hija y el alemán. Tal vez había gesticulado sin darme cuenta al hablar con la madre superiora. Enrojecí un poco al tiempo que mi hija decía:

—Pregunta Walter que en qué estás trabajando ahora.

—En un reportaje sobre la adopción.

Mi hija, un poco pálida, tradujo lo que había dicho y como advertí que esperaban algo más, relaté que se me había ocurrido después de que en unos grandes almacenes, un lector me dijera que en su casa me llamaban el hermanastro de su padre.

Mi ex mujer señaló que todo aquello le parecía algo siniestro (cometí el error de confesar que había merodeado por los alrededores de la casa donde vivía mi «gemelo», para verlo, o quizá para verme fuera

121

de mí), pero el alemán pareció interesarse por el asunto y dijo, siempre a través de mi hija, que había una autora francesa, cuyo nombre memoricé, Marthe Robert, según la cual sólo había dos tipos de escritores (me halagó que utilizara el término *escritor* incluyéndome a mí): aquellos que escribían desde la convicción de que eran bastardos y aquellos otros que lo hacían desde la creencia de que eran legítimos.

—Sólo existen esas dos escrituras —añadió—: la del bastardo y la del legítimo.

La hipótesis, expuesta en tan pocas palabras, me pareció deslumbrante y así se lo hice saber. Creo que puse en ello un entusiasmo que no gustó ni a mi ex, ni a mi hija, como si de súbito se hubieran dado cuenta de que Walter y yo, efectivamente, teníamos un pie en el mismo sitio. Entonces advertí que mi hija miraba a su madre como si en ella viera ya algo de su futuro. Estamos condenados, en efecto, a tropezar con aquello de lo que huimos.

Walter y yo renunciamos a la complicidad que se había establecido entre nosotros para tranquilizar a las dos mujeres, pero el mal ya estaba hecho y el resto de la comida fue un suplicio. Por otra parte, yo estaba deseando irme para disfrutar del descubrimiento de que sólo había dos literaturas: la que se escribe desde la convicción de que uno es un bastardo y la que se escribe desde la creencia de que uno es legítimo. Quizá sólo hay dos maneras de vivir: como un bastardo o como un legítimo. Me pareció que por fuerza tenía que ser más interesante la literatura del bastardo, porque el bastardo, real o imaginario, da lo mismo, pone en cuestión la realidad (éstos no son mis padres, las cosas no son como me las han contado), lo que es el primer paso para modificarla.

Álvaro Abril era, con independencia de su origen real, un escritor bastardo, pues daba la impresión de haber salido al mundo a través de la misma rendija de la que vienen los hijos de los adúlteros, y procedía por tanto de un espacio en el que circulan verdades que no conocen los del lado de acá. *El parque,* pese a sus insuficiencias, era una novela bastarda. Contaba la historia de un grupo de muchachos que se reunían a beber cerveza y a fumar porros en un parque cercano a su instituto. El grupo les protegía del mundo al precio de no dejarles crecer. La novela relataba las tensiones que se establecen entre el grupo y el protagonista —un chico de dieciocho años llamado Álvaro: igual que el autor— cuando éste decide convertirse en un individuo. Hay un momento espléndido, en el que el adolescente se contempla a sí mismo y a los otros y se dice: «yo no soy de aquí», sin que por eso sepa a dónde pertenece. En ese parque cercano al instituto conviven sin mezclarse varias dimensiones de la realidad: la de los jubilados, la de las amas de casas con niños, la de los adolescentes como Álvaro y sus amigos, y la de aquellos otros «adolescentes» de casi treinta años que ahora acuden al parque con la excusa de pasear a sus perros, y que continúan viviendo en casa de sus padres, aunque siempre esgrimen proyectos laborales fantásticos que nunca realizan. Es al mi-

rarse en ese grupo cuando el protagonista de la novela decide huir, aunque no ve otra dirección que la
de ninguna parte, pues no es hijo de nada ni de nadie
(¿sería más propio decir que es hijo de Nadie?). Leí en
su día la novela por lo que me pareció que podía haber en ella de reportaje y no me decepcionó: a medida
que pasaba el tiempo comprendía por qué.

Cuando mi ex mujer sirvió el postre, comencé a
mirar el reloj ostensiblemente, pues ya les había ad-
vertido de que tenía una cita. De este modo me libré
del café y escapé de allí sin cometer más torpezas.
Cuando me iba, mi hija me besó cerca del oído para
decirme algo que no entendí, aunque moví la cabeza
en señal de asentimiento con el gesto miserable de
quienes fingen comprender algo que se les ha dicho
en otro idioma (luego pensé que quizá me había hablado, absurdamente, en alemán).

Álvaro Abril me estaba esperando en el café en el
que habíamos quedado. Me senté frente a él, pedí una
copa y tras unos preámbulos me contó sus encuentros
con Luz Acaso desde el día en que se presentó en Talleres Literarios atraída por un anuncio del periódico.
Apenas le interrumpí, excepto cuando narró la sesión
en la que ella le revelaba que había tenido un hijo
siendo adolescente. Le pregunté qué día exactamente
le hizo esa confesión y coincidía con el que yo había
estado en la radio hablando sobre el tema. La propia
Luz confesaría a Álvaro que escuchó parte del programa, de ahí que se inventara un hijo que luego afirmó
no haber tenido.

El último encuentro, me dijo Álvaro, había tenido lugar esa misma mañana. Ella, por supuesto, no dio muestras de saber nada de la llamada que el día anterior había recibido Álvaro de una ex monja. Se sentó, retirándose un poco el abrigo, como si tuviera calor y frío al mismo tiempo, y esperó dócilmente a que el muchacho encendiera el magnetofón. Luego preguntó si Álvaro había comenzado ya a escribir su biografía. Él dijo que aún no, pues prefería disponer de todo el material antes de decidir cómo debía articularlo.

—Hasta ahora —añadió tentando la suerte—, sólo me ha contado usted sucesos imaginarios. No digo que los sucesos imaginarios no sean reales, pero quizá deberíamos engarzarlos en la realidad real.

—¿En la realidad real? —preguntó ella con expresión de desconcierto.

—En los datos, si prefiere que lo digamos así. Ponemos el dato como base y sobre el dato colocamos el suceso fantástico.

—¿El suceso fantástico es la guinda?

—No he querido decir eso.

Luz Acaso hizo un gesto de cansancio. Ese día estaba más pálida, si cabe, que los anteriores. Se le notaba en el cuello una red de venas azules que se perdían bajo el escote de la blusa. Llevaba una blusa blanca cuya textura se volvía opaca en los lugares donde se superponía a la ropa interior, también blanca. Comprendí, por el modo en el que Álvaro la describía, que estaba enamorado de ella, aunque quizá él no se había dado cuenta. Cabía preguntarse si necesitaba más una madre que una compañera, pero quizá buscaba las dos cosas. Tras el gesto de cansancio, ella dijo:

—Mire, he pensado dejarlo. Fue una tontería empezar.

—No lo deje, por favor —suplicó él.

—Pero usted quiere datos y a mí los datos me aburren. No tengo muchos más de los que figuran en el carné de identidad, por otra parte.

—Está bien, no me dé datos. Déme lo que quiera.

—Le diré algo real, si eso es lo que necesita para hacer el guiso biográfico: no puedo tener hijos. Si le conté de un modo tan real el parto, fue porque lo he imaginado cien veces.

—¿Por qué no puede tenerlos?

—Me han vaciado. Ahora mismo estoy de baja por enfermedad, convaleciente de esa operación.

No era la primera vez que Álvaro escuchaba esa expresión, *me han vaciado,* para aludir a determinada intervención quirúrgica, y aunque siempre le había asombrado, ahora le produjo un escalofrío. Dice que imaginó a Luz Acaso completamente hueca, como una figura de finísima porcelana, y que comprendió entonces su fragilidad.

—¿La han vaciado? —preguntó como en un eco.

—Eso es. Así lo llaman, ¿no? Fui al médico veinte veces. Me hicieron toda clase de análisis, de pruebas, y al final me dijeron que tenían que vaciarme. No sabe usted hasta qué punto era verdad. Me han dejado sin nada dentro, sin nada.

Álvaro la contemplaba maravillado y perplejo. Se dijo que quizá él, con la biografía que escribiera de ella, conseguiría restituir algo interno de lo que le habían arrebatado a esa mujer.

—Podemos empezar por ahí, por el vaciado —dijo.

—Empiece por donde quiera. Ya tiene algo real. Ya tiene un dato. Es eso lo que necesitaba, ¿no? ¿Quiere que le dé los detalles de ese dato? ¿El nombre del cirujano? ¿Su dirección? ¿Su número de teléfono?

—No es preciso.

—¿Quiere que le diga cómo se siente una cuando despierta y sabe que no tiene nada dentro de sí, que está más hueca que un mueble en un sótano? ¿Necesita saber para escribir mi biografía cómo se ven las cosas cuando se lleva dentro un agujero de dimensiones cósmicas? ¿Hay palabras para expresar el peso de ese agujero, la profundidad de ese vacío?

—Quizá no —respondió Álvaro.

—Entonces no sé si tiene sentido que continuemos hablando. Le pagaré las horas que me ha dedicado. Tire todas esas cintas a la basura.

—Quizá sí haya manera de expresarlo —rectificó Álvaro—. Déme la posibilidad de intentarlo.

—No.

—Venga un día más. Sólo un día más, mañana, y con el material de que disponga escribiré lo mejor que he escrito hasta ahora.

Luz Acaso lo miró como una mujer madura miraría a un muchacho por el que sintiera una mezcla de afecto y pena. Luego dijo:

—Un día.

—De acuerdo.

Cuando ya estaba a punto de levantarse, le hizo una pregunta curiosa:

—Dígame, ¿es un buen comienzo para una novela la frase *yo tenía una casa en África*?

—Sí, es muy bueno. Así comienza *Memorias de África*.

—¿Y *yo tenía un acuario en el salón*?

—No es lo mismo.

—¿Por qué? No es para mí. Es para una amiga que quiere escribir.

—No sé, las palabras casa y África son evocadoras. Acuario y salón, no.

—No sé por qué no —dijo ella y se levantó.

Sonreí por aquel final tan pintoresco, pero Álvaro permaneció serio. Aquella mujer era capaz de hacerle dudar sobre lo que era literario y lo que era simplemente chusco. Le pregunté si creía que el dato de la intervención quirúrgica era cierto.

—Es imposible saber cuándo miente y cuándo dice la verdad —dijo.

—¿Del mismo modo que no hay manera de averiguar si tú eres adoptado o biológico?

—¿Qué interés tendría en engañarte? No me hace una ilusión especial que me saques en tu reportaje.

No pude evitar cierto tono de paternalismo que él aceptó como si formara parte de las reglas del juego. Le dije que todos hemos fantaseado alguna vez con la idea de ser adoptados y le expuse, sin señalar la procedencia, que sólo había dos clases de literatura y quizá dos clases de existencia: la de aquellos que se han sentido extraños dentro de su propia familia y la de aquellos otros que estaban convencidos de pertenecer a ella.

—También hay gente convencida de que sus padres son sus padres —concluí.

—Allá ellos —añadió él—. También hay escritores que creen haber escrito lo que publican.

—¿Tú no?

—Yo no.

—¿Tú no eres el autor de *El parque?*

—*El parque* es hija mía como yo soy hijo de mis padres.

Me habló de la autoría de la obra de arte, cuyos pormenores le excitaban, mientras yo observaba sus gestos del mismo modo que Luis Rodó, el protagonista de *Nadie,* había observado los de Luisa, la hija de Antonia, en la mesa de los adúlteros del restaurante cercano a la editorial. Advertí que tenía, como yo, un pequeño lunar en el lóbulo de la oreja derecha y que cultivaba un escepticismo que no llegaba a sentir, pero al que tendía como una imposición moral. Podría haber sido mi hijo. Podría serlo. Pero insisto: no era más que un juego retórico. Aunque escribo reportajes, imagino novelas todo el tiempo. ¿Qué ocurriría en mi vida si se me revelara de repente la existencia de un hijo que fuera una prolongación de los devaneos adúlteros de mi juventud? La idea me producía escalofríos, no sé si escalofríos de pánico o de felicidad, pero hacía aún más extraña la distancia con mi hija real, como si lo real se convirtiera en lo imaginado y lo imaginado se hiciera patente. Me di cuenta de que era mejor padre de Álvaro Abril que de mi hija, aunque trataba a mi hija desde pequeña y acababa de conocer a Álvaro. Deseé que fuera mi hijo como he deseado haber escrito libros que no me pertenecen. Entonces comprendí lo que intentaba decirme acerca de la autoría. Del mismo modo que hay padres adoptivos más legítimos que los verdaderos, hay autores que no se merecen los libros que han escrito. Es muy difícil merecer ser padre, o ser autor. En cuanto a los hijos, ya he dicho que todos somos en cierto modo adoptados.

Le pregunté si la llamada de la ex monja podía ser una broma de mal gusto de alguien que le conociera y me aseguró que no. Nos despedimos con un apretón de manos, prolongando el contacto más allá de lo que es usual, y le prometí que investigaría su caso.

—Nos llamamos —dijo, y eso fue todo.

En el siguiente encuentro, casi como era de esperar, Luz Acaso se desdijo y confesó que no la
habían vaciado, pero que vivía obsesionada con
esa posibilidad.

—Me he quedado vacía imaginariamente tantas
veces —añadió—, que vivirlo una sola vez en la realidad no puede ser peor.

Llevaba la misma blusa blanca del día anterior,
quizá la misma ropa interior también, calculó Álvaro
excitándose de un modo que se censuró de inmediato. Luz Acaso no era una mujer descuidada, de
manera que aquel abandono parecía el síntoma de un
cansancio que conmovió a Abril. Tras desdecirse, permanecieron en silencio los dos, escuchando el roce de
la cinta en las entrañas del magnetofón (los detalles
descriptivos no son míos, sino de Abril: yo jamás ha-

bría dicho que la cinta giraba en las «entrañas del magnetofón»). Entonces ella movió los ojos en dirección al aparato y dijo:

—Estás gastando cinta inútilmente.

Era la primera vez que le tuteaba y fue —me contaría Álvaro— como si la mujer se hubiera levantado de la silla, se hubiera acercado y le hubiera hecho una caricia.

—No —dijo él—, la cinta está grabando tu silencio, que vale tanto como tus palabras.

—¿Cómo contarás los silencios en mi biografía? ¿Con páginas en blanco?

—Aún no lo sé, pero los contaré también.

—Te va a salir un culebrón —dijo ella.

—Ya veremos.

Luz Acaso suspiró y se retiró el abrigo. Cruzó las piernas y Álvaro pudo oír el roce de las medias a la altura de los muslos. Rogó que el magnetofón hubiera recogido ese sonido. Luz llevaba unos zapatos negros en cuyo escote había una pieza de encaje. Su pie parecía el cuerpo de una niña a medio vestir, eso me dijo un poco trastornado.

—Entonces hoy es el último día —añadió ella—. Dijiste que cuatro o cinco encuentros serían suficientes. ¿Lo han sido?

—Todavía no ha terminado el último —dijo él mirando el reloj.

—¿Y qué esperas del último? ¿Otra mentira?

—Nada de lo que me has dicho es mentira.

—Tú sabes que sí.

—Dime entonces una verdad.

—¿Una verdad en la que engastar las mentiras anteriores?

—Si quieres expresarlo de ese modo...

—Está bien. Te diré una verdad. ¿Te acuerdas de Fina, la verdadera viuda?

—Sí.

—Pues yo soy Fina, discreción y compañía para caballeros serios, veinticuatro horas. Vivo de eso, pero a mi edad ya no puedo vender otros encantos.

—Sí puedes, pero no importa, sigue hablando —dijo Álvaro.

—El teléfono te permite seleccionar un poco a los clientes. Digo un poco porque muchos engañan. Son tímidos cuando hacen el contacto, pero brutales cuando los tienes cara a cara. Mira —añadió sacando de su bolso un teléfono móvil—, ¿ves lo pequeño que es este aparato? Pues caben en él más miserias de las que tú serías capaz de poner en un libro de mil páginas. ¿Quieres escuchar los mensajes que me dejan, los mensajes que me dejáis los hombres?

—Sí. No. No sé.

Luz Acaso marcó el número de la central de mensajes y le pasó el aparato a Álvaro, que se lo colocó absurdamente en el oído para oír una serie de obscenidades que le hicieron palidecer. Me contó que había estado a punto de jurar que él no había sido, pero le devolvió el teléfono a Luz sin decir nada.

—¿No tomas notas de las proposiciones que me hacen?

—Me acordaré —dijo él.

—Pues ya lo sabes: yo soy la viuda alternativa de aquel hombre cuyo fallecimiento te relaté en nuestro primer o segundo encuentro. Era un buen hombre que utilizaba mis servicios dos días a la semana, los martes y los jueves. Cuando tenía coartada, se quedaba a cenar. Ni siquiera me pedía que nos metiéramos en la cama, aunque a veces sí, y a mí no me importaba. Le gustaba fingir que estábamos casados, de modo que hacíamos vida de matrimonio. En cierto modo, éramos un matrimonio al revés. La gente se esconde para hacer cosas prohibidas, pero nosotros nos escondíamos para hacer lo permitido, incluso lo bien visto. Éramos como el matrimonio que vivía en la puerta de al lado, con la única diferencia de que lo llevábamos en secreto. Veíamos la televisión o jugábamos a las cartas, le gustaban las cartas. Estaba casado con una mujer que conocía desde la adolescencia. Había sido su primera novia y la última. Ella se quedó embarazada de él cuando tenía quince o dieciséis años, pero dieron al niño en adopción, pues no podían hacerse cargo de él. Ese niño tendría ahora tu edad. Todo esto me lo contaba él mientras hacíamos esa rara vida de matrimonio. Quería mucho a su mujer, con la que luego no tuvo hijos por respeto a aquel primero del que se habían desprendido, pero necesitaba otra esposa con la que hablar de todo aquello sin herirse. Esa otra esposa era yo.

—¿De qué murió? —preguntó Álvaro.

—De nada. Se murió de un día para otro. Yo me enteré de casualidad, porque vi su esquela en el periódico, así que me presenté en el velatorio y lo vi de cuerpo presente. De paso, observé cómo era su casa e imaginé cómo habría sido la mía si me hubiera tocado vivir en el lado real de la realidad. Era una casa corriente, quizá un poco triste. Su mujer no era mejor que yo. Quizá, pensé, yo le había hecho más feliz que ella aun siendo una esposa a tiempo parcial, por decirlo de un modo rápido. Cuando ya me iba, reparé en el libro de firmas y en la bandeja de plata con las tarjetas de visita. En realidad era un libro de contabilidad. Yo escribí en la parte del *Debe* aquella frase que te conté: «La verdadera viuda estuvo aquí sin que nadie la reconociera, así es la vida». Luego dejé una tarjeta en la bandejita de plata. Durante los siguientes días me sentí como una viuda. Todavía me siento así. Los martes y los jueves espero que suene el timbre de la puerta, pero nunca suena. Mi casa tiene dos habitaciones, una al lado de la otra, como dos pulmones. He clausurado la habitación en la que nos acostábamos, como si no existiera. La he cerrado y he tirado la llave a la basura. Está como el último día que pasamos juntos en ella, eso supongo. Yo duermo en la habitación de al lado y a veces imagino que el fantasma de él todavía se presenta los martes y los jueves en la habitación vacía y espera que yo entre en ella. Y yo entraría si pudiera desprenderme del cuerpo, que es la forma en que se desnudan los fantasmas. Para una historia real que te cuento, está llena de fantasmas, como ves.

—¿Por qué la primera vez me contaste esta historia desde el lado de la esposa?

—Porque me gusta ponerme en el lugar de los demás. ¿Has pensado lo de *yo tenía un acuario en el salón*? ¿Te parece mejor que ayer?

—No sé. ¿Quién es esa amiga tuya que quiere escribir? —preguntó Álvaro suponiendo que se trataba de ella misma.

—Pues una amiga que te admira mucho. Ahora está conquistando su lado izquierdo para escribir un libro zurdo.

—¿Qué es un libro zurdo?

—No lo sé. Un libro escrito con el lado con el que no se sabe escribir.

Álvaro sintió que Luz Acaso acababa de verbalizar con una sencillez sorprendente una idea suya y cuando trató de imaginar la vida sin aquellos encuentros le pareció insoportable.

—¿No podemos tener tres o cuatro encuentros más? —suplicó.

—No —dijo ella—, no podemos. Además, ya sabes lo que te diría en el siguiente.

—¿Qué me dirías?

—Que lo que te he contado hoy no era verdad.

Ella se levantó de improviso, como si quisiera terminar con todo aquello cuanto antes, y él ni siquiera tuvo tiempo de insinuar que sabía, gracias a una llamada telefónica anónima, que ella era su madre.

—Cuando tengas la biografía me llamas —dijo ella.

—Sí —respondió él.

Nada más quedarse solo, Álvaro Abril buscó un periódico, lo abrió por la sección de contactos y al poco dio, en efecto, con un anuncio que decía: «Fina, discreción y compañía para caballeros serios. Veinticuatro horas». Lo recortó, lo guardó en la cartera y luego me telefoneó.

—Es una prostituta —dijo.

—¿Te lo ha dicho ella? —pregunté intentando sembrar dudas—. Porque te ha dicho otras cosas también...

—Era la última vez que nos veíamos y prometió que me diría la verdad.

Entonces Álvaro me contó el encuentro desde el principio hasta el final y cuando colgué el teléfono cogí el periódico y busqué el anuncio. Allí estaba, en efecto: «Fina, discreción y compañía para caballeros serios. Veinticuatro horas». Llamé, pero colgué en seguida pensando que no estaba procediendo con orden. Después de todo, el enamorado era Abril.

13

A l día siguiente tuve una entrevista con la madre superiora del sanatorio de monjas en el que había nacido Álvaro Abril. Le expliqué que estaba haciendo un reportaje sobre adopciones y negó que en alguna época se hubiera practicado allí el tráfico de niños recién nacidos. Cuando insinué que una ex monja que había trabajado como ayudante de quirófano afirmaba lo contrario, se levantó y no quiso seguir hablando conmigo, sugiriéndome que acudiera a los tribunales. Logré averiguar el nombre del ginecólogo que en aquella época trabajaba para el sanatorio. No era probable que hubiera obtenido nada de él en vida, pero había muerto el año anterior, al poco de jubilarse, y su viuda me colgó el teléfono cuando oyó la palabra periodista. Aunque el trasvase de niños de madres solteras a matrimonios sin hijos había sido habitual durante una época, nadie, en fin, había dejado rastros de un delito que entonces se consideraba una obra de caridad. Todos los caminos permanecían cegados. Ni siquiera el testimonio del propio Álvaro era fiable, pues sólo estaba basado en impresiones, cuando no en el simple deseo de tener unos padres distintos de los que le habían tocado en suerte. Podría haber abierto otras vías de investigación, pero entonces aún pensaba que la ex monja era un invento suyo para probar que Luz Acaso era su madre.

Entretanto, me llamaron un par de veces del periódico preguntando cuándo pensaba entregar el reportaje sobre la adopción. Había cobrado los gastos ocasionados por la investigación, pero había retrasado la entrega en tres ocasiones. Pedí un par de semanas más, aunque lo cierto es que ya no me apetecía escribirlo. Algunas noches, me sentaba a la mesa de trabajo con toda la documentación desplegada ante mis ojos, y comprobaba con desasosiego que después de haber dedicado tanto tiempo a reunir casos verdaderos de hijos que buscaban a sus padres y de padres que buscaban a sus hijos, ahora sólo me interesaban los falsos adoptados, como yo mismo (*en casa te llamamos el hermanastro*), o como el propio Álvaro Abril. Pero también me obsesionaban los hijos reales o fantásticos tenidos fuera del matrimonio por adúlteros, a quienes estos hijos se les aparecían en un momento determinado para pedirles cuentas de su vida. Aunque jamás he releído nada mío una vez publicado, volví a leer un par de veces mi cuento *Nadie*, la historia de Luis Rodó basada, en parte, en una experiencia propia, y lamenté haberla publicado con aquella urgencia, pues me parecía que si la hubiera madurado un poco más habría podido escribir una novela corta. Siempre he asociado la novela corta al reportaje, pero nunca había manejado un material tan favorable, que quizá había echado a perder por precipitación.

Una tarde cogí el teléfono, hablé con el redactor jefe del periódico y le propuse escribir un reportaje falso.

—¿Qué quieres decir con un reportaje falso? —preguntó.

—Pues eso —añadí—, una pieza de ficción con apariencia de reportaje. Es que he conocido un par de casos de gente que se cree adoptada y de hombres que creen haber tenido hijos que no han tenido. Creo que sería interesante trabajar en esa zona de la realidad dominada por lo que no ha ocurrido.

El redactor jefe era un hombre joven y no se atrevió a opinar directamente sobre mi propuesta, pero me despachó sin contemplaciones diciendo que había un exceso de ficción que el periódico no quería contribuir a aumentar.

—Todo el mundo está apostando ahora por la realidad —añadió, dejándome con la palabra en la boca para acudir a la reunión de cierre.

Dudé si tomar parte de la documentación real, hilvanar a base de oficio quince o veinte folios, entregar el reportaje que esperaban recibir, y reservar el resto para un libro futuro. Pero temía que si trabajaba en la zona real, perdiera las ganas de profundizar en la

141

irreal. Por otra parte, como no es raro que en los periódicos se olviden un miércoles de lo que te han pedido con urgencia un martes, recliné el asiento hacia atrás y eché una cabezada.

Me desperté sobresaltado a los diez minutos. Había soñado que Álvaro Abril era mi hijo. Supe entonces que no se me quitaría de la cabeza la idea de que quizá había tenido un hijo póstumo (así lo llamé curiosamente dentro de mi cabeza) hasta que no lo comprobara, de manera que dediqué un par de días a localizar a aquella amante de mi juventud con la que había roto de forma semejante a la que Luis Rodó, en *Nadie,* había roto con la suya. Vivía en Barcelona y no fue fácil justificar aquella llamada que se producía con más de veinticinco años de retraso. Le dije que me había acordado de ella de repente.

—De repente me acordé de ti.

—Ya —respondió a la defensiva.

—¿Cómo te va? —añadí intentando imaginar los estragos del tiempo sobre su rostro. Me pregunté si conservaría aquella capacidad para oscurecer la mirada cuando una idea sombría pasaba por su frente.

—Continúo viva —dijo—, si es a lo que te refieres.

Comprendí que había leído *Nadie* en el periódico y me maldije de nuevo por haberme precipitado en publicarlo.

—No es a lo que me refiero —repuse.

—De ti sé por los periódicos —añadió ella—. Un día te vi en televisión y me pareció que te habías convertido en un gordo.

—La televisión engorda —me defendí.

—Pero otro día te escuché por la radio y me pareció que continuabas siendo delgado.

—La radio adelgaza —se me ocurrió decir en simetría con mi respuesta anterior.

—Hablabas de hijos adoptados. Es un tema de moda.

—Pero yo no trabajo en él por moda. Es que —mentí— de repente me enteré de que era adoptado y empecé a darle vueltas al asunto.

—¿Y cómo te enteraste de que eras adoptado?

—Estaba firmando libros en unos grandes almacenes y un lector me dijo que en su casa me llamaban de broma el hermanastro de su padre porque era idéntico a él. Al despedirnos, me dio el teléfono por si en alguna ocasión quería conocer a mi gemelo. Un día llamé, me invitaron a tomar café y, en efecto, aquel hombre y yo éramos muy parecidos. Luego resultó que teníamos manías afines o complementarias. Decidimos hacernos unos análisis y nos dijeron que en efecto éramos hermanos gemelos.

—¿Os hicisteis análisis genéticos? —preguntó con extrañeza, como si se tratara de algo muy excepcional, por lo que temí haber dicho algo inverosímil, pero me reafirmé y añadí casi sin transición:

—Debieron de separarnos nada más nacer entregándonos a distintas familias. Tanto sus padres adoptivos como los míos han muerto y no nos pueden dar la información que necesitamos, pero no hemos renunciado a encontrar a nuestros verdaderos padres, si to-

143

davía viven. Cuando me puse a trabajar en el asunto, comprobé que hay mucha gente en nuestra situación y comencé a recopilar material para un reportaje.

—Ya —dijo ella. Ese «ya» era un rasgo de su personalidad que resultaba un poco exasperante, porque no había forma de saber si se trataba de un asentimiento verdadero o irónico—. Parece una novela.

—La vida está llena de novelas —dije yo—. ¿Y tú? ¿Has tenido hijos?

—¿Biológicos o adoptados?

—Da igual. ¿Los has tenido?

—Tranquilízate, no.

Ella sabía que me había quedado, cuando rompimos, con la preocupación de que estuviera embarazada. Y ahora negó de tal manera que dejaba una duda en el aire. Comprendí que había sido una equivocación llamarla, de forma que me despedí lo antes posible tras quedar vagamente en vernos cuando yo viajara a Barcelona o ella a Madrid.

Cuando colgué, advertí que estaba impresionado por el relato que le había hecho de mi hermano gemelo. Era falso, pero en alguna parte de mí era verdadero también, como las historias de Luz Acaso. Comprendí entonces que quería conocerla, pero no sabía cómo decírselo a Álvaro Abril sin que pareciera que me entrometía en su vida. Finalmente, me justifiqué, ella se anunciaba en el periódico. No necesitaba pedir permiso a nadie para establecer un contacto que estaba al alcance de cualquiera. Por otra parte, yo tenía cierta práctica en aquel comercio. Hacía años, cuando comenzaron a aparecer en la prensa los primeros anuncios de contactos, hice un reportaje sobre esta forma de prostitución. Llamé a decenas de mujeres a las que me presentaba como un falso cliente y conté sus vidas a lo largo de una serie semanal de gran éxito. Luego me quedé enganchado durante una larga temporada (durante años, por decirlo claro) a esta forma de relación que ofrecía sexo sin complicaciones sentimentales. El hecho de que Luz Acaso hubiera utilizado esta sección del periódico con la que yo me había relacionado tanto me pareció otro aspecto más de la coincidencia, de la existencia de la red invisible.

Cogí el periódico, lo abrí y coloqué el dedo índice sobre el borde del anuncio por palabras como un niño lo habría puesto sobre la cola de un insecto, para que no escapara, y lo leí de nuevo moviendo la lengua dentro de la boca: «Fina, discreción y compañía para caballeros serios. Veinticuatro horas». Lo leí ese día y al siguiente y al otro sin atreverme a llamar. Hoy estaba en la página derecha, arriba. Ayer, en la izquierda, abajo. Daba la impresión de moverse por el periódico como un insecto por una pared. Pero yo lo distinguía en seguida, como un entomólogo distinguiría un escarabajo de entre mil. Llevaba siguiendo el anuncio diez o quince días, con la esperanza de que desapareciera o con la esperanza de atreverme a llamar para ver cómo era la voz de la señora discreta, pero el tiempo pasaba sin que sucediera ninguna de las dos cosas.

El número correspondía a un teléfono móvil. Alrededor del anuncio había siempre cientos de reclamos llenos de colorido, como un muestrario de escarabajos tropicales disecados. Podían verse «mulatas cachondas», «primerizas calientes», «colegialas malas», «pelirrojas ardientes», «jovencitas viciosas», «gemelas idénticas», «geishas», «sumisas», «amas», «asiáticas», «cariñosas», «muñecas de porcelana»... En medio de todo ese colorido, la señora discreta constituía una rareza entomológica. Yo había coleccionado en otro tiempo insectos disecados (me gustaban especialmente aquellos que parecían llevar su propio ataúd sobre la espalda), y los anuncios por palabras me recordaban ahora aquella afición de adolescencia.

En esto, me llamó la atención otro anuncio situado en el borde inferior de la hoja que decía así: «En Talleres Literarios escribimos su biografía con los datos que usted nos proporciona y editamos el número de ejemplares que desee. Haga a sus hijos o nietos el mejor regalo. Cuénteles su vida. Calidad literaria garantizada». El reclamo, que estaba dentro de un pequeño módulo, se trataba también de una rareza publicitaria o biológica en la que quizá Luz Acaso había reparado mientras dudaba si comenzar una carrera como señora discreta. La imaginé cogiendo el teléfono y llamando a Talleres Literarios con el asombro de haber llenado las siguientes horas, quizá los siguientes días de su vida.

14

Luego supe que mientras yo dudaba si telefonear o no a Luz Acaso (o a Fina, según se mire), el que sí se había decidido a hacerlo fue Álvaro Abril. Dudó, desde luego, aunque no tanto como yo. Lo hizo a los tres o cuatro días de que hubieran dejado de verse y a la misma hora a la que se encontraban en Talleres Literarios. Llamó y colgó un par de veces, es verdad, pero a la tercera, cuando Luz Acaso (o Fina), respondió, sólo fue capaz de decir una palabra:

—Mamá.

Fina permaneció en silencio unos segundos, tal vez dudando si continuar o no el juego. Luego, como si no hubiera oído bien, dijo:

—¿Sí?

—Soy yo, mamá — repuso Álvaro y Fina se echó a llorar al otro lado.

—Cuánto tiempo, hijo —respondió al fin entre sollozos.

Cuando Álvaro me relató esta primera llamada, me impresionó la facilidad con la que llegaron a un acuerdo tácito para que cada uno se comportara como esperaba el otro. Luz, o Fina, no sé cómo referirme a ella sin traicionar el relato de los hechos, pues eran dos mujeres, sí, pero eran la misma, necesitaba un hijo y Álvaro necesitaba una madre, de modo que cumplieron su papel a la perfección. Por supuesto, no aludieron a sus encuentros en el despacho de Talleres Literarios, sino que iniciaron, vía telefónica, una relación nueva. Álvaro la llamaba a las doce y durante una hora se intercambiaban vidas más o menos ficticias cuyo común denominador había sido la espera de aquel momento en el que el destino los uniera. Tampoco cayeron en la tentación de quedar para verse. El pacto tácito implicaba que la relación sería sólo telefónica. En realidad, era como si a través de este aparato, se comunicasen con una dimensión en la que cada uno cumplía unos sueños de maternidad o filiación que la realidad les había negado. En aquella primera llamada, Álvaro habló a Luz Acaso de su «familia adoptiva». Para no preocuparla demasiado, dijo que había sido una buena familia, aunque algo fría y religiosa hasta la exageración. Le dieron de todo, menos afecto.

—Ella ya murió —añadió.

—¿Qué edad tenías tú?

148

—Veinte. Luego viví con mi padre adoptivo muy poco tiempo, porque ese mismo año publiqué una novela de éxito y me fui de casa.

—¿Y estás bien instalado, hijo?

—Sí, vivo en un ático, con una gran terraza y plantas.

Era mentira, no tenía plantas, pero le pareció que a su madre le gustaría oírlo.

—¿Cómo te enteraste de que eras adoptado?

—Por casualidad. Un día, tendría nueve o diez años, oí a mi madre hablar por teléfono con alguien. Dijo: «Estoy arrepentida; ahora no volvería a hacerlo», y al darse cuenta de que yo la estaba mirando se dio la vuelta avergonzada y continuó hablando en voz baja. Nunca me lo dijeron claramente, pero siempre lo supe.

—¿Cómo es tu padre adoptivo?

—Muy mayor y muy en su mundo. Siempre he sido invisible para él. Quizá me adoptó más por presiones de su mujer que por deseo propio. Ahora vive con una mujer árabe y creo que le da lo mismo que vaya a verle o no.

—Siempre hay uno que no quiere —dijo Luz Acaso.

—¿Qué no quiere qué?

—Da lo mismo, no importa lo que propongas, hijo, siempre hay alguien que no quiere eso porque quiere otra cosa.

Álvaro Abril se moría por preguntar por su padre. La pregunta le quemaba en la lengua, quién es mi padre, pero no se atrevió a hacerla aquella primera vez. Tenía talento narrativo y sabía que las situaciones han de madurar, que no hay nada peor en un relato (al contrario que en un reportaje) que la precipitación.

Y mientras Álvaro, sin que yo en aquel momento lo supiera, mantenía aquella apasionada relación filial con Luz Acaso, yo un día me decidí a marcar el teléfono de Fina, discreción y compañía para caballeros serios. Veinticuatro horas.

—Soy un caballero serio —dije en tono de broma amable cuando respondió, al fin, después de que me hubiera salido mil veces el buzón de voz.

—¿Cómo de serio? —preguntó ella tras unos instantes de vacilación.

—Aprecio la discreción por encima de todo.

—Pues es que ya sólo atiendo casos muy especiales, para hacer compañía y enseñar la ciudad, si eres de fuera.

—Es lo que necesito —dije.

—¿Y qué hay del sexo?

—Cuando busco compañía —dije—, no busco sexo. Son cosas diferentes. ¿Podemos vernos? Esta noche necesito compañía para cenar.

—Esta noche sí puedo —dijo ella después de consultar o de hacer como que consultaba una agenda. La cité en un restaurante de Príncipe de Vergara que por lo visto no estaba muy lejos de su casa.

Llegué yo antes y cuando la vi acercarse a la mesa, después de que el camarero le hubiera indicado mi situación, me pregunté por qué Álvaro no me había dicho nunca que se trataba de una mujer enferma. Resultaba imposible no darse cuenta, no ya por su delgadez, sino porque se estaba volviendo transparente. Iba muy arreglada y tenía el pelo rubio, cosa que tampoco me había señalado, aunque podía estar teñida, no diferencio una cosa de otra. Al quitarse el abrigo, observé que llevaba debajo la falda de piel de la que me había hablado Álvaro y uno de los jerséis de cuello redondo, muy fino, que se plegaba a su cuerpo de tal modo que hacía que sus pechos, no demasiado grandes, cobraran una dimensión turbadora en un conjunto tan frágil. La enfermedad, fuera cual fuera, la hacía deseable. Tenía los ojos verdes, la nariz muy pequeña, y la mandíbula superior sobresalía un poco del plano del rostro, proporcionando a ese labio un gesto permanente de incredulidad. Quizá ella no lo sabía, pero pertenecía a esa clase de mujer que te mira con una expresión interrogativa, de manera que, si no llevas cuidado, puedes caer en la tentación de ofrecerle respuestas.

Estaba asustada, como si después de haber tomado la decisión de acudir a la cita, tuviera miedo de las consecuencias que se derivaran de ella. Me dio miedo la posibilidad de que se arruinara el encuentro y que no hubiera otro, por lo que antes del segundo plato le dije que era un periodista bastante conocido (ella aseguró que efectivamente le sonaba mi nombre) y que estaba recogiendo material sobre mujeres que utilizaban la sección de contactos del periódico para

151

<u>prostituirse</u>. Se ruborizó al escuchar esta palabra, y como ya digo que era transparente, pareció que su rostro se llenaba de vino. Le señalé que se había ruborizado y sonrió, asegurándome que el rubor estaba incluido en el precio.

—A la mayoría de los hombres les gusta que parezcamos inexpertas —añadió.

Ella parecía inexperta y probablemente lo era. Me pregunté qué rayos la había llevado a anunciarse en el periódico, como no fuera la lógica de un relato fantástico que quizá había empezado a no controlar. Después puso reparos a aparecer en mi reportaje y tuve que asegurarle que no habría fotos y que utilizaría un nombre supuesto. Dijo:

—Entonces te haré toda la compañía que quieras, y me ruborizaré, pero te saldrá caro.

Acepté el precio, pensando que en algún momento se lo podría cargar al periódico, y luego me contó que se prostituía desde los dieciocho años. Empezó como un juego, dijo, y llegó un momento en el que ya no sabía hacer otra cosa. No era de Madrid. Sus padres se habrían muerto de vergüenza si ejerciera la prostitución en la pequeña ciudad de la que procedía, no dijo cuál.

—Mis padres creen que soy funcionaria y que trabajo en Hacienda. A veces me hacen consultas sobre la declaración y tengo que buscar a alguien que me asesore. Afortunadamente, en esta profesión, porque es una profesión, y tan digna como cualquier otra, conoces clientes de todo tipo y siempre hay alguien que te echa una mano. Te asombrarías si te dijera la gente que ha pasado por mi cama, pero guardamos el secreto profesional, como un abogado o un médico.

Me pareció que estaba armando un discurso más para sí misma que para mí y la dejé hablar.

—¿No tomas notas en uno de esos cuadernos alargados? —preguntó.

—Ahora no, porque las notas interrumpen la conversación. Quizá más adelante, en otros encuentros.

—A lo mejor no te resulto interesante y sacas a otras.

—Aún no sé lo que quiero hacer. De momento, me apetece hablar con unas y con otras. Ahora te ha tocado a ti.

—Yo envidio a la gente que sabe escribir, porque, si yo supiera, escribiría mi vida y se convertiría en un best-seller.

—Todo el mundo cree que su vida es un best-seller.

—Pero algunas lo creemos con razón.

—¿Fina es tu verdadero nombre?

—No, pero mi verdadero nombre no se lo doy a nadie, ni siquiera a ti.

—¿Y por qué te pusiste Fina?

—Porque soy muy delgada, como ves, pero no sólo por eso, sino porque tengo una educación que tampoco es muy frecuente en las putas.

Volvió a ruborizarse y se lo señalé.

—Ya te he dicho que el rubor forma parte de las prestaciones. En mi casa, cuando se quería decir de una mujer que era muy delicada, decían que era muy fina. Fulana es muy fina. Por eso me puse Fina, pero la mayoría de los clientes no lo captan.

—¿Predomina el cliente grosero?

—Yo he aprendido a distinguirlos por teléfono y a los groseros ni los atiendo, no tengo necesidad. ¿Quieres oír los mensajes que me dejan, que me dejáis los hombres?

Tras decir esto, sacó un móvil del bolso, lo conectó y marcó el número del buzón de voz, como había hecho con Álvaro. Escuché tres o cuatro proposiciones brutales y se lo devolví. Comprendí en ese instante que quizá llevaba años jugando a recibir mensajes en ese teléfono móvil, jugando a ser prostituta, y tomé nota mentalmente para comprobar si su número de teléfono figuraba también en otros reclamos más fuertes que el de «discreción y compañía para caballeros serios. Veinticuatro horas».

—Pero he tenido clientes muy educados también. Personalidades políticas y artistas, como tú.

—Yo no soy artista.

—Será porque no quieres, porque si yo supiera escribir sería artista. ¿Sabes cómo empieza una novela titulada *Memorias de África?*

—Yo tenía una casa en África —dije.

—¿Es un buen comienzo? —preguntó.

—Es bueno, sí.

—¿Y por qué no sería bueno empezar un libro diciendo yo tenía un acuario en el salón?

—No lo sé, dímelo tú.

—Porque las palabras casa y África son evocadoras. Acuario y salón no.

Sentí un poco de vergüenza por la posición de privilegio que ocupaba sin que ella lo supiera, pero acallaba mi conciencia repitiéndome que no necesitaba que nadie me hubiera dado su teléfono, puesto que estaba al alcance de cualquiera, en el periódico.

—¿Te gusta leer? —pregunté.

—He leído a Isabel Allende. Si yo escribiera, elegiría ese estilo. No te rías, hay más escritores interesados en mi biografía.

—Yo no soy escritor.

—No eres artista, no eres escritor... ¿Se puede saber qué eres?

—Ya te lo he dicho: periodista.

—Pero sabes escribir, ¿no?

—Sí, pero sólo sobre cosas reales.

—Qué manía tiene todo el mundo con la realidad. Pues las cosas irreales también existen.

—Quizá lleves razón. Un amigo mío dice que si hubiera tenido hijos, el mayor tendría ahora veinticinco años.

—Ahí lo tienes. Y en las biografías supongo que todo el mundo miente, ¿no?

—Es posible.

Advertí que Fina (o Luz Acaso) había desarrollado una habilidad notable para hacer como que comía sin comer. Apenas probó lo que había pedido, pero al final la comida estaba distribuida por el plato de tal manera que daba la impresión de haber podido al menos con la mitad. Tenía en la cabeza mil preguntas, pero me pareció que era mejor no presionarla para que aceptara que nos encontráramos más veces. Cuando nos levantamos, yo me eché las manos atrás, casi siempre lo hago, en el gesto característico de las personas que padecen lumbago.

—¿Tienes lumbago? —preguntó.

—Sí, unos días más que otros. Hoy estoy fatal.

—Pues te tengo que presentar a una amiga escritora que quiere escribir un libro sobre el lumbago.

—Cuando quieras —dije—, pero no sé qué tiene de interés.

—Ya te lo dirá ella. En realidad, no está segura de si quiere escribir sobre el lumbago o sobre el l'um bago. Déjame un bolígrafo que te lo escriba.

Saqué el bolígrafo y escribió l'um bago sobre la palma de su mano mientras nos dirigíamos hacia la puerta.

—¿Sabes qué quiere decir l'um bago en rumano? —preguntó.

—Pues no, no lo sé.

—Quiere decir el ojo vago. Por eso no sabe si escribir sobre la región lumbar o sobre el ojo.

Me reí y me miró un poco ofendida. Luego cogió un taxi en la puerta del restaurante y me dejó solo.

15

Al día siguiente revisé la sección de contactos del periódico, buscando el número del móvil de Fina, y comprobé que estaba en varias partes, como me había imaginado, con otros nombres y bajo leyendas más provocadoras que la de «discreción y compañía» para caballeros serios. Así, por ejemplo, aparecía en un reclamo que decía: «Fóllame, fóllame toda y luego cuéntaselo a tu madre por teléfono». Y en otro que prometía un viaje «de la boca al culo, o del cielo al infierno del sexo» a quien se atreviera a llamarla. Entonces, fui al periódico, me dirigí al departamento de documentación, busqué en ediciones atrasadas y comprobé que Luz Acaso, si se llamaba Luz Acaso, llevaba mucho tiempo jugando a las putas.

Lo primero que se me ocurrió (deformación profesional) es que en la idea de utilizar un teléfono móvil secreto para jugar a las putas podría haber un reportaje interesante, de modo que esa misma tarde compré un móvil barato para repetir el experimento de Luz (o Fina o Eva o Tatiana, pues con todos estos nombres aparecía en la sección de contactos) y ver qué ocurría. Una vez activado el aparato llamé a una agencia y ordené colocar durante varios días el siguiente anuncio en la sección de contactos: «Hombre casado admitiría contactos esporádicos con mujeres discretas». Di el número del móvil que había comprado para ese fin y luego lo dejé en un cajón, desconectado.

Durante los siguientes días, cuando abría el teléfono, encontraba en el buzón de voz una colección de barbaridades que por lo general me horrorizaban, aunque me excitaban también. Había mensajes de mujeres tímidas y solas, que buscaban una salida imposible a su sexo, pero lo normal eran proposiciones directas y brutales hechas indistintamente por hombres o mujeres cuyas voces daba pánico escuchar. Me llamó la atención uno de los mensajes, dejado por una mujer de voz muy dulce y seductora. Decía que si sólo buscaba sexo, no podía ayudarme, pero que no dejara de llamarla si lo que necesitaba era una razón para vivir. Daba el número de teléfono de un móvil también. Llamé desde el mío y en seguida apareció la dulcísima voz al otro lado.

—Soy el hombre casado que busca mujeres discretas —dije.

—¿Cómo te llamas? —preguntó.

—Enrique —mentí—, ¿y tú?

—Rosa.

—Hola, Rosa.

—Hola, Enrique. ¿Buscas una razón para vivir?

—Busco dos, pero me conformaría con una.

—Yo estoy enferma, ¿sabes?

—¿Qué tienes?

—No importa. Estoy enferma, en la cama, con una almohada doblada debajo de la cabeza. En la mano derecha tengo el mando del televisor y en la izquierda el teléfono móvil. Son mis dos únicos instrumentos para navegar por la realidad. Tú tienes otros, ¿no?

—¿A que te refieres?

—¿Tienes dos piernas?

—Sí.

—Ahí tienes dos razones para vivir.

Yo permanecía de pie, algo encogido, junto a mi mesa de trabajo. Creo que jamás había escuchado una voz tan cautivadora. Podría haberme diluido en ella. No deseaba otra cosa que desvanecerme en la voz como se disuelve una obsesión en el sueño, pero había en ella al mismo tiempo una advertencia.

—¿Cuántos años tienes, Rosa? —pregunté.

—Doce. ¿Y tú, Enrique?

Colgué el teléfono aterrado y permanecí jadeando unos instantes, como si hubiera hecho un esfuerzo físico insufrible. Comprendí que los teléfonos móviles tejían sobre el universo una red de ansiedad que se superponía a la de la telefonía fija. Agujereábamos la capa de ozono, pero creábamos en su lugar otras capas, densas como mantas, de palabras que atravesaban la atmósfera buscando destinatarios imposibles. Abrí la ventana, pese al frío, para que entrara el aire, y cuando me recuperé (es un decir: nunca me he recobrado de aquella llamada), regresé a la mesa de trabajo. Intenté comprender a Luz Acaso. La imaginé escuchando los mensajes de su móvil, y atendiendo esporádicamente, de forma personal, algunas de las llamadas. El móvil permitía llevar a cabo multitud de juegos sin el riesgo de los teléfonos fijos, pues al no estar a nombre de nadie, no hay manera tampoco, si tú no quieres, de que lo relacionen contigo, y puedes desprenderte de él cuando te canses arrojándolo simplemente al cubo de la basura. Utilizado del modo en el que lo utilizaba Luz, el móvil devenía en un sexo artificial, en una prótesis.

Me pregunté si habría más gente que lo estuviera usando como ella. Llamé al periódico, hablé del asunto con un experto en sucesos, y me dijo que no tenía noticias de que se hubiera generalizado ese uso del móvil, aunque había oído hablar de gente, en cambio, que compraba uno de estos teléfonos de usar y tirar y no le daba jamás el número a nadie.

—¿Para qué los compran? —pregunté.

—Para recibir una llamada de Dios —me dijo—. Los llevan siempre encima por si algún ser de otra dimensión decide telefonearles. Te puedes imaginar que a veces, el teléfono suena porque alguien se equivoca, pero ellos interpretan esas equivocaciones como mensajes de otros mundos. Hay mucho loco suelto.

Yo, por mi parte, guardaba el mío en un cajón de la mesa de trabajo. De vez en cuando lo abría, escuchaba los mensajes y me masturbaba excitado por toda aquella brutalidad provocada por la incomunicación de los seres humanos. Comprendí que el móvil era indistintamente un falo o un clítoris, pero cuando me di cuenta de que estaba entrando en esas dimensiones infernales del sexo de las que hacía tiempo que había logrado escapar, arrojé el aparato a la basura y volví a mi sexualidad habitual, que era una sexualidad, por entendernos, escéptica, descreída, una sexualidad para ir tirando.

Entretanto, Fina y yo nos veíamos ya de un modo regular. Conseguí que me cogiera confianza, lo que no fue difícil, pues los dos nos encontrábamos bien juntos (y ella, para decirlo todo, se ganaba un dinero). A su lado, advertí que en los últimos años me había aislado de la realidad casi sin darme cuenta. El proceso debió de comenzar cuando me convertí en un reportero de lujo y me liberaron de la obligación de ir al periódico todos los días. Es cierto que desde entonces había escrito mis mejores reportajes, haciendo hablar a los demás de su vida o relatando lo que veía al otro lado de mi cabeza, pero yo no hablaba de mí mismo con nadie (ni siquiera con Nadie). Fina tuvo la habilidad de convertirse en una confidente perfecta: no hacía otra cosa que escuchar. Le hablé de mi ex mujer, de mi hija, le conté con detalle la época en la que creí que podría encontrar alguna verdad fundamental en el adulterio, le relaté la frustración de no haber tenido un hijo varón, quizá un discípulo, que se identificara conmigo, o con el que yo hubiera podido identificarme. Le conté mi vida, en fin, como hacen muchos borrachos con las putas, y a medida que se la contaba la ordenaba para mí mismo intentando encontrarle un sentido. Nos veíamos siempre en restaurantes, pues para ella resultaba tranquilizador que estuviéramos rodeados de gente. Después del primer encuentro, ya no volví a pensar que estuviera enferma, sino que era así. Incorporé su enfermedad a su constitución y dejó de producirme extrañeza, como cuando aceptas que el otro sea cojo, o impuntual, o tuerto.

Al mismo tiempo que yo veía a Fina sin que nadie conociera estos encuentros, Álvaro Abril me telefoneaba de forma regular para contarme sus conversaciones telefónicas con ella, con su madre. La culpa que me proporcionaba este doble juego era semejante a la que en otro tiempo me había proporcionado el adulterio, por lo que en el fondo creo que en aquel triángulo esperaba encontrar de nuevo una verdad fundamental. Me da un poco de vergüenza esta expresión, *verdad fundamental*, pero para qué vamos a engañarnos, creo que no he buscado otra cosa en la vida que una verdad fundamental. Lo que no había previsto, conscientemente al menos, es que Fina (o Luz Acaso) utilizara mis confidencias para tejer una trama, en la que Álvaro y yo quedaríamos enredados también como dos cordeles dentro de un bolsillo.

Un día, Álvaro me llamó por teléfono y me dijo que por fin le había preguntado a su madre por su padre.

—Le he preguntado quién es mi padre.

—¿Y qué te ha dicho?

—Al principio no quería ni oír hablar del asunto, aseguraba que era mejor que no supiera nada, pero poco a poco fue cediendo y por lo visto es un periodista, fíjate qué casualidad. Quizá hay en mi afición a escribir algo genético.

Me puse pálido y tragué una porción de saliva que cogió el camino equivocado, provocándome un acceso de tos que me impidió continuar hablando.

—Te llamo en unos minutos —dije— y colgué.

Vomité sobre la taza del retrete y al tirar de la cadena, mientras veía descender violentamente el agua en forma de torbellino, comprendí lo que había ocurrido: Fina (o Luz Acaso) había estado sonsacándome hábilmente cosas de mi propia vida que utilizaba con Álvaro para describirle un padre imaginario (aunque real, pues se trataba de mí) cuya imagen fuera gratificante para ambos. Ella no conocía la relación existente entre Álvaro y yo, no podía saber que al mentir abrochaba sin embargo una verdad. Fui a la cocina, bebí lentamente un vaso de agua y a cada sorbo fui haciéndome cargo de que estaba siendo víctima de una ficción que mi propio deseo había contribuido a levantar. Era todo mentira, de acuerdo, sí, pero empezaban a encajar tan bien los materiales de esa quimera, que tenía que repetirme continuamente es mentira, es mentira, porque a medida que pasaban los minutos era más verdad. Yo siempre había trabajado con materiales reales y sabía de qué manera manipularlos para alcanzar el significado o la dirección que convenía a mis intereses. Mi experiencia con la ficción, en cambio, se reducía a aquel cuento, *Nadie*, en el que incluí por otra parte tantos elementos autobiográficos que en cierto modo era también un reportaje disimulado. No sabía, en fin, de qué manera se defiende uno de lo irreal.

Cuando me calmé, llamé a Álvaro.

—Perdona, chico, pero me ha dado un ataque de tos.

—No te preocupes. Te decía que Luz, mi madre, me ha hablado de mi padre. Dice que es un periodista con el que se acostó hace veinticinco años cuando ella comenzó a prostituirse y él estaba haciendo un reportaje sobre las putas que se anunciaban en la prensa.

Dios mío, yo mismo le había contado a Fina que había hecho ese reportaje y que quería hacer ahora otro para ver las diferencias entre una época y otra. El reportaje antiguo se había publicado, de manera que si Álvaro quería saber quién era «su padre», no tenía más que revisar las hemerotecas. Y yo no podría decirle es mentira, Álvaro, es mentira, porque eso habría significado confesar que me veía con Fina. Por otro lado, Álvaro no necesitaba consultar ninguna hemeroteca. Sabía que su padre era yo e iba cercándome para que al menos entre los dos quedara establecido de manera implícita ese conocimiento.

—Por lo visto —añadió—, mi padre ni siquiera sabe que aquella puta con la que se acostó se había quedado embarazada. Ella no quiso decírselo para no complicarle la vida y porque quería tener el hijo sola. Pero luego, cuando nació, las cosas se pusieron difíciles y tuvo que darlo en adopción.

—¿Todavía continúas empeñado en eso? —le reproché.

—¿Tú qué crees? — preguntó él con cierta dureza.

16

Un día, después de que hubiéramos comido de nuevo en el restaurante de Príncipe de Vergara donde nos encontramos por primera vez, Fina propuso que tomáramos el café en su casa. Vivía en María Moliner, muy cerca de allí, y quería que conociera a esa amiga suya que escribía un libro sobre el lumbago, o sobre el l'um bago, para que le contara mi experiencia, pero también, añadió, para que la orientara un poco, pues se trataba de una chica muy joven y dudaba si hacerlo en forma de reportaje o de novela.

María José nos esperaba impaciente, con un parche de cuero negro en el ojo. Dijo, con un punto de resentimiento, que se le había enfriado el café dos veces, y cuando nos lo sirvió sabía, en efecto, a recocido. Se movía de forma extraña, procurando utilizar lo menos posible el costado derecho. Fina me explicó en un aparte que no era tuerta ni coja ni nada parecido, sino que tenía inmovilizado todo ese lado para descubrir las posibilidades del izquierdo, pues pretendía escribir un libro zurdo. Me pareció que la casa olía a comida y a medicinas. El ambiente, en cualquier caso, estaba un poco enrarecido por una estufa de butano con ruedas colocada cerca del sofá.

—Pues éste es el periodista que tiene lumbago —dijo Fina señalándome, después de que yo hubiera abandonado el abrigo sobre una silla y tomáramos asiento.

—Cuando quieras — añadió María José cogiendo de la mesa un cuaderno de notas alargado.

—Bueno, a mí el lumbago sólo me molesta a temporadas —dije algo cohibido por la situación y por la rapidez con la que sucedía todo—, y no sé muy bien de qué depende, quizá de los cambios de estación. En otoño lo noto más, pero el médico asegura que el otoño no tiene nada que ver, que el problema es que paso muchas horas sentado en malas posturas.

—¿Te sientas peor en el otoño que en el resto de las estaciones? —preguntó con expresión sagaz.

—Es lo que yo pienso —dije—, que si me siento siempre igual, me tendría que doler lo mismo en primavera, o en invierno. Mi médico lo cura todo caminando. «Ande usted», me dice, pero la verdad es que he hecho de todo: paseos, acupuntura, masajes... sin ningún resultado. Ahora me acabo de comprar una silla alemana que dicen que es muy buena y creo que me alivia un poco, aunque me debería aliviar más para el precio que tiene.

María José tomaba notas torpemente con la mano izquierda. Daban ganas de arrancarle el cuaderno y escribir por ella, pero Fina la miraba con admiración y respeto, como a esa hija que ha logrado estudiar la carrera en la que han fracasado todos los hombres de la familia.

—¿En qué piensas cuando oyes la expresión región lumbar? —preguntó.

—¿Cómo que en qué pienso?

—Sí, ¿qué te pasa por la cabeza?

—Pues no sé, esta zona del cuerpo.

—¿Y nunca te has imaginado la región lumbar como un territorio mítico, a la manera del Macondo de García Márquez o del Yonapatawpha de Faulkner?

—Pues no, francamente.

—Imagínate este principio para un relato: «Cuando los enviados del dolor atravesaban la región lumbar, se desató una tormenta eléctrica en la cresta ilíaca».

Miré con perplejidad a Fina, que compuso la expresión de fíjate lo lista que es, y yo mismo empecé a considerar la posibilidad de que se tratara de un genio.

—La verdad es que suena bien —dije al fin, entregado a la lógica literaria de aquellas dos mujeres.

—Ya lo sabía yo que sonaba bien. El problema es que no estoy segura de si debo escribir sobre el lumbago o sobre el l'um bago, que en rumano creo que quiere decir el ojo vago. Hay que hacer caso de la dirección que toman las palabras. Yo creo que escribir consiste en averiguar lo que quieren decir las palabras más que en lo que quieres decir tú.

Fina bostezó, como si la conversación se hubiera vuelto de repente demasiado técnica, y dijo que iba a descansar un rato, pero que yo me podía quedar todo el tiempo que quisiera. Abrió la puerta de la derecha y desapareció en lo que supuse que era su dormitorio. Cuando nos quedamos solos, María José dijo:

—Si no te importa, voy a quitarme el parche un rato, para descansar.

Se quitó el parche negro y sufrí una erección desproporcionada. Creo que la vi entonces por primera vez, como si hasta entonces hubiéramos permanecido en una penumbra que su ojo derecho, al levantar el párpado, hubiera iluminado. Se hizo la luz, en fin, de un modo espectacular, y tras la luz, de forma sucesiva, fue apareciendo ante mí el resto de la creación: su cuello, sus hombros, sus pechos, sus caderas... Llevaba una camiseta blanca muy ceñida y unos pantalones vaqueros, pero estaba descalza, pese a que la temperatura no invitaba a ello. El pelo, corto y desigual, dejaba adivinar la forma perfecta del cráneo.

—Tengo un tatuaje —dijo.

—¿Dónde?

—En la región lumbar —añadió volviéndose de espaldas y subiéndose la camiseta.

En efecto, se había hecho dibujar sobre la piel, a todo color, un pequeño paisaje vacío, sin otra línea que la del horizonte. En su sencillez, era sobrecogedor.

—¿Te gusta? —preguntó.

—Mucho —dije.

—Justo por aquí —añadió pasando una uña mordida cerca de la línea del horizonte— está situada la cresta ilíaca.

—Pero no se ve —añadí, como esperando que me enseñara más.

—No se ve porque está al otro lado. Es una sierra misteriosa por la que cabalgan los enviados del dolor.

Me pidió que le enseñara mi región lumbar y le dije que no, que me daba vergüenza, pero había caído en el delirio de que me estaba pidiendo otra cosa, e intenté atraerla hacia mí, para darle un abrazo. Ella me separó sin violencia y dijo:

—En otras circunstancias no me habría importado, pero me estoy reservando para Álvaro Abril.

—Álvaro Abril, ¿el escritor?

—Sí, ¿lo conoces?

—Un poco.

—Es un genio y, aunque él todavía no lo sabe, me está destinado.

Nunca había oído a nadie pronunciar disparates con aquella firmeza. Me volví partidario del disparate, aunque no me sirvió de nada, pues ella continuaba decidida a consagrarse a Álvaro.

—Estoy colonizando mi lado izquierdo —dijo—, porque mi lado izquierdo es el camino que conduce a él.

—Yo daría la vida por ser tu lado izquierdo —dije.

Ella sonrió y se recostó en el sofá, con expresión nostálgica y lejana. La erección comenzó a ceder y de sus cenizas brotó de nuevo mi instinto periodístico. Le pregunté qué relación tenía con Fina y sin gran esfuerzo comencé a conocer la historia de Luz Acaso desde un lado diferente al de Álvaro. Supe cómo había llegado a Talleres Literarios encontrándose con un huérfano vocacional que podría haber sido su hijo. Supe también de qué modo casual María José había entrado en relación con Luz y me enteré de los pormenores de su convivencia, como que vivían en Praga y que dormían juntas.

—¿Conoces Praga? —preguntó.

—Estuve una vez —dije.

—¿Y no te parece que este piso está allí?

Me pareció que sí y se lo dije. También estuve de acuerdo en que era buen título para una novela.

—Dos mujeres en Praga, suena bien.

—Te lo regalo —dijo ella.

—No escribo novelas, pero si algún día me decido, te tomaré la palabra.

—¿Por qué no escribes novelas?

—Porque prefiero trabajar sobre datos de la realidad.

—Qué obsesión con los datos. Luz piensa que la historia del lumbago debería ser una novela, mientras que la del l'um bago debería ser un reportaje.

—¿Quién piensa eso?

—Luz —repitió haciendo con la cabeza una señal en dirección al dormitorio.

—Creí que se llamaba Fina —dije.

—Fina, Luz, qué más da. No pretenderás que ponga en el periódico su verdadero nombre.

Dejé pasar unos segundos y añadí:

—Yo creo que no es una verdadera puta.

—¿Por qué dices eso?

—Las conozco y no da el tipo.

—¿Y qué más da si lo es o no?

Comprendí que tampoco María José me ayudaría a trazar la frontera entre las fantasías de Luz (o Fina), y la realidad, pero por primera vez en mi vida disfruté de aquel estado de indefinición. Las tardes de invierno en Praga son cortas, y la luz, en efecto, se iba por la estrecha calle a la que daban las ventanas como un chorro de agua por un canal. María José podía ser enormemente minuciosa en la descripción de los hechos, y disfrutaba con ello. Me hizo un dibujo concienzudo de su vida cotidiana con Luz (había dejado de ser Fina definitivamente). Supe en qué lado de la cama dormía cada una y quién aliñaba las ensaladas o preparaba el desayuno. Supe que existía también la posibilidad de que fuera una funcionaria deprimida. Supe que podía ser viuda o no, y que podía haber tenido un hijo de adolescente o no. María José era indiscreta por ingenua, pero no era infiel. Habría dado la vida por Luz, aunque su temperamento narrativo la empujaba a contar sin pausa. Le dije eso mismo, que tenía un temperamento narrativo, pero me respondió que todo el mundo tiene un temperamento narrativo de derechas.

—Sin embargo —añadió—, no sabría cómo contarte todo esto desde el lado izquierdo, y desde el lado izquierdo te garantizo que sería distinto.

—¿En qué sentido distinto?

—No lo sé. Si lo supiera, no tendría necesidad de probarlo. Es como si el lado izquierdo estuviera no exactamente vacío, sino lleno de fantasmas a los que no se ha dado la ocasión de expresarse. Yo quiero darles y darme esa oportunidad, de modo que si me lo permites voy a ponerme de nuevo el parche, para continuar practicando.

Entonces pregunté qué había en la habitación de la izquierda.

—No lo sé —dijo—. Nunca lo he preguntado. Está cerrada con llave desde el día en que llegué.

Una vez que se colocó el parche y sometió su lado derecho a la inmovilidad anterior, se apagó su belleza. Se lo dije, le dije que cuando había abierto el párpado derecho se iluminó toda y que al cerrarlo se había oscurecido, y me respondió que me imaginara cómo sería el izquierdo cuando diera con el interruptor de la luz de ese lado.

—Pero vamos a trabajar —añadió tomando el cuaderno—. Has venido aquí a hablar del lumbago.

Miré el reloj y dije que continuaríamos otro día. Me levanté, cogí el abrigo para irme y cuando estaba despidiéndome me dio un papel.

—Lee esto despacio y dime qué te parece como principio para una novela.

Cuando llegué a la calle, bajo un farol, leí el texto. Decía así: «Yo tenía un acuario en el salón. En ese acuario, en vez de peces de colores, había dos langostas con las pinzas sujetas con gomas elásticas, para que no se hirieran. Mi padre alimentaba durante todo el año aquellas dos langostas que nos comíamos en Navidad. Dios mío, era como comerse a dos hermanas gemelas».

Entonces, incomprensiblemente, me eché a llorar convencido de que me había echado a reír.

17

Cuando abrí el correo electrónico, tenía un mensaje de Álvaro Abril. Llevaba varios días sin llamarme, ni yo a él, y comprendí que prefería no hablar conmigo. El mensaje decía así: «Bastaría, para descubrir la identidad de mi padre, revisar la hemeroteca y ver quién, nueve meses antes de que yo naciera, publicó en algún periódico de la época un reportaje sobre la prostitución. He decidido no hacerlo por ahora. Sigo hablando regularmente con mi madre. Ninguno de los dos ha propuesto que nos veamos. Sólo puedo relacionarme con esa dimensión llamada madre por teléfono. Por teléfono y por carta: te adjunto la *carta a la madre* que he conseguido rematar finalmente estos días. A mi editor no le ha gustado y ha decidido no publicarla. De momento, afortunadamente, no me ha pedido que le devuelva el anticipo.

¿Podrías hacer alguna gestión para que se publicara como un cuento en tu periódico? Gracias anticipadas. Por cierto, me ha vuelto a llamar la ex monja, pero no ha aportado nada nuevo, sólo quería asegurarse de que la información no me había hecho daño».

En ese mismo instante adiviné que la ex monja no era otra que María José. Inmediatamente, abrí el documento adjunto, para leer la *carta a la madre*, y tropecé con el siguiente relato:

EL CUERPO DEL DELITO
Álvaro Abril

Querida madre: te escribo esta carta por dinero. La editorial me ha pagado un anticipo en metálico. Fue la única condición que puse cuando me hicieron la propuesta: que me pagaran en metálico. Mi editor estaba sentado al otro lado de la mesa, con el respaldo de la silla echado hacia atrás, poniendo entre él y yo una distancia jerárquica. Siempre habla así con los escritores de los que la editorial podría prescindir, aunque se humilla como un perro con los autores estrella. Yo no soy una de sus estrellas, todavía no, de modo que cuando entro en su despacho se echa hacia atrás y me observa desde la lejanía como a una borrasca que avanzara hacia él desde la línea del horizonte. El año pasado publicó un volumen de cartas de escritoras a sus padres que funcionó muy bien. Ahora quiere repetir el experimento con un libro en el que un grupo de autores escribamos una carta a nuestra madre. Le dije que aceptaba el encargo a cambio de que me pagara el anticipo en metálico.

—Ya no se paga así —respondió.

—Ya no se escriben cartas —dije yo—. Además mi madre está muerta.

—¿Qué tiene que ver que esté muerta?

—Es más comprometido.

Se echó a reír para contrarrestar la gravedad de mi respuesta y luego dijo que no entendiera el encargo de una forma tan literal.

—Puedes escribir a una madre imaginaria y viva. Lo que importa es que el texto tenga forma de carta.

—Está bien, lo haré si me pagas en metálico.

Al principio dijo que no, pero cuando advirtió que no entraría en el proyecto de otro modo, abandonó el despacho para hablar con alguien y me dejó solo durante quince o veinte minutos durante los que yo mismo me pregunté el porqué de esa exigencia absurda. Las paredes del despacho estaban decoradas con fotografías de los autores de la editorial. Busqué inútilmente una en la que apareciera yo, aunque fuera en segundo plano, y al final tuve que aceptar que soy un escritor insignificante

179

para este cerdo. Entonces me subió hasta las sienes una oleada de rencor y fui presa de uno de mis ataques de odio. Nunca te he hablado de estos ataques que sufro desde pequeño, madre, pero son terribles. Me asaltan en cualquier momento, frente a situaciones que, aunque adversas, cualquier otro ser humano superaría sin dificultad. Se deben al convencimiento de que el mundo tiene conmigo una deuda que se hace más grande cuanto mayor me hago. Cuando pienso que quizá me muera sin que se haya saldado, el rencor me corta la respiración y acelera el pulso de mis sienes con unos latidos enloquecedores. No me preguntes cuándo contrajo el mundo esa deuda conmigo, ni en qué circunstancias, porque no sabría decírtelo, pero siempre supe que me debíais algo y creo que tú tampoco lo ignorabas. De hecho, fuiste la única que intentaste pagarme a tu manera.

Me dio un ataque de odio tan fuerte como los que padecía en la infancia contra mis profesores o mi padre. Mi padre era ahora el editor y me estaba regateando el éxito, la gloria, al no hacerme un hueco en aquella galería fotográfica. Quizá sea un escritor minoritario, pero soy un escritor sólido y él lo sabe. Estoy traducido a siete lenguas y se han hecho tesis sobre mi obra en Estados Unidos, Alemania y Francia. Le pago en prestigio el dinero que deja de ganar con mis libros. ¿Qué le costaría colocar una fotografía mía en su despacho, aunque volviera a descolgarla cuando saliera por la puerta?

Un día, tendría yo nueve o diez años, comimos en un restaurante con otro matrimonio amigo vuestro. Lo recuerdo muy bien porque no era normal que yo estuviera allí: quizá no habíais encontrado con quién dejarme. El caso es que durante la comida, y debido seguramente a mi presencia, empezasteis a hablar de los hijos, y en un momento dado el hombre del matrimonio amigo sacó la billetera y mostró la foto de un hijo suyo que tenía mi edad. Me impresionó que llevara a su hijo en la cartera y lo mostrara con aquel orgullo. De vuelta a casa, registré a escondidas la cartera de papá y no encontré mi foto dentro de ella. Fue una de las primeras veces que noté el latido en las sienes y la falta de aire en los pulmones. Combatí el ataque de odio en mi cuarto, debajo de la cama, alimentando la fantasía de que me haría famoso por algún medio y que papá llevaría ya siempre mi foto para enseñársela a todo el mundo con orgullo.

Ahora, tantos años después, levantaba una fantasía semejante en el despacho de mi editor. Imaginaba que mi próximo libro era un éxito mundial y que él se arrastraba para que no le abandonara. Imaginaba eso y también que todas las paredes de la editorial, desde la entrada hasta el cuarto de las fotocopias, estaban forradas con fotografías en las que sólo aparecería yo recibiendo premios o impartiendo conferencias. Puede parecerte una fantasía loca, madre, pero ni aun así me pagaría el mundo el uno por ciento de lo que me debe. Dios mío, si lo pienso, todo en la vida lo he hecho por miedo: fui un buen estudiante por miedo a que tú no me quisieras. Fui obediente por miedo a que papá no estuviera orgulloso de mí. Soy un buen escritor por miedo a decepcionar a mis críticos, para quienes escribo siempre la misma obra que ellos halagan del mismo modo mecánico. Y soy un ciudadano ejemplar por miedo a ir a la cárcel o a que no se reconozca la deuda que el mundo contrajo conmigo en algún tiempo remoto. Seguramente, acepté el encargo de escribirte esta carta también por miedo a parecer un autor difícil. La condición de que me pagaran en metálico era casi una broma, una excentricidad si quieres. Los editores aceptan nuestras excentricidades porque a cambio de ellas van quedándose con pedazos de nuestra alma. Si el diablo tuviera que manifestarse hoy en forma humana, lo haría en forma de editor.

Y bien, el caso es que con estos pensamientos remitió el ataque de odio y el pulso de las sienes recuperó su ritmo habitual. Entonces me pregunté qué clase de carta escribiría y a cuál de todas mis madres: ¿a la imaginaria?, ¿a la real?, ¿a la soñada?, ¿a la muerta?, ¿a la viva?

En esto, se abrió la puerta del despacho y entró el editor diciendo que había hablado con el director financiero y que estaban intentando arreglar lo del pago en metálico. Mientras lo arreglaban o no, hablamos un rato de mi próxima novela. No tengo próxima novela, pero le dije con una afectación retórica que estaba trabajando en una obra maestra, lo que pareció inquietarle un poco, porque colocó el respaldo de la silla en la posición vertical, como cuando despegamos y aterrizamos, que son los momentos más delicados del vuelo, y preguntó para cuándo la tendría lista.

—Aún no lo sé —respondí.

—Sería fantástico que la tuvieras para la primavera —dijo.

Por lo visto, le había fallado uno de sus autores estrella y andaba escaso de novedades para esa época en la que las editoriales hacen sus mayores apuestas.

—Ya veremos, pero tienes que colocar alguna foto mía en las paredes —añadí con tono irónico, como si se tratara de una broma, aunque él notó en seguida que se trataba de una broma seria.

—La colocaré —dijo—, pero fíjate que sólo tengo colocados a los que más detesto. El problema es que los que más detesto son también los que más venden.

A continuación me contó algunas de las miserias de aquellos autores, a cuyos pies se habría arrojado si en ese instante hubiera entrado uno de ellos por la puerta. En ese mismo instante decidí que ya no quería el afecto de mi editor, sino su respeto, su miedo: había comprendido que un editor sólo respeta a aquellos autores de los que habla mal.

Al poco, recibió una llamada telefónica y en seguida entró la secretaria con un sobre lleno de billetes que conté sonriendo delante de él. Sabía que estaba preguntándose qué pasaba por mi cabeza, pero por mi cabeza, la verdad, no pasaba nada, excepto la satisfacción de que hubieran aceptado aquel capricho de pagarme en metálico. Luego, traje el sobre a casa con el mismo respeto que si en él estuvieran encerradas, más que mi anticipo, tus cenizas, madre. No me preguntes el porqué de esta asociación entre el dinero y tus cenizas, porque no tengo ni idea. Quizá he empezado a escribir esta *carta a la madre* para averiguarlo.

Cuando llegué a casa, guardé el sobre en el cajón superior de la mesa de trabajo, que se transformó así en un columbario, y cada día, antes de ponerme a trabajar, esparcía sobre el escritorio los billetes, como si distribuyera tus restos, y me quedaba contemplándote, contemplando el dinero, a la espera de que tú misma me dictaras la carta que te tenía que escribir, pues yo no sabía qué decirte, aún no lo sé. Ni siquiera sabía si debía escribírtela a ti o a una madre imaginaria, ni si escribirla desde mí o desde un narrador imaginario. Tampoco lo sé. El caso es que con estas dudas, que quizá no eran más que una coartada para no escribir, se cumplió el plazo acordado para la entrega de la carta sin que ni siquiera la hubiera comenzado, de modo que llamé al editor y me disculpé.

—No puedo hacerlo, no me sale —dije, asegurándole que al día siguiente le haría una transferencia para devolverle el anticipo.

—Nada de transferencias —respondió de mal humor—. Te empeñaste en que te pagara en metálico y yo te pagué en metálico, así que devuélveme el dinero del mismo modo.

Discutí todavía un poco con él y al fin dijo que me había pagado con dinero negro. Me quedé espantado. Tengo un miedo casi religioso a todo lo que se relaciona con el fisco, de modo que por un momento creí que acabaría en la cárcel. Le grité que no tenía derecho a hacer eso conmigo y respondió que cuando alguien solicita un anticipo en metálico está pidiendo que le paguen con dinero negro, para no declararlo.

—Ése es el código —añadió—. Y me costó mucho conseguirlo, ya casi no hay dinero negro en circulación, en nuestro sector al menos.

Colgué el teléfono lleno de remordimientos, saqué los billetes del sobre (de la urna más bien) y los extendí de nuevo sobre la mesa. Aquel dinero no sólo era tu cuerpo, madre, sino que era de repente también el cuerpo del delito. Era un cuerpo ilegal. Nadie debía saber que se encontraba en mi poder. Ese día cerré el cajón con llave. Esa noche no dormí. A la mañana siguiente saqué del banco una cantidad idéntica y fui a devolvérsela al editor, que miró los billetes de uno en uno al tiempo que consultaba una lista que le había pasado la secretaria.

—Éstos no son los billetes que yo te di —dijo al fin—. Tienen otra numeración.

—¿Y qué más da eso? —pregunté un poco angustiado. Tenía la impresión de haberme metido sin querer en un asunto demasiado turbio para mi resistencia moral.

—El dinero negro tiene sus normas —dijo—. Si no quieres escribir la carta, no la escribas, pero devuélveme los billetes que te di a cambio. Éstos no me sirven.

—Me los he gastado —argumenté.

—Mala suerte, chico —dijo él—. Tendrás que ir tras ellos, o escribir la carta a tu madre. Tú verás.

—Sé que esto es una broma —le dije con un nudo en la garganta—. Pero empieza a ser una broma de mal gusto.

—No es ninguna broma. Si quieres, le digo al director financiero que te lo explique él mismo.

Entonces hizo el gesto de levantar el teléfono, pero le frené espantado. No quería complicar más las cosas y tengo más miedo a los directores financieros que a la policía.

—Está bien —respondí intentando ocultar mi angustia—, mañana mismo tendrás tus billetes.

Abandoné la editorial con la determinación de devolvérselos, pero cuando llegué a casa y los toqué a través del sobre comprendí que no sería capaz de continuar traficando con tu cuerpo, y ello pese a la sospecha de que el editor me había mentido para forzarme a escribir esta carta, madre.

Dejé que pasaran unos días y el editor no llamó. Tampoco esperaba que lo hiciera inmediatamente, desde luego. Él sabía que la deuda continuaba en pie y conocía de sobra la debilidad de mi carácter. Ya no me atrevía a abrir el cajón en el que reposaba el dinero negro, el dinero clandestino, aquel dinero poseído de manera ilícita, del mismo modo que de niño te había poseído ilegalmente en mis fantasías sexuales. ¿Lo sabías? ¿Sabías que durante mucho tiempo deliraba contigo? Quizá sí. ¿Recuerdas que en el cuarto de baño de casa había un cesto de mimbre para la ropa sucia? Muchas veces, cuando adivinaba que ibas a darte una ducha, yo me ocultaba dentro de ese canasto y te veía por entre los vacíos del tejido de mimbre. Aún podría reproducir cada uno de los gestos con los que te enjabonabas el cuerpo, pues te tengo en fotos y en película archivada dentro de mi cabeza. Recuerdo, por cierto, la sorpresa, y el susto, que me di al descubrirte los pezones, pues durante mucho tiempo pensé que los pechos de las mujeres eran lisos. El descubrimiento del pezón fue como el de una enfermedad adictiva, pues si bien al principio lo detesté, luego ya no podía vivir sin él. Tampoco tú tenías unos pezones normales, madre, pues carecían prácticamente de areola y surgían del seno casi sin transición, como si no estuvieran incluidos en el diseño original y alguien te los hubiera incrustado de forma algo cruel. Los he buscado luego en mil mujeres distintas sin hallarlos en ninguna. Hace tiempo, me relacioné con una estudiante de medicina a la que se los dibujé y me dijo que era imposible, que esos pezones sólo existían en mi imaginación, pero creo que me mentía para que dejara de buscar, pues quizá esa particularidad anatómica (¿anatómica?) era lo único que nos separaba. Nunca he dejado de preguntarme dónde termina la anatomía y comienzan las emociones. De hecho, no sé si desde aquel cesto de mimbre estudiaba emociones o anatomía, pues lo cierto es que procuraba controlarme para que la excitación no me impidiera tomar notas de todos tus rasgos para reproducirlos después imaginariamente en la soledad de mi habitación. Nunca lo logré. Era capaz de reconstruirte por partes, pero luego, cuando intentaba verte entera, las partes perdían su contorno, se diluían en el conjunto, como si hubiera entre el todo y las partes un conflicto que aún no he logrado resolver.

Allí estaba yo, observando tus volúmenes desnudos, cubierto por la ropa sucia de la casa, por tus camisones, tus blusas, por tu ropa interior, aunque también por la de mi padre, que inexplicablemente convivía con la tuya. Mi memoria olfativa me devuelve siempre que se lo pido el olor de aquellas prendas que también he buscado en la ropa de otras mujeres, con poco éxito para decirlo todo.

Has de saber, madre, que con frecuencia contrato a prostitutas que vienen a mi casa y a las que pido que se duchen delante de mí mientras yo huelo su ropa. Y cuando se agachan para enjabonarse los tobillos, entregando sus pechos a la fuerza de la gravedad, yo voy buscando un instante, uno solo, que reproduzca uno de aquellos que viví entonces. Recuerdo que a veces observabas desde la bañera, significativamente, el cesto de la ropa, como si me buscaras por entre las ranuras del mimbre. Quizá no ignorabas mi presencia, aunque me dejabas hacer porque conocías la deuda que el mundo tenía conmigo y pensabas que ése era un modo de empezar a pagarla. De hecho, recuerdo tu mirada de complicidad cuando entraba en tu habitación sin llamar para sorprenderte a medio vestir, o tu tono de voz cuando me pedías que te abrochara un vestido a cuyos botones no llegaban tus manos. Mi pasión hacía un recorrido de ida y vuelta, pues tú me devolvías parte de ella siempre en forma de detalles ambiguos que podían interpretarse de un modo o de otro. Te he dicho que pagabas la deuda de la que yo me sentía acreedor, pero también me pregunto si no contribuiste a hacerla más grande, pues una vez que salí a la vida comprendí que ninguna otra mujer me daría tanto como tú. Me habría ido con cualquiera que me hubiera garantizado la mitad. Hay personas que tienen esta capacidad de aumentar la deuda al tiempo de saldarla. Me ocurrió no hace mucho con un amigo que me prestó dinero para hacer frente a unos pagos. Cuando se lo devolví, lo aceptó de tal modo que tuve la impresión de que le debía más. El problema es que ahora se trataba de una deuda moral, es decir, de las que no hay manera de saldar.

He repasado lo escrito hasta aquí y me sorprende que el dinero aparece asociado a veces a tu cuerpo, pero también al amor (no he conocido otro que el de las prostitutas), a las cenizas, a la escritura y ahora a la amistad. El dinero tiene esa virtud proteica de convertirse en lo que quieres o en lo que detestas. Empiezo a adivinar el porqué de ese empeño en que me pagaran en metálico el anticipo de esta carta que, contra todo pronóstico, empieza a salir adelante, madre.

Y bien, el resultado de aquel intercambio de satisfacciones entre tu cuerpo y el mío fue que deseé ser adoptado más que ninguna otra cosa en el mundo, pues si era adoptado podía disfrutar sin culpa de aquellas experiencias delictivas. Uno encuentra lo que busca y yo encontré multitud de señales en esa dirección. Durante un tiempo, hurgué en todos los armarios de la casa, en todos los cajones, en todos los archivadores. Me sorprendió ver que la vida estaba hecha en gran parte de documentos que iban desde la cédula de habitabilidad de la casa hasta sus escrituras, pasando por los recibos de la luz, del gas, del colegio, por los certificados de nacimiento, de defunción, por los títulos académicos y por las fotografías que reposaban, dentro de cajas de zapatos, en la zona más oscura de los armarios. No hallé, madre, ningún documento en el que se dijera que yo era adoptado, pero tampoco fui capaz de reconocerme en las fotografías de los parientes lejanos o próximos que examiné con lupa durante aquellos días.

Además de eso, si era adoptado, de repente adquiría un sentido la indiferencia de papá hacia mí. Lo he llamado indiferencia, pero a veces era más que eso, pues estoy seguro de que muchas veces me vio como un rival. Comencé a espiarte, a escuchar tus conversaciones, y me pareció que en muchas de ellas, de manera velada, aludías a las condiciones en que me habías adoptado y mostrabas alguna forma de arrepentimiento. Un día, estabas hablando con alguien, con la abuela, me parece, y te oí decir:

—Estoy arrepentida. Ahora no volvería a hacerlo.

Cuando te diste cuenta de que yo estaba delante, me diste la espalda avergonzada y bajaste la voz. ¿De qué estabas arrepentida? Yo nunca lo estuve de ser tu hijo adoptivo, aunque quizá habría querido ser algo más que eso. ¿Cómo no voy a tener la sensación de que el mundo me debe algo? Me debe unos padres verdaderos y una mujer con la que pueda relacionarme sin buscarte en ella. Lo he hecho todo por miedo a no perderte cuando la realidad es que jamás te tuve.

Ahora te tenía dentro del cajón de mi mesa: habías adquirido la forma de unos billetes que el editor me había entregado para que te escribiera esta carta. Ya no me atrevía a abrir el cajón, el ataúd más bien, pero cada día, cuando me ponía a escribir, o a fingir que escribía, sentía a través de la madera los latidos de tu cuerpo encerrado en aquel sobre que nunca debí haber aceptado, y no era capaz de juntar dos frases seguidas, dos frases, madre, cuando yo vivía de las frases, pagaba con las frases el alquiler de la casa, el aceite, la sal, las putas, el pan de cada día. No podía pasar mucho tiempo sin producir frases, en fin, porque las frases eran también el tejido con el que tapaba la ausencia de tu cuerpo y la del mío a veces, pues hay días en los que no me siento y en los que casi no me veo en el espejo. Los libros justifican mi existencia del mismo modo que a mí me habría gustado ser la justificación de la tuya. Todo es escritura, como verás.

Entretanto, sucedió algo con tus cenizas verdaderas. Cuando te incineramos, como sabes, no estaba permitido que los deudos se llevaran las cenizas a casa, por lo que tampoco fue posible cumplir tu deseo de arrojarlas al mar, de modo que adquirí en el cementerio un columbario donde desde entonces reposaba la urna con tus restos. Pues bien, durante estos días incineraron a un escritor, a cuya ceremonia tuve que acudir por compromiso, observando con sorpresa que tras la cremación los hijos recibieron una vasija con las cenizas. Al llegar a casa telefoneé al cementerio y me dijeron que, en efecto, la legislación había cambiado y que desde hacía algún tiempo los familiares de la persona fallecida podían disponer de los restos de la combustión, si ése era su deseo. Expliqué mi caso, para ver si era posible recuperar tus cenizas, y me dijeron que sí, pero había que pasar por una serie de penalidades burocráticas que me desanimaron. Colgué el teléfono sin tomar nota siquiera de las diligencias, pues al no estar dotado para los trámites me espantó la idea de rellenar instancias o recorrer ventanillas.

Pero ahora, cada vez que me sentaba a la mesa para fingir que escribía, el cuerpo del delito, escondido bajo llave en el cajón, me hacía recordar tus cenizas, guardadas en aquel frío columbario del cementerio, y la culpa se multiplicaba por dos. En apariencia eran culpas distintas, una de orden moral y otra económico, pero lograban trenzarse entre sí de tal manera que acabé por no distinguir dónde comenzaba la una y acababa la otra. El editor continuaba sin llamar, aunque su silencio tampoco era nada tranquilizador. Hay gente que sabe utilizar el silencio como una amenaza. De todos modos, siempre empezaba a leer el periódico por las páginas de cultura con la esperanza de ver anunciada la aparición del libro de *Cartas a la madre*, pues ello significaría que había renunciado a la mía (y quizá a recuperar el anticipo).

Una mañana, harto de consumirme frente a la cuartilla, cuyos bordes, de forma inconsciente, había ido coloreando de negro con el bolígrafo hasta dejarla convertida en una especie de esquela, salí a la calle, tomé un taxi y me dirigí al cementerio. Era un día muy frío, de enero, pero muy soleado también. En las esquinas se observaban restos de la helada nocturna y la hierba de los parques permanecía cubierta por una delgada mortaja de hielo que empezaba a derretirse cuando entré en las instalaciones del camposanto. Fui directamente a la zona del horno crematorio, donde en esos momentos se llevaba a cabo una incineración en un ambiente de enorme «friolencia», si pudiera decirse de este modo, que supongo que no, y desde allí me dirigí al edificio de los columbarios.

Se trataba de una especie de nave, o de nevera industrial, pues una vez dentro la temperatura bajaba tantos grados que el frío te envolvía de inmediato como una llama inversa. Los columbarios estaban dispuestos a lo largo de las altas paredes de tal modo que el recinto evocaba un almacén. Por un momento imaginé que en el interior de cada nicho hubiera un par de zapatos en vez de un conjunto de cenizas. Zapatos de hombre, de mujer, de tacón alto, de invierno, de verano, quizá alguna bota también, alguna zapatilla... Había visitado unos meses antes una fábrica de calzado, para documentarme sobre un trabajo en curso, y encontré ciertas semejanzas entre aquel lugar y éste.

Me costó un poco dar con tu nicho, madre, pues no había vuelto desde la incineración, hacía ya cinco o seis años, quizá siete. Ni siquiera había comprobado que hubieran puesto la pequeña lápida que encargué a un marmolista de la zona. Pero allí estaba, con tu nombre y las dos fechas que marcaban los dos extremos de tu vida. No había nadie en el interior de la nave. Sólo yo, abrasándome en medio de aquel frío. Me subí las solapas de la chaqueta, pues no tengo abrigo, nunca lo tuve, madre, pese a la importancia social que tú le dabas a esa prenda, y entonces me sentí un poco desamparado, un poco huérfano, por lo que expulsé tres o cuatro lágrimas que bajaron heladas hasta la barbilla, desde donde se precipitaron al vacío.

Pese a todo, no había perdido por completo la capacidad para establecer conjeturas y entonces me di cuenta de que bastaría con dar un golpe a la lápida para romperla y recuperar tus cenizas sin necesidad de llevar a cabo ningún trámite burocrático. No había piedras alrededor, pero encontré una paleta de albañil cuyo mango, que tenía un núcleo de hierro, me pareció que bastaría. Di un golpe excesivamente tímido, otro un poco más resuelto, pero también insuficiente, y al tercero, al fin, se quebró la losa, que era delgada y fría como la capa de hielo sobre un estanque. Arranqué con las manos los restos, que cayeron al suelo con un estrépito excesivo, o eso me pareció, y tropecé con el tabique de rasilla que el día de la incineración, ahora lo recordaba, había colocado un obrero para proteger la urna. No fue difícil echarlo abajo, pero me dañé con la precipitación un dedo, el más pequeño de la mano derecha, en el que me ha quedado un dolor recurrente, un estribillo, de este modo lo llamo, pues vuelve con la misma periodicidad que un ritornelo en un poema. Y así como de algunas canciones decimos a veces que sólo nos sabemos su estribillo, yo podría decir que de mi mano derecha sólo me sé ese dolor rutinario que se repite desde entonces entre estrofa y estrofa de la vida.

Una vez echado abajo el ladrillo, y con la urna al alcance de la mano, tuve un instante de terror al considerar que aquello que estaba llevando a cabo era un delito, aunque las cenizas fueran de mi madre, o quizá por eso. Estaba violando una tumba, en fin, estaba profanando un espacio que se considera sagrado. En poco tiempo me había convertido en un traficante de dinero negro y en un profanador de tumbas. Y todo ello de manera gratuita, como hacemos la mayoría de las cosas. Fue el propio miedo el que me ayudó a tomar la urna helada, por cierto, y salir con ella de la instalación. En la zona del horno crematorio, a pocos metros de donde me encontraba yo, había un pequeño grupo de personas con las solapas de los abrigos subidas. En lugar de llevarse el cigarrillo a los labios, fumaban inclinando la cabeza, en una especie de encogimiento dirigido a protegerse del frío, o del dolor. Vi a mi derecha un pequeño arbusto cuyas hojas estaban bordeadas por una cinta de escarcha que evocaba el azúcar sobre las frutas confitadas. Lamenté de nuevo la falta de abrigo, pues una prenda de esa naturaleza me habría ayudado a ocultar la urna. Finalmente, con la resolución que da el miedo, atravesé toda la instalación y salí a la calle, una especie de carretera más bien, sin llamar la atención de nadie. Tuve que caminar bastante para llegar a una zona donde hubiera taxis y entre tanto iba cambiando la urna de brazo, pues su frío traspasaba el tejido de la chaqueta y de la camisa abrasándome la piel como una plancha de hierro al rojo vivo.

—Vengo de recoger las cenizas de mi madre —le dije al taxista con cierto dramatismo, pues necesitaba dar algún desahogo a mi desamparo.

—¿Le importa que encienda un cigarrillo? —preguntó él, como si la mención a las cenizas le hubieran abierto las ganas de fumar.

Me ofreció uno y lo tomé, pese a que llevaba cinco o seis años sin fumar, casi los mismos que tú llevabas muerta. Por la radio del taxi estaban dando una receta de cocina y comprobé con desesperación que los jugos gástricos se ponían en danza. No sabía si tenía más hambre que tristeza, del mismo modo que unos minutos antes había sido incapaz de decidir si el miedo era mayor que el frío. Algunas veces las sensaciones morales anulaban las físicas, pero otras veces eran las físicas las vencedoras de esa rara batalla entre el cuerpo y el espíritu. El cigarrillo me mareaba un poco, pero me quitaba el hambre, y en general fue mayor el consuelo que el malestar que me proporcionó.

Ya en casa, coloqué la urna sobre la mesa de trabajo y al lado de ella el sobre con los billetes que anticipaban todo este horror en el que me encontraba envuelto. El sobre, con el paso de los días, había adquirido cierta calidad de sudario. Me daba aprensión tocarlo, pues también el dinero, en su interior, parecía dotado de la plasticidad de la carne. Yendo de un objeto a otro, y de ellos a las cuartillas vacías, que parecían también una mortaja en la que permanecía envuelto el cadáver de mi escritura, me llené de remordimientos, madre. No sólo de remordimientos hacia ti, sino hacia mí mismo, pues todo en la vida lo había hecho de aquel modo improvisado, torpe, con el que también recuperé tus cenizas o me comprometí a escribirte esta carta. Tal vez si hubiera cumplido los trámites burocráticos para acceder legalmente al columbario y hubiera firmado un contrato normal con el editor, sin dinero físico por medio, habría sido capaz también de escribir una carta común. Tampoco se trataba de hacer nada especial. Era un trabajo de encargo, como tantos de los que se aceptan por dinero. No sé por qué nunca me ha bastado el dinero, por el que tú tanto sufriste en vida. Siempre pido a la escritura que me proporcione también algún grado de desasosiego. Nunca me he conformado con pagar el alquiler, el pan, los cigarrillos (ahora de nuevo los cigarrillos), el alcohol, las putas, sino que he procurado obtener también de mi trabajo unas cantidades de arrepentimiento, que constituían a la vez el motor para seguir escribiendo. Siempre fueron un circuito cerrado la escritura y el remordimiento. Cada uno se alimentaba del otro, y los dos de mí. Pedí el dinero en metálico para arrepentirme de ello, pues había pensado gastármelo en excesos sexuales. En defectos sexuales más bien, si se tienen en cuenta mis inclinaciones venéreas. Pero los beneficios de la prostitución, pensé, hay que reinvertirlos en la prostitución. Entonces sonó el teléfono.

—¿Cómo va la carta? —preguntó el editor al otro lado.

—Estoy trabajando en ella —dije—. Dame aún unos días.

—Una semana. Sólo falta la tuya. Pero si prefieres devolverme el dinero —añadió con cierto desdén—, a mí me da lo mismo. Haz lo que quieras.

Bajé a un bar cercano, tomé un bocadillo, compré un paquete de tabaco y volví a casa dispuesto a escribirte la carta de un tirón. Pero el circuito del remordimiento y la escritura se había quebrado en algún punto. No lograba colocar dos frases seguidas. A media tarde, rompí el frágil precinto de la urna y tomé un puñado de tus cenizas que guardé en el bolsillo de la chaqueta. Todavía recuerdo su tacto polvoriento. Polvo eres y en polvo te convertirás, nos decía el cura el miércoles de ceniza, cuando me llevabas a la iglesia de la mano, y nos dibujaba, también a manera de anticipo, aquella cruz gris sobre la frente. Luego abrí el sobre y cogí unos billetes. Me fui a la calle con las solapas de la chaqueta subidas y busqué a una prostituta madura de la que llevaba meses intentando deshabituarme. No tuve que caminar mucho, pues vivo en un barrio donde se ejerce la prostitución. Un escritor, habrías pensado tú, debería vivir más cerca de la Biblioteca Nacional que de los burdeles, y es cierto, pero es que los burdeles están muy cerca también de la Biblioteca Nacional, algo deben de tener en común las putas y los libros.

La mujer estaba en su esquina, muerta de frío, y se alegró de verme.

—Hoy te lo haría gratis —dijo— con tal de encontrar una excusa para irme a casa.

La comprendí porque yo también buscaba continuamente excusas para no escribir. Muchos días escribiría gratis con tal de no escribir, pero los escritores no hemos resuelto cómo escribir sin escribir, aunque sea gratis. Eso es lo que nos llevan las putas de ventaja, que sí son capaces de hacerlo y a veces hasta te regalan lo que no te hacen. De hecho, cuando llegamos a su apartamento comprendí que ni ella ni yo teníamos ganas de nada que no fuera tumbarnos boca arriba en la cama y fumar un cigarrillo detrás de otro, contemplando el techo, viendo cada uno en sus sombras las formas de su remordimiento.

—¿No quieres nada? —dijo ella arrebujándose para combatir el frío. El contacto con sus pies me recordó el tacto helado de la urna cuando la saqué del columbario.

—Nada, pero te pagaré, no te preocupes. He conseguido un poco de dinero negro. No hace falta que lo declares.

—¿Estás loco? Nunca lo he declarado.

Me habría gustado que compartiéramos el cigarrillo, igual que los amantes en las películas, pero ella se empeñó en que fumara cada uno del suyo, porque le tiene miedo, como todas las putas, a la respiración de los clientes (mi editor también: por eso echa el respaldo de la silla hacia atrás). A mí se me caía la ceniza cada poco entre las sábanas, de modo que en un momento dado comencé a llorar.

—¿Qué te pasa ahora? —preguntó ella.

Le conté que esa misma mañana había recuperado las cenizas de mi madre y que no sabía qué hacer con ellas, aunque a mi madre le habría gustado que las arrojara al mar.

—Tíralas por el retrete —dijo—, mucha gente lo hace. Tarde o temprano llegan al mar. El año pasado estuve en el Mediterráneo y parece una cloaca.

Estaba irritable, de otro modo no me habría dicho eso, creo yo. Pero no me enfadé. En cierto modo me parecía más noble la relación que tenía ella conmigo que la que había establecido yo con mi editor.

—Conozco a otro escritor —añadió—, que se echa a llorar también por nada. Sois unos flojos.

—No es que seamos flojos —dije—, sino que la vida nos debe algo que a medida que pasa el tiempo tenemos menos esperaza de cobrar.

Pero para problemas, claro, los de ella, los de la puta. Yo ya conocía su historia, pero volvió a contármela para competir con mi sufrimiento. Tenía una hija en Francia, estudiando Farmacia.

—Y no sabe a lo que me dedico —añadió—. Cree que vendo joyas, fíjate. Eso es un problema y no lo de las cenizas de tu madre. Si yo fuera escritora, hablaría de cosas reales, como la de tener en Francia una hija que se cree que su madre vende joyas. He tenido que aprender a distinguir un rubí de un diamante, ya ves tú. ¿Sabes en qué se diferencian?

Le dije que no y me dio una lección de minerales cristalizados y piedras preciosas sin dejar de contemplar el techo. En algún momento, para referirse al rubí, creo, empleó la palabra carbunclo, o carbúnculo, con cuya pronunciación disfrutaba como si tuviera en la boca un caramelo.

—Se dice de las dos formas —aclaró—, aunque a mí me gusta más carbunclo.

—Parece una enfermedad —dije yo—. Si me dicen que alguien se ha muerto de un carbunclo, o de un carbúnculo, me lo creo.

—Pues no es una enfermedad, ya ves tú. No me amargues el día.

Estuvimos dos horas, en fin, intercambiando problemas, pero siempre perdía yo. Además, me había humillado su modo de documentarse sobre el universo de las joyas para engañar a su hija. Yo jamás había estudiado tanto para hacer más verosímil una novela. Era una mujer honrada, quiero decir. De repente, comprendí el sentido de la palabra honradez y entendí por qué tenía una adicción tan grande por aquella puta, que, no sé si te lo he dicho, madre, se llamaba o se hacía llamar Marisol, igual que tú.

Pasadas dos horas, quizá tres, Marisol se quedó dormida y yo me levanté. Dejé el dinero que suele cobrarme sobre la mesa, pisado por un jarrón, como hacía siempre, y luego tomé del bolsillo de la chaqueta las cenizas que había extraído de la urna y las arrojé en el lavabo de su cuarto de baño, abriendo el grifo para que se escaparan por el sumidero. En días sucesivos, pensé, iría desprendiéndome de ese modo del dinero negro y de las cenizas. Cuando no me quedara ni una cosa ni otra, quizá pudiera volver a ganarme la vida, a vender mi escritura con la honradez con la que aquella puta vendía su cuerpo.

Al día siguiente, a media mañana, me llamaron del cementerio por teléfono. Un funcionario contrito me informó de que habían violado el columbario de mi madre, del que habían desaparecido sus cenizas. Mi primer impulso fue decir que no se preocuparan, que después de todo unas cenizas no iban a ningún sitio, pero temí que eso dirigiera las sospechas hacia mí, de modo que cuando me invitaron a poner una denuncia que completara la del propio cementerio no encontré motivos para negarme.

Esa misma tarde, pese a mi odio a los trámites, tuve que acudir a la comisaría correspondiente, cercana al cementerio, para rellenar los papeles. No sé si tenía cara de sospechoso, o de escritor, o de puta, el caso es que el policía que me atendió no dejaba de lanzarme miradas intimidatorias que hicieron en mi ánimo su efecto. Además, llevaba en el bolsillo de la chaqueta un puñado de cenizas que había recogido de la urna antes de salir de casa, pues pensaba ver luego a Marisol, así como un puñado de dinero negro. Si me registran, pensé, estoy perdido. Al final, y como el policía comenzara a hacerme preguntas que consideré impertinentes, saqué fuerzas de flaqueza y le dije con cierta arrogancia que yo era la víctima, no el delincuente.

El policía hizo un gesto de desprecio y dio por terminada la declaración ordenándome (*ordenándome*, ésa es la palabra) firmar en varios sitios. Salí humillado de la comisaría, pero con alivio también, pues durante la comparecencia introduje varias veces, sin darme cuenta, la mano en el bolsillo de la chaqueta y la saqué con las cenizas adheridas a los dedos. Creo que dejé un rastro tuyo, madre, por media ciudad, un reguero de pólvora si se tiene en cuenta la calidad de mi miedo, por lo que decidí darle a la puta más dinero, y también más cenizas, para acabar cuanto antes con aquello.

En unos días más, tus cenizas habían desaparecido por el sumidero del lavabo de Marisol y el dinero negro por su escote. Quedaron restos, porque un asesino como Dios manda siempre deja algún indicio de su crimen, en el bolsillo de mi chaqueta y en mi escritorio, donde todavía permanece el sobre, o sudario, que contuvo el dinero negro que recibí a cambio de escribir esta carta. Pero ya nunca me pongo esa chaqueta, madre. Cuando abro el armario y la veo colgada de la percha con la expresión de derrota dibujada en todo su ser, me parece la chaqueta de un viudo, la chaqueta de cuando yo era viudo de ti, en lugar de tu huérfano.

También me he deshabituado de Marisol, aunque todavía no he logrado abandonar el tabaco, cuyo sabor me recuerda el de su pezón. Pero lo más importante es que escribo, he vuelto a escribir a un ritmo de dos cigarrillos por folio aproximadamente. No está mal. Descansa en paz y dame un respiro. Tu hijo que te quiere, Álvaro.

P. D: Mi editor ha rechazado esta carta, madre. Dice que no la ve apropiada para el libro de *Cartas a la madre* que tiene en preparación y que seguramente es un libro de buenos sentimientos. Renuncia, como es lógico, al anticipo que me entregó, pues ahora es él el que ha fallado, y me pide que trabaje duro en la novela, para incluirla entre las novedades de la primavera. Es como si alguien me hubiera devuelto tus cenizas. De hecho, creo que voy a quemar esta carta para guardar sus restos en la urna donde antes estuvieron las tuyas. Polvo eres, tú también, cuerpo de la escritura, y en polvo te convertirás.

18

Acabé de leer la *carta* sin aliento y respondí al correo electrónico de Álvaro con otro muy breve: «Querido Álvaro: me alegro de que te encuentres bien. He hecho algunas averiguaciones y creo que estoy a punto de dar con la ex monja. Tu *carta a la madre* me ha parecido conmovedora, pero algo siniestra: no es raro que el editor te la haya rechazado: los editores son seres humanos. Veré qué se puede hacer para que la publiquen en el periódico. Un abrazo».

Leí la *carta* un par de veces más, asombrado por la mezcla que había en ella entre realidad y ficción. Comprendí que toda escritura es una mezcla diabólica de las dos cosas, con independencia de la etiqueta que figure en el encabezamiento. La materia de mis reportajes era tan ficticia como la de la *carta a la madre* de

Álvaro, o la de la carta a la madre era tan real como la de mis reportajes. Se podía decir de las dos formas porque todo era mentira y verdad al mismo tiempo. Todo es mentira y verdad de forma simultánea, Dios mío. ¿Por qué, pues, ese empeño en escribir una novela habiendo publicado ya tantas mentiras en mis reportajes? Por lo demás, me impresionaron aquellas cantidades de rencor en un chico joven al que las cosas, por otra parte, no le habían ido tan mal, y me pareció que el simple hecho de enviarme la carta significaba que me hacía responsable de su malestar. Era como decirme, así lo sentí al menos, que yo tenía la obligación de restituirle algo de aquello que le debía el mundo.

Durante dos días estuve telefoneando al móvil de Fina, pero siempre estaba desconectado. Dejé varios mensajes a los que no recibí respuesta. Finalmente, me presenté en la casa de Praga después de comer y me abrió la puerta María José.

—Luz está enferma —dijo.

Atravesé el corto pasillo disimulando mi desagrado por el mal olor, llegué al salón y desde él al dormitorio. María José retiró la estufa de ruedas, que estaba atravesada en la puerta, para que pudiera entrar, pero permanecí en el umbral por miedo, como si Luz Acaso pudiera contagiarme algo. Su cara asomaba entre las sábanas con el gesto de interrogación que le era característico, pero su expresión ya sólo preguntaba si se iba a morir. Me miró, ladeó el rostro, y se durmió durante unos segundos. Iba y venía del sueño a la vigilia como si se columpiara entre los dos estados. Sobre la mesilla de noche había frascos y un vaso de agua. La persiana estaba bajada, pese a que la luz, afuera, comenzaba a declinar.

—¿Qué tiene? —pregunté.

—Neumonía.

—¿La ha visto el médico?

—Sí, estamos esperando a que venga la ambulancia para llevarla al hospital.

La neumonía había matado en los últimos años a algunas personas de mi entorno que previamente contrajeron el sida. Pensé entonces que ésa era la verdadera enfermedad de Luz Acaso, y que si María José, pese a su locuacidad, no me lo había dicho era por su raro concepto de la discreción. Quizá sólo era cautelosa respecto a lo real. Por otra parte, las prostitutas eran objetivamente un grupo de riesgo frente al sida, lo que dejaba en el aire, de nuevo, una interrogación.

—Es mejor —dije— que saques la estufa. Quema mucho oxígeno y enrarece el aire.

María José tiró de ella y la llevó al lugar que ocupaba habitualmente en el salón, donde nos sentamos a la espera de que apareciera la ambulancia. Luz, en una de las oscilaciones que hacía entre la vigilia y el sueño, se había quedado en el lado del sueño, así que hablábamos en voz baja, como cuando duerme un niño más que como cuando duerme un enfermo.

—Quítate el parche —le pedí, pues me parecía que había un exceso de oscuridad en el ambiente.

—No —dijo ella—, quiero presenciarlo todo con el lado izquierdo.

—Qué absurdo —dije.

—¿Te parece absurdo?

—No sé. Ahora sí.

—¿Entonces tampoco crees que se puede escribir un libro zurdo?

—No sé qué rayos es un libro zurdo.

—¿Crees que eres un buen reportero?

—No soy malo.

—No eres malo porque escribes cosas previsibles. Ves la realidad con el lado derecho y la ordenas con ese lado también. Le das a los lectores lo que esperan recibir y te pagan por ello. Está bien, no engañas a nadie y cobras la tarifa adecuada al producto que vendes. Pero imagínate que todo lo que has escrito con el lado derecho lo hubieras escrito con el lado izquierdo. Intenta ver lo que está pasando aquí mismo, ahora, con ese lado. No compadezcas a Luz, como te han enseñado a compadecer a los enfermos. En lugar de eso, solidarízate con ella desde el lado que menos conoces de ti. Sé zurdo durante un rato y verás cómo todo se ilumina.

Creo que la miré un poco sobrecogido.

—No sé —dije.

—Cierra el ojo derecho —me ordenó.

Cerré el ojo derecho y al verla a través del túnel formado por el izquierdo comprendí que lo que me separaba de María José era precisamente el instrumento con el que la observaba, el ojo, del mismo modo que el microscopio que permite al investigador acceder a la célula lo aleja de ella. Estaba allí, a mi lado, pero sólo como un fenómeno observable. Jamás podría diluirme en ella ni ella en mí porque nos encontrábamos en lados distintos de la lente. Sentí que todas las grietas de mi vida que yo había ido taponando desesperadamente con harapos de realidad, como se tapa una herida de combate, se vaciaban para llenarse ahora de jirones de irrealidad, y comprendí lo imaginario que había sido todo. Fue un descanso sentirlo así, y comprendí que si tuviera que escribir un reportaje sobre aquellas mujeres ya no trataría de averiguar si Luz era puta o funcionaria, o si tenía una depresión o un sida. Tampoco si María José era hija de un pescadero o de un mecánico. Toda mi escala de valores, fuera cual fuera, se había ido al carajo, y apareció ante mi ojo izquierdo un orden distinto. Supe que había vivido una vida honrada, pero banal, llena de excitaciones convencionales, manejadas a distancia por otro que no era yo. Comprendí que en la aspiración loca de María José por escribir un libro zurdo había un proyecto de insubordinación que valía por todas mis realizaciones. Y no me pareció que el parche la oscureciera, porque al contemplarla, no sin esfuerzo, con el ojo izquierdo, la veía completamente iluminada y deseable. Imaginé lo que sería follar con ella teniendo los dos tapado el ojo derecho y con el brazo de ese mismo lado atado a la espalda. Follaríamos torpemente, como se debe escribir y como se debe vivir tal vez. Quizá el oficio, tan valorado en la profesión de reportero, sea malo para todo. Comprendí el error de magnificar la experiencia y me pareció que era un buen principio para una novela la frase *yo tenía un acuario en el salón.*

Pero al mismo tiempo que todo eso, comprendí que yo ya estaba perdido para comenzar una vida al otro lado de la lente, en el zurdo. No se trataba sólo de que ella estuviera destinada a Álvaro Abril, sino que desde la distancia a la que nos comunicábamos sólo podíamos hacernos señales de humo.

—Me gustó mucho lo de *yo tenía un acuario en el salón* —le dije intentado no levantar el párpado, aunque el ojo había comenzado a llorarme.

—Gracias, pero no tenía que haberte gustado. Es una broma que uso para desconcertar a la gente que se toma la literatura muy en serio.

—Pues me gustó.

—Pues mal hecho.

—Por cierto —añadí—, ¿eres tú la monja que ha hecho creer a Álvaro que es hijo de Luz?

—Sí —dijo dirigiendo su ojo único al mío—, yo soy esa monja. Como verás, no basta con cerrar el ojo derecho para clausurar ese lado. Sigues queriendo averiguar cosas que sólo interesarían a un pensamiento convencional. A tu lado izquierdo no sólo no le importaría que fuera esa monja, sino que le parecería lógico. Desde tu lado izquierdo, como desde el mío, cualquier cosa que sirviera para atraer a Álvaro Abril hacia mí estaría justificada. De hecho, tu lado izquierdo debe saber que tú formas parte del cebo también. Tú no tienes otra misión en esta historia que contribuir a que Álvaro y yo nos encontremos.

Me pareció verosímil, en efecto, desde el lado izquierdo, pero en ese momento sonó el timbre de la puerta, y abrí el ojo derecho y dejé entrar la realidad tal y como yo la conocía. La realidad eran dos enfermeros y un médico, supongo, muy joven, con quien María José se entendió sin problemas. Yo no habría sabido hacerlo. Luego, mientras sacaban en una camilla a Luz Acaso, que parecía completamente consumida, cerré a ratos el ojo derecho para verlo todo desde un lado que no me doliera. Pero no era un problema de dolor, sino de significado.

Antes de abandonar el salón me asomé a la ventana con el ojo izquierdo y vi una calle de Praga por la que yo había pasado la única vez que estuve allí. Deseé recorrerla de nuevo, esta vez con el lado izquierdo, pero al salir fuera, esa misma calle se convirtió en una calle de Madrid. La ambulancia se fue aullando con Luz Acaso y María José en su interior hacia López de Hoyos. Yo caminé un rato sin rumbo con el ojo derecho cerrado. El efecto era muy curioso: parecía que las calles pasaban por mí en lugar de pasar yo por las calles, que la gente formaba parte de una pintura por la que nos deslizábamos y en la que, curiosamente, las personas que tenían dos ojos veían menos que las que teníamos uno. El ojo cerrado me dolía por el esfuerzo y a través de la juntura del párpado apretado se colaban unas lágrimas que se enfriaban al bajar por la cara. Pero yo seguía sin abrirlo, con la voluntad de

entender algo, y entonces miré la calle estrecha como
un pasillo y a medida que avanzaba por ella fui com-
prendiendo las distintas partes de mi vida. No había
sido una vida completamente equivocada desde la lógica del lado derecho, pero desde la del izquierdo no
es que estuviera equivocada, es que era inexistente.

Al llegar a casa, me senté frente al ordenador y
mientras se encendía abrí el ojo derecho para descansar, y era un descanso parecido al de no ver. Tenía un
correo electrónico del redactor jefe. Me recordaba el
reportaje sobre la adopción, pero sin convicción ninguna. Decidí no contestar. Había otro de mi hija, en el
que me decía que le había caído muy bien a Walter,
su novio. No añadía nada más, y precisamente por su
simpleza advertí que era un grito de auxilio al que yo
no sabría dar respuesta con ninguno de mis lados. El
tercer correo era de Álvaro. Lo leí con el ojo izquierdo. Decía así: «Mi madre no contesta al teléfono
desde hace un par de días ni a la hora en la que nos
comunicábamos ni a ninguna otra. Temo que le haya
ocurrido algo».

Por fortuna, no decía nada de mi correo anterior,
en el que califiqué de siniestra su *carta a la madre*. Al
leerlo con el ojo izquierdo comprendí que me hacía
responsable de averiguar qué sucedía. Acepté mi destino y le respondí que no se preocupara, que me en-
cargaría de hacer las averiguaciones oportunas, y me
fui a la cama. Dormí con los dos ojos cerrados.

19

Al día siguiente, muy temprano, me sacó de la cama el teléfono. Era el redactor jefe, que no mencionó el reportaje sobre la adopción, pero me pidió que asistiera a unas jornadas sobre periodismo y literatura que se celebraban en Barcelona y a las que tendría que haber acudido alguien del periódico que a última hora se había puesto enfermo. No pude negarme y dos horas más tarde estaba en un avión del puente aéreo intentando hilvanar cuatro ideas para salir del paso. Finalmente, hablé, sin citar las fuentes, de la literatura del bastardo y de la literatura del legítimo afirmando que el periodismo era una literatura hecha desde la conciencia de la legitimidad que proporciona trabajar con materiales reales. El hecho de que el periodista relate sucesos más o menos verificables, dije, puede llegar a hacerle creer que no es más que un notario. El notario, añadí, es el hijo auténtico por excelencia: declara como cierto, con la complicidad social, algo que por lo general sólo sucede dentro de su cabeza. Conté que hacía años, al poco de entrar en el periódico, el jefe de la sección de cultura me encargó que telefoneara a cuatro o cinco escritores y les preguntara por qué escribían para improvisar un reportaje. Se trataba de un recurso eficaz en las épocas de sequía informativa, pues los escritores daban respuestas ingeniosas que divertían al público. Uno de estos escritores a los que había llamado me devolvió la pregunta:

—¿Y por qué escribe usted? —dijo.

Me dejó sorprendido porque yo no era consciente de escribir del mismo modo que muchos notarios no se dan cuenta de que crean la realidad que en su opinión sólo están autentificando. En ese sentido, mantuve que el periodista es un hijo legítimo y, en consecuencia, añadí, un hijo de puta. Lo dije para hacer una gracia, pero me gané la enemistad de los colegas, que me rehuyeron durante el resto de las jornadas, pese a que asistí disciplinadamente a todas las ponencias y que participé, por hacer bulto, en un par de mesas redondas.

Entre intervención e intervención telefoneaba a casa de Luz Acaso y a su móvil, sin recibir respuesta. La última noche que permanecí en Barcelona leí detenidamente la sección de contactos de un periódico, dudando si contratar los servicios de una prostituta. Me maravillaba la idea de que pudiera hacerlo o no, de manera indistinta, sin que una acción ni su contraria cambiaran el curso de las cosas, el curso de mi vida o el de la vida de la puta. ¿O sí? Finalmente no me decidí porque la mujer que buscaba no estaba en los anuncios por palabras de aquel periódico.

Cuando regresé de Barcelona, al tercer día, Luz Acaso había fallecido, y había sido enterrada. Con ella habían sido enterradas también Fina y Eva y Tatiana y el resto de los nombres que hubiera utilizado para llevar su falsa (¿falsa?) existencia de puta.

Me dio la noticia María José, desde su ojo izquierdo, cuando me acerqué a la casa de Praga para ver cómo iban las cosas.

—La enterramos ayer —dijo.

Se me ocurrió preguntarle si había localizado a su familia y me miró como si estuviera loco. Tuve el pensamiento mezquino de que, a juzgar por el modo en que se había instalado, pretendía quedarse con la casa, pero tal vez la mezquindad sólo estaba dentro de mi cabeza, cómo saberlo. Desde el lado derecho casi todo es mezquino, ruin, previsible, caduco. Dios mío, ella estaba bellísima en su mezquindad, y al darme cuenta de eso, de lo mezquina y lo bella que era al mismo tiempo, supe que mi vida se había acabado, que yo pertenecía a otro mundo, aunque continuara moviéndome por inercia en éste. No quisiera dramatizar: es probable que viva muchos años todavía y que continúe ganándome la vida holgadamente, que tenga incluso más éxitos profesionales de los que me merezca, pero todo eso le ocurriría ya a un tipo acabado, un tipo que no había sido querido en los momentos de su vida en los que lo necesitó. No me observaba con lástima, sino con cierta curiosidad antropológica. No pudo ser, muchacho. Cuando hablaba conmigo mismo, me gustaba llamarme muchacho, aunque ya era un señor, y en todos los sentidos, a quién iba a engañar.

Mientras María José iba de acá para allá ordenando o desordenando cosas, quizá —pensé mezquinamente— buscando algún dinero oculto, yo olfateaba disimuladamente, de manera que en el cajón de un mueble parecido a una cómoda encontré el móvil de Luz Acaso, que escondí en el bolsillo, como un fetiche, para oír las cosas que le decían, le decíamos, los hombres a aquella falsa o verdadera puta, quién lo sabe. Pregunté a María José si había entrado en la habitación de la izquierda y no, no había entrado, dijo, añadiendo que aún no era la hora de forma algo retórica.

Cuando volví a casa, me senté en mi silla alemana especial para combatir el lumbago, cerré un ojo e imaginé que todo mi costado derecho era de madera. Una vez lograda esa sugestión, me fue más fácil viajar hacia el lado izquierdo, que estaba constituido, en efecto, por una geografía sin mapas. Tampoco los necesitaba, puesto que la memoria recordaba perfectamente aquel lugar inhóspito. Procedemos del lado izquierdo y huimos de él hacia el derecho en busca de una quimera, o de una notaría. Al poco de entrar en el izquierdo, tropecé con una versión desnutrida de mí a la que había abandonado hacía tiempo prometiéndole volver. Íbamos, en aquella época remota, apoyado cada uno en el hombro del otro, los dos perplejos frente a un mundo incomprensible, cuando advertí que no llegaríamos a ninguna parte. Entonces le dije que me adelantaría yo para hacerme con unas reservas de palabras que nos ayudaran a entender las cosas, y que cuando tuviera esa reserva regresaría a por él. No regresé. Peor aún: lo olvidé, y ahora volvía a encontrármelo desnutrido y afásico. Le habría dado todas mis palabras, pero no le habrían servido porque eran palabras del lado diestro y él era una criatura del izquierdo.

Cada otoño, desde hace muchos años, empiezo un curso de inglés que abandono hacia las navidades. El resultado es que dentro de mí ha ido creciendo un individuo anglosajón que apenas es capaz de defenderse en los aeropuertos internacionales con cuatro frases que sirven para saber dónde está el cuarto de baño y poco más.

Este sujeto que aprende inglés y yo nos encontramos con frecuencia, lo que resulta inevitable viviendo el uno dentro del otro. Normalmente vive él dentro de mí, pero cuando viajo al extranjero, soy yo el que se refugia en su interior. Y desde allí observo sus dificultades. No es nada fácil entenderse con los taxistas ni con los camareros ni con los subsecretarios chapurreando cuatro palabras de inglés. Por eso, cuando regresamos a casa, él vuelve a sus profundidades y yo tomo el mando en castellano. La convivencia con este pobre diablo analfabeto dura, como digo, hasta las navidades. Es la cantidad máxima de tiempo que resisto estudiando inglés. Luego él se queda dormido en lo más hondo de mi conciencia, como si invernara, y yo apenas le reclamo, de no ser que tenga un viaje, aunque a veces, al meterme en la cama, me acuerdo de él y le despierto.

—*Get up!, get up!*

—*What´s happening?* —pregunta él sobresaltado.

Le digo que quiero un vaso de agua o un vaso de leche, o que mi sastre es rico, cualquier tontería, en fin, que sea capaz de entender, y tras este breve intercambio nos echamos a dormir los dos. Este año lo encuentro un poco más delgado de lo habitual. Si me muero yo antes que él, no sé cómo va a salir adelante en la vida: así era el niño que encontré en el lado izquierdo.

Telefoneé a Álvaro, le informé de que Luz Acaso había muerto y le di el pésame. No me preguntó detalles sobre el entierro, ni si había hecho ya alguna gestión para que se publicara la *carta a la madre* en el periódico, no me preguntó nada. Todas las preguntas mezquinas se me ocurrían a mí.

—Vivía con una chica —añadí— que quiere conocerte y que todavía continúa en su casa.

Quedamos en una esquina, para ir juntos. Cuando nos encontramos, nos dimos un abrazo como el que se habrían dado un padre y un hijo en un funeral.

—Hijo —le dije absurdamente y le retuve entre mis brazos más tiempo del normal.

María José nos esperaba con el parche en el ojo y el costado derecho prácticamente inmóvil. Nada más hacer las presentaciones, comprendí que, en efecto, Álvaro Abril le estaba destinado porque los dos vivían en el mismo lado de la lente. Luego, cuando ella fue a la cocina a por el café, me vi en la obligación de explicarle que no era tuerta ni paralítica, sino que estaba conquistando su lado izquierdo con la idea de escribir un libro zurdo. Álvaro observaba todo como si ya hubiera estado allí en una época lejana e intentara ahora adecuar el tamaño de las cosas al de su memoria. Después María José y él se pusieron a hablar de literatura y de la vida de tal manera que yo quedé excluido en seguida de su conversación. Parecía un padre controlador empeñado en conocer las relaciones de su hijo.

Me despedí casi sin que se dieran cuenta de que me iba y salí a la calle convencido de que me había ocurrido una historia zurda, una aventura del lado izquierdo, aunque yo sólo fuera capaz de contarla desde el derecho. Sin duda, era un privilegio: otras personas pasaban por la vida sin saber que ese lado existía: personas que jamás habían apagado el interruptor de la luz con la mano izquierda, que jamás se habían pasado la mano izquierda por la frente, que no habían socorrido ni asesinado a nadie con esa mano, y que en la resurrección de los muertos ni se imaginaban a la izquierda de Dios. Yo, en cambio, ya no podía verme en otro sitio.

Recibí un paquete con las cintas magnetofónicas en las que estaban registrados los encuentros entre Luz Acaso y Álvaro Abril. Álvaro me explicaba en una carta adjunta que había decidido no escribir la biografía de su madre, y me hacía depositario de todo ese material que me comprometía de forma imaginaria. ¿Pero hay acaso ataduras más fuertes que las imaginarias? «He sabido por María José —continuaba— que mi madre y tú os visteis con frecuencia durante la última época. Te confieso que en un primer momento tuve celos, pero ya no. Supongo que tú necesitabas arreglar cuentas con el pasado más que yo. De hecho, no le debo nada al pasado; es el pasado el que tiene una deuda conmigo. Por otra parte, el material del que te hago depositario y responsable encaja muy bien con el que llevas recogiendo sobre la adopción desde hace tanto tiempo. Tal vez cruzando tu documentación con la mía consigas hacer algo de interés. En cuanto a la *carta a la madre*, no hagas ninguna gestión en el periódico: ya no me interesa. Quémala o inclúyela entre los materiales sobre la adopción. Después de todo, si la leíste atentamente, es más de lo mismo.»

Le llamé por teléfono y protesté de manera retórica.

—Es tu historia —le dije.

—No, ya no —respondió—, era mi historia cuando creí que quería escribir una novela. Ahora voy a dedicar todas mis fuerzas a no escribirla y un modo de no hacerlo es que la escribas tú. No nos engañemos: hay gente que tiene facilidad para escribir. Yo tengo una facilidad increíble para no escribir, aunque hasta el momento había sido incapaz de aceptarlo.

—¿Y *El parque?*

—Estoy arrepentido; ahora no volvería a escribirla.

—De acuerdo, hijo —añadí de forma algo miserable. No comprendía cómo alguien podía desprenderse de un material tan rico, aunque yo mismo rechazaba el que me proporcionaba mi hija verdadera, que continuaba enviándome correos en apariencia neutros a los que no daba respuesta.

Escuché las cintas una y otra vez y al recordar que Álvaro Abril daba clases en Talleres Literarios sobre la construcción del personaje, pensé que Luz Acaso había levantado magistralmente el suyo: como Penélope, deshacía por las noches la identidad que tejía durante el día. De este modo, siempre era la misma y siempre era distinta. Así nos hacemos también las personas reales: en una contradicción permanente con nuestros deseos. Damos la vida por lo irreal y desatendemos lo real. Amé a quienes no tuve y desamé a quien quise, decía Vicente Aleixandre, creo, uno de los pocos poetas que he leído con provecho.

Álvaro vivía prácticamente instalado ya en la casa de Praga, donde yo me dejaba caer algunas noches para observar desde el otro lado del microscopio los cambios que se producían en aquel compuesto existencial. Dormían en la habitación de la izquierda, a la que habían trasladado los muebles del dormitorio de Luz, ya que la encontraron vacía cuando se decidieron finalmente a forzar la cerradura. Quizá estaba ocupada por un fantasma que decidió no manifestarse. En cualquier caso, la que permanecía ahora clausurada y vacía era la de la derecha, como si fuera imposible que funcionaran las dos al tiempo. Siempre hay un pulmón que falla.

María José continuaba ejercitando su lado izquierdo con el apoyo de Álvaro, que teorizaba la actitud de la falsa tuerta con argumentos de taller literario, o eso decía yo al sentirme excluido de una relación cuya mirada me envejecía. Fui conociendo detalles de la vida de Luz Acaso, pero ninguno que me sirviera para separar las fronteras de la realidad de las de la ficción: no conseguí aclarar (tampoco puse demasiado empeño) si había sido una funcionaria de Hacienda con depresión o una puta con sida, tal vez no había sido ni una cosa ni otra. Me movía entre el deseo de querer y no querer saberlo porque, pese a la presencia que había adquirido en mi vida lo irreal, aún necesitaba datos verificables para escribir la historia de ella y la nuestra desde la posición de hijo legítimo desde la que trabaja un periodista. Pero cuanto más legítimo quería ser, más hijo de puta me sentía.

Comía solo, escuchando las cintas en las que Luz Acaso se tejía y se destejía, mientras me emborrachaba de manera metódica y pensaba en mi hermano gemelo o en el modo casual en el que irrumpió en mi existencia Álvaro. Un día me contó que cuando nos presentaron había sentido una euforia extraña, como si el diablo anduviera cerca. A ninguno de los dos se nos ocurrió entonces que el diablo pudiera ser yo. ¿Por qué no?

Por qué no, si de hecho tenía ideas diabólicas: mantuve, por ejemplo, los anuncios que Luz había publicado en la sección de contactos del periódico y a media tarde llamaba al buzón de voz y escuchaba los mensajes que los hombres le continuaban dejando, o le continuábamos dejando, porque yo mismo telefoneaba a veces a aquel número y dejaba avisos que al oírlos, más tarde, me parecían avisos de ultratumba.

No siempre subía a la casa de Praga: a veces me limitaba a observar la ventana iluminada desde abajo. Me daba miedo volver a casa, pero tampoco encontraba placer en la compañía de los bares atendidos por mujeres.

Mi hija se casó en Berlín, pero me las arreglé para no ir a la boda, aunque le envié un regalo que me devolvió a los pocos días con una nota cruel: «No te conozco, anciano». Mi ex mujer me aseguró que la frase era de un personaje de Shakespeare para darme un consuelo que no necesitaba, pues aunque continuaba vistiendo de manera informal, había aceptado al fin que ya no era un muchacho, y los lazos sentimentales con mi familia real, si alguno quedaba, se habían deshecho a lo largo de ese proceso de iniciación.

Un día sonó el teléfono y María José me dijo desde el otro lado del hilo, pero también desde el otro lado de la vida, que Luz Acaso había hecho testamento y que me había nombrado albacea.

—¿Cómo lo sabes? —pregunté sorprendido.

—Hice averiguaciones en el Registro de Últimas Voluntades del ministerio de Justicia.

Me sorprendió que a una persona que vivía en el lado izquierdo se le hubiera ocurrido hacer algo que ni siquiera a mí, experimentado periodista, se me había pasado por la cabeza. Se lo dije.

—Por eso tus reportajes son convencionales —respondió—; buenos, pero convencionales.

No digo que no hubiera oído hablar en alguna ocasión de ese curioso Registro de Últimas Voluntades, pero cómo creer que el Estado era capaz de gestionar el deseo de los muertos si le venía grande el de los vivos.

La cuestión, en fin, es que me había convertido en el albacea o ejecutor (qué palabras, por cierto) de aquel curioso testamento que dejaba los escasos bienes de Luz Acaso —el piso de Praga y una cuenta de ahorro— a Álvaro Abril y a María José. Era evidente que para llevar a cabo ese reparto no hacía falta un albacea, pero sí un narrador, un narrador que al contar los últimos días de Luz Acaso tuviera, sin comprender por qué, la impresión de ordenar su propia vida.

Ducks, Geese and Swans

By Oscar J. Merne

Illustrated by Helen Haywood

Hamlyn

London · New York · Sydney · Toronto

Contents

Published by The Hamlyn Publishing Group Limited
London · New York · Sydney · Toronto
Astronaut House, Feltham, Middlesex, England.
Copyright © The Hamlyn Publishing Group Limited 1974

ISBN 0 600 32891 0

Phototypeset by Filmtype Services Limited, Scarborough, Yorkshire
Colour separations by Colour Workshop, Hertfordshire
Printed in Spain by
Printer Industria Grafica sa, Tuset 19
Barcelona, San Vicente dels Horts 1974
Deposito Legal B. 2829-1974
Mohn Gordon Ltd., London

Foreword

This book has two purposes. The first is to describe the appearance and lives of the world's ducks, geese and swans. The second is to touch briefly on the activities of man in so far as they affect these birds, whether these activities are beneficial (e.g. research and conservation) or detrimental (destruction of habitat, over-shooting, etc.). The first part of the book is a series of short chapters dealing with general topics such as wildfowling, conservation, behaviour and research, while the second and larger part systematically describes and illustrates all but the very rarest of the world's wildfowl.

The title of this book is slightly at variance with the systematic treatment of the subject within its pages. In dealing with the different species the conventional systematic order has been strictly adhered to, whereas the title *Ducks, Geese and Swans* groups the birds in an order which 'rolls off the tongue' more naturally than the systematic order.

Few of us have the opportunity to see all these beautiful birds in their natural surroundings, but nowadays there are many zoos, parks and ornamental waters where wildfowl from different parts of the world are gathered together in one place, readily accessible to all. It is hoped that this book will help the observer to identify these different birds and teach him some interesting facts about their lives in the wild.

O.J.M.

The characteristics of ducks, geese and swans

The 151 species of ducks, geese and swans collectively known as wildfowl, make up a family of birds called the Anatidae. There are ninety-six additional subspecies, giving a total of 247 different forms. The family is located on one of the lower branches of the evolutionary tree.

Wildfowl have internal structural characteristics which distinguish them from other bird families, but various external characters distinguish them at first sight. All wildfowl have webbed feet and are markedly aquatic, but in a couple of species (the Magpie and Hawaiian Geese) the webbing is incomplete.

Their bills are also characteristic, most of them being covered with thin skin and having a horny tip. Young wildfowl are covered with down when they hatch and the eggs are unspotted. The flight-feathers are moulted simultaneously and wildfowl are therefore flightless for a few weeks each year. The *tarsi* (legs) of geese and swans are reticulated, while those of the ducks are partially scutellated. The swans can further be distinguished by their large size and long necks and all of them have white, black, or black and white plumage. The geese are mostly medium-sized with longish necks and legs and horizontally-held bodies. They are also grazing birds which spend much of their time on land. Their call is usually a honking sound. The ducks are generally small with short legs and necks. They spend much of their time on or beside water. Many dive or up-end, and they fly with quick wing-beats. The surface feeding ducks usually take off nearly vertically, while the divers usually have to patter across the surface of the water for a distance before becoming airborne. Many also have a *speculum* which is an area of metallic colouring on the trailing edge of the wing.

Although wildfowl have these common characteristics, many have developed special adaptations to their way of life. The bills of geese are constructed for grazing grass and other food plants. Some geese, the Greenland White-fronted Goose for example, have particularly long bills which they can use

Family tree of bird evolution.

External diversity of wildfowl and the skeleton adapted for flight.

Large sternum for pectoralis muscle attachment

Goatsuckers

Swifts

Song birds and perching birds

Pheasants

Woodpeckers

Cuckoos

Collies

Gulls

Trogons

Parrots

Loons

Kingfishers

Pigeons

Owls

Cranes

Hawks

Waterfowl

Herons

Kiwis

Tinamous

Pelicans

Grebes

Emus

Rheas

Albatrosses

Ostriches

Penguins

5

Mute Swan

Pink-eared Duck

Bewick Swan

Eider

Greylag Goose

Goosander

Cape Barren Goose

Musk Duck

Whistling Duck

Mallard

Mallard

Shoveler

Magpie Goose

6

for digging up roots. The bill of the Greylag is very large and heavy and is well suited to pecking the potatoes and turnips which it finds in its winter feeding grounds. The bill of the Barnacle Goose is tiny and ideal for grazing the short grass of its exposed wintering areas. The bills of swans and some of the surface-feeding ducks (dabblers) are generally flat and soft as they eat mainly water plants. The mergansers are known as saw-bills because their bills have sharply serrated edges, making it easier for them to hold the slippery fish which are their main food. Scoters and eiders, which eat mainly shellfish and crabs, have very hard, heavy bills for dealing with their prey. The shovelers have bills which are wide at the tip and they use these to 'vacuum-clean' their food from the surface of the water.

The legs and feet of wildfowl often reflect their way of life. Most of the geese, which spend much of their time walking on dry land, have relatively long legs. When flightless in moult they can run very well. The Hawaiian Goose or Néné, which is adept at scrambling about on hilly lava-flows, has developed particularly strong legs. Being one of the wildfowl least dependent on water, it also lacks some of the webbing on its feet. The Magpie Goose of Australia has very long legs and almost non-existent webbing, and this is well suited to its habit of climbing about on branches and undergrowth.

The males and females of most of the geese and swans are alike and this is because they have an uncomplicated mutual courtship ritual. The ducks on the other hand usually have a very colourful male and a rather dowdy female. The drake plays the leading role in the courtship display while the drab duck has to sit quietly and unobtrusively on the nest. The colourful and eye-catching markings of the drake are all employed as part of the display, while such adornments as crests and elongated tails are also put into use. Some of the drake mergansers have very fine crests while Long-tailed Ducks or Old Squaws and pintails have long tail streamers.

The stiff-tails are able to hold their fanned tails straight up out of the water during their courtship displays. The bright plumage of the drakes is also used in threat displays when quarrelling over a mate.

Bill and foot variations are adaptations to different habitats.

Behaviour and habits

Behaviour in wildfowl is extremely complex and varied and no two species behave in a similar way. Differences in behaviour can often identify wildfowl at great distances when colour and shape cannot be clearly seen.

While feeding on water different species behave in different ways. The shovelers swim on the surface with their wide bills 'vacuum-cleaning' their food from the water; many wildfowl up-end in order to reach plant food beneath the surface; others dive down to feed on the bottom. The manner of diving is often a guide to the species. Swans, with their long necks, often feed for seemingly endless periods with their heads under water, and by up-ending can extend their reach even further.

Many wildfowl feed on dry land, or at least out of water deep enough to necessitate swimming. Most are rather awkward looking as they waddle about, especially the divers

Goldeneye displaying (*left*); Mute Swan with wings erect in threatening posture (*right*).

Shoveler feeding

Tufted Duck diving

Greylag Goose feeding

Pintail upending

Some examples of wildfowl behaviour whilst feeding.

whose legs are set very far back. Although most of the
dabbling ducks feed in shallow water and on the adjoining
land, some will walk long distances, feeding as they go.
Wigeon are particularly fond of sloping, grassy banks and
large flocks of them can often be seen systematically grazing
over these banks. Other species will often walk from water to
adjacent cornfields to feed on the grain. Geese and swans are
true grazers when on dry land. Flocks of these birds advance
abreast over the grass, nibbling tender stalks as they go. Some
will also dig for roots and peck at potatoes, turnips, and other
root crops.

In flight, wildfowl tend to form into chevrons if they are
moving long distances, but the flock shape is usually less
distinct if they are not travelling far. Eiders and some other
species fly in single file over the water. The various species
take off in different ways: some ducks spring almost vertically
from the ground or water, while others patter across the
water for some distance before becoming airborne. The larger

9

Canada Geese flying in V-formation.

swans are the 'jet planes' of the bird world, requiring a long
'runway' in order to take off. When coming in to land some
birds fly straight in and splash onto the water, while others
glide down to a more careful landing. When excited, geese
will often 'wiffle' down from great heights. They drop from
the sky almost vertically with wings outstretched, twisting
about apparently almost out of control and even turning
somersaults in the air. But they come to a gentle landing even
after such a descent. To evade hunters teal can climb almost
vertically at great speed to get out of gunshot range.

The courtship displays of some of the ducks are very
intricate. Several drake Mallard display to one duck and
engage in a series of movements which include head-bobbing,
bill-dipping, and rearing up in the water. The drake goldeneye tosses his head sharply back with his bill pointing vertically to the sky. Mergansers have an extraordinary ritualistic
display in which the drake swims towards the duck with his
head pointed almost straight up. On reaching her he throws

Ringed Teal

Whooper Swan
on nest

it straight out and bows, then rises quickly in the water and down again, opening his bill wide as he settles again. The drake eider approaches the duck with a stiff-necked appearance followed by a sharp drawing down of the bill to his puffed pinkish breast. Then he suddenly throws his head up vertically, uttering a crooning call. Some ducks engage in a display flight which is basically a wild chase. The courtship displays of geese and swans are usually not as spectacular as those of the ducks, but the synchronized neck-arching of the Mute Swan is a beautiful sight. Coition usually takes place on the water.

The behaviour of wildfowl when their nests are approached varies greatly too. Some just leave quietly, covering over their eggs with down; some will sit tight and rely on their drab speckled plumage to keep them hidden; others will try to draw off the intruder by feigning injury, staggering away with a trailing wing; swans will defend their nests ferociously with much hissing and flapping of strong wings, but there is little truth in the belief that Mute Swans can break limbs.

There is much aggression between birds of the same species, particularly among drakes at courtship time. Among grazing geese there are often minor outbreaks of aggression among the birds in conflict for grazing space.

Whooper and Bewick's Swans characteristically hold their necks upright, in contrast to other swans.

Colony of Pink-footed Geese at Hofsjokull, Iceland.

Wildfowl haunts

Wildfowl are basically waterbirds. Their webbed feet adapted for swimming give testimony to this. But some are more dependent on water than others and the different types of aquatic areas frequented by wildfowl range through widely varied habitats. Also, birds which are found exclusively in one habitat in summer can be found in an entirely different habitat in winter. The scoters, for example, breed mainly on well-covered islands in inland freshwater lakes, often far from the sea. Yet in winter they are found tossing about on the open sea in rafts, diving for mussels and other shellfish. Long-tailed Ducks have the same habitat difference in summer and winter.

Brent Geese breed on high arctic tundras and when they migrate south for the winter they are found almost entirely on muddy estuaries where they feed mostly on eel-grass (*Zostera*) and the alga *Enteromorpha*. Other geese which breed on the tundra amid snow and ice use completely different habitats in winter: many of the 'grey geese' feed off agricultural land, grazing the grass, gleaning the stubbles, and picking up small tubers left after the potato harvest.

Barnacle Geese frequently nest on ledges on sheer cliff faces, or on the tops of screes. Many Pink-footed Geese also nest on cliffs, though about two-thirds of the world population breed in one compact colony in a grassy oasis in the central highlands of Iceland. In winter the former frequents exposed grass-covered rocky islands off the coast, or short grass swards near the shore, while the latter feeds mainly on cultivated land, flighting to roost on sand-banks and mudflats.

The Mute Swan in the northern hemisphere and the Black Swan in the southern hemisphere herd together in considerable numbers to moult. They need a considerable supply of food to sustain them during their flightless period and so they usually congregate on large shallow lagoons which have a rich growth of *Potamogeton, Zostera, Enteromorpha,* or other water plants.

The Bar-headed Goose breeds in colonies on lakes on the high central plateau of Asia.

Australian Blue-billed Ducks in their typical habitat (*above*); Torrent Ducks in rapids (*below*).

Most wildfowl spend at least some of the year on freshwater but a few are almost exclusively marine birds. Some of the eiders are notable among these. The steamer ducks of South America are another example. The Common Shelduck is also associated with salt water, breeding usually in sand-dune areas and feeding on tidal estuaries. The South American Kelp Goose, as its name implies, feeds on rocky seashores where its main food, kelp, is abundant.

Usually, freshwater wildfowl are found in slow-moving water, in lakes, marshes and tranquil rivers, but some birds have become adapted to a habitat of fast-running rivers. The Harlequins of subarctic North America, eastern Asia and Iceland spend their lives in this type of habitat. The Torrent Ducks of South America are another example of strong-swimming ducks which are happy to battle with swift-flowing rivers.

The ducks which are found on inland freshwater lakes, rivers and marshes can be divided roughly into two kinds, the dabbling ducks and the diving ducks. The dabblers are found in a habitat of shallow water where they feed mainly on surface plants. They often up-end to reach deeper food. The more alkaline the water the lusher the plant life and the more abundant are the wildfowl which feed on it. The diving ducks frequent deeper water as most of their food is taken from the

Scoters at sea; Scoter on nest (*inset*).

Marshland scene with a variety of wildfowl.

bottom in the form of shellfish, bottom growing plants and
small fish.

Some species avoid water most of the time instead of con-
gregating there. Some of the sheldgeese inhabit dry grassy
plains and the Hawaiian Goose is found on dry volcanic
terrain where it obtains water from occasional rain pools and
from juicy berries.

Dense jungles, mangroves and other overgrown habitats
harbour specially adapted groups of wildfowl which are
accustomed to perching on branches and fallen trees. Many
actually nest high up in trees, usually in holes.

Generally speaking, most wet habitats hold their own
groups of wildfowl species. The more specialized wildfowl
will be found only in a particular habitat where conditions
are critically balanced, while many are quite adaptable and
will take to a wide range of habitats and often use different
ones at different times of year.

The Magpie Goose of New Guinea and northern Australia
spends much of its time in evergreen swamps, clambering
about the undergrowth with its long almost webless claws.

Migration

Some species of wildfowl are completely sedentary and remain in the breeding area all the year round. This is particularly so in tropical and subtropical areas where an abundance of food and an absence of harsh weather make it unnecessary for the birds to seek food or shelter elsewhere. But many species are among the world's greatest bird travellers, often crossing wide oceans, barren icecaps and deserts.

Wildfowl migration takes several different forms. The traditional north–south migrations in spring and autumn are the most common. In the northern hemisphere the birds leave their breeding grounds in the autumn, driven by the approaching ice and snow of winter and the consequent shortage of food and unfrozen water. They fly south in large flocks along well-defined fly-ways. Where these fly-ways cross large areas of desert huge numbers of birds can be seen congregated in the few lakes and water holes which dot these areas. Many such areas are protected by conservationists as

Map of northern hemisphere showing the great flyways (*left*);
flight of Canada Geese (*right*).

the birds are particularly vulnerable when massed together in
confined feeding places. The birds which survive the migratory journeys, the depredations of hunters and the rigours of
the winter return north again in spring to their breeding
haunts.

Many species of geese breed in the high arctic tundras
around the North Pole. The migration routes of some of these,
particularly those which breed in Greenland, Spitzbergen,
Novaya Zemlya, and other such isolated places, cross wide
tracts of sea. Pintails from the mainland of North America
and Asia are the commonest ducks on the Hawaiian and
other Pacific Islands. The birds fly non-stop over the sea and,
using the heavenly bodies as their guides, unerringly find
their way to their traditional wintering grounds. Geese are
drawn to particular areas and the same individuals return
year after year to these areas, often only a few hundred acres
in extent.

Shelduck gather in their thousands on their moulting grounds on the North Sea sand banks.

Many wildfowl which breed in the more temperate areas migrate from their inland breeding grounds to the coast where the seashore is free of ice during a cold winter in the interior. Britain and Ireland receive very large numbers of ducks which nest in the middle of Europe and Asia and are driven westwards to the coast by the severe cold of the continental winter climate. The Gulf Stream brings warm waters to the west coast of Europe keeping the shores and estuaries from freezing over, and it is to these that the wildfowl flock in their hundreds of thousands.

A variation on the north–south migration is the movement of wildfowl down from high mountain summer breeding areas to the lowlands in autumn, and up again in the spring.

18

This kind of movement is most pronounced and affects whole populations where there are extensive high plateaux such as the Himalayan region.

In Australia, where there are vast areas of desert and long periods of drought, several species have a distribution which varies considerably from year to year. The wildfowl migrate in no fixed pattern but follow the rains and move according to where the food and water is abundant.

Moult-migration, typified by the Common Shelduck in north-west Europe is one of the most interesting types of migration. In July all the Common Shelducks mass on expansive sandbanks on the Heligoland Bight, undergo their post-nuptial moult, and then gradually drift back to the breeding grounds whence they came. Many Icelandic Pink-footed Geese move to Greenland to moult.

Migrating wildfowl travel in large flocks, in family parties, or in groups of family parties. In some of the ducks the sexes segregate and go their own separate ways. Geese and swans have strong family ties and the adults and young stay together all the time. The adult birds are therefore able to pass onto their young knowledge of the best routes and the most suitable wintering grounds. Migration takes place both by day and by night, the birds resting and feeding only when necessary. Although geese have been seen flying at 9,600 m (29,000 ft) over the Himalayas they normally fly along the river valleys. People living near the great fly-ways are familiar with the long lines and chevrons of geese passing south in the autumn, cackling excitedly as they go. For birdwatchers and wildfowlers it is one of the most moving sights in nature.

Wildfowl descend mountains to lowland lakes and the sea in the autumn, returning to high breeding grounds in the spring.

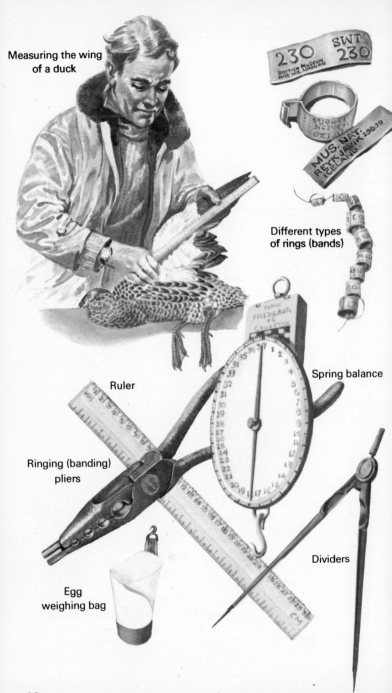

Measuring the wing of a duck

Different types of rings (bands)

Ruler

Spring balance

Ringing (banding) pliers

Dividers

Egg weighing bag

20

Trapping and ringing

In any detailed study of the behaviour, distribution and movements of a species it is essential to be able to identify individual birds from the flock, and so the obvious thing to do is to trap the birds being studied, mark them and then release them. Marking birds with serial-numbered rings is carried out in many countries and is a skilled operation requiring special training. The rings, or 'bands' as they are called in North America, are usually made from high-quality aluminium-based alloys which have been tested for wear and resistance to corrosion. The ring is stamped with a serial number and the address of the national organization administering the ringing scheme. The ringer or bander, who marks a bird, records details of the ring numbers, the species, age, sex, date and place of marking. These details are then filed at the headquarters of the ringing scheme so that if the bird is found later the recovery details can be linked with the ringing details to build up a picture of the bird's life-history.

Many interesting facts have emerged from ringing. For example, it was discovered from ringing Barnacle Geese in Greenland, Spitzbergen and Holland that the birds over-wintering in the Solway Firth in Scotland came exclusively from Spitzbergen. The birds on the west coast of Ireland and the Hebrides were from Greenland, while the birds in Holland breed in arctic Russia in the winter. The breeding grounds of various wildfowl, their migration routes, over-wintering areas, as well as information on pairing and longevity, have all been worked out from ringing. Another advantage in handling large numbers of wildfowl for ringing is the opportunity for making detailed studies of plumage colouring, structure, weight and other measurements, without having to shoot the birds.

Trapping wildfowl for ringing generally requires special equipment. Some birds, particularly geese, can be rounded up on their breeding grounds as flightless goslings or as adults undergoing their post-nuptial moult, but most have to be captured as free-flying birds. In some cases mist-nets are

Apparatus used for ringing (banding) and measuring wildfowl. Precise records have greatly increased our knowledge of wildfowl behaviour.

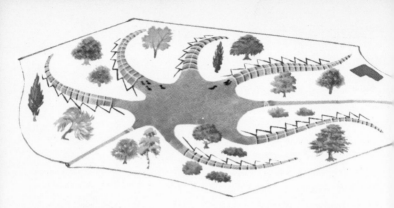

used successfully. These are very fine nets which are erected between vertical poles up to sixty feet apart and placed in a wildfowl feeding area. At night they are particularly effective. The birds are removed as soon as possible before they become too entangled, suffer from exposure or fall prey to foxes. Rocket-nets and cannon-nets are used to catch large flocks of geese in the wintering ground. Rockets are attached to two furled nets and when fired they drag the nets over the geese which have alighted to feed between them. Decoy ponds are very effective for catching ducks. These are small, specially constructed flight ponds with several funnels radiating out from the central area. These funnels are covered over with netting and when the ducks wander near the entrance they are either scared into the funnel by the critically-timed appearance of the decoy operator or, strangely, they are attracted in by a trained dog. The funnel peters out into a

narrow tube where it is a simple matter to extract the ducks. Rigid wire cages with funnel entrances, set on the shallow edges of a wildfowl marsh or on a floating raft and baited with barley, are also used extensively.

The aim of the ringer is to carry out his work of trapping, ringing, examining and recording with as little inconvenience as possible to the birds. To ensure this and to avoid casualties, ringing is carried out only by people who have acquired a high standard of practice under supervision and who hold a special permit authorizing them to trap and ring wild birds.

Marking with coloured rings birds of a particular age-group or from distinct breeding areas helps in the visual tracing of population movements. A refinement of this is the marking of birds with rings and neck collars bearing large numbers that can be read in the field with a telescope.

A duck decoy. Ducks are attracted or frightened into the mesh-covered funnels and collected at the narrow ends (*above left*); firing a rocket-net to trap wildfowl (*below left*); Wildfowl caught in an almost invisible mist net (*above right*); baited cage trap (*below right*).

Wildfowling on the marshes in the early morning. The dog is trained to retrieve the fallen birds.

Wildfowling

The large size and pleasant taste of most cucks and geese make them worthwhile quarry and they have been sought after eagerly throughout the ages. A variety of ingenious traps and devices (especially decoy pipes) were used in the past to capture wildfowl for food but the advent of the gun made the killing of large numbers possible for the first time.

There are many people who still depend on wildfowl as their main source of protein, or who make their living as professional wildfowlers, but the great majority of people nowadays shoot for sport. Wildfowl are considered fair game because they are difficult to shoot, and because their carcases are suitable for the pot. However, unlike many other game birds such as pheasants and partridges it is difficult to rear large numbers of wildfowl artificially (with the notable exception of Mallard) and so it is impossible to restock if too many birds are shot. Because of this it is often necessary to impose bag limits, shorten the season, prohibit the shooting of certain species, establish wildfowl refuges, and take other measures to ensure a continuing supply of birds annually.

Most wildfowlers use shotguns and lie in wait in hides for the morning or evening flights to pass over within range. As the birds generally frequent wide open marshes, and because they are naturally wary, stalking them through the limited cover is usually fruitless. Decoys which imitate the calls of ducks and geese are often used, and lifelike floating models placed on the water near the hide, also called the 'stand' or 'blind', will bring the flighting birds nearer. The responsible wildfowler always has his dog at hand to retrieve dead or wounded birds.

Punt-guns, which were used widely in the past, are now seldom seen. These are very large guns which are mounted in a flat punt. Kills of over one hundred birds are known but fortunately these are rare and the real harm done is in the number of wounded birds left lying about unretrieved.

Stalking ducks from a punt. Winter offers scant cover, so the wildfowler is camouflaged. Note the punt-gun.

Conservation and management

The pressures on wildfowl are greater today than ever before. There are more people shooting greater numbers of birds now than in the past, while the disturbance caused by continual shooting is even more harmful than the numbers being killed. As a result of this disturbance wildfowl are unable to rest and feed sufficiently, with consequent long-term effects on their breeding success.

But more serious still is the general level of destruction of the wildfowl habitat. Huge reclamation schemes are draining the marshes and estuaries beloved of wildfowl and essential to their very existence. Lakes and rivers are being heavily polluted by effluents from industry and agriculture, while untreated sewage and detergents are freely discharged into the waters. The whole environment is being relentlessly destroyed and the small animals and plants which wildfowl feed on are being wiped out.

There are many valid reasons for wishing to conserve our stocks of wildfowl, indeed all our threatened wildlife. The wildfowler wants to enjoy continuing sport; birdwatchers want to retain the birds so that they can study them in their natural haunts; photographers and artists would be the poorer if they had not the beauties of nature to record on print or canvas; scientists and biologists require living creatures, rather than moth-eaten museum skins, in order to study the origins and mysteries of life; schoolchildren can learn from the classroom of the wild countryside; tourism benefits from the traffic of wildfowlers and birdwatchers; people simply enjoy hearing and seeing the wild geese in V-formation over the marshes at sunset. Wildfowl, together with the wild places they inhabit, are part of our heritage. We have no right to destroy this heritage but rather a duty to pass it on to those who come after us.

Protection implies shutting people out and letting nature get on by itself behind a fence. Conservation is a more positive approach where the natural resources are managed for the greatest benefit of both man and nature. Wildfowl are conserved not by banning all shooting (the resulting increase

Draining marshes has reduced waterfowl haunts (*above*); bird watching from a hide in a protected reserve area (*below*).

in birds would probably lead in some cases to intolerable agricultural damage), but by limiting the numbers shot annually according to the success of the breeding season. If few young are reared because of, say, bad weather during the breeding season, then obviously the numbers shot should be smaller than if it had been a good year. Continuous heavy shooting, without regard to the limits of reproduction, inevitably hastens the extinction of our game birds, but wise and careful management of our wildfowl and their habitat will ensure a healthy and continuing supply of birds.

It is inevitable and necessary for progress that large-scale reclamation schemes are carried out, but it is also necessary that unspoilt habitats are retained at regular intervals through the countryside. Wildfowl conservationists are endeavouring to preserve the best of the wetlands so that the wildfowl displaced from the reclaimed areas will have somewhere to go. By studying the food requirements of the birds it is possible to improve the habitat in the preserved wetlands to accommodate the increasing numbers of displaced birds.

Man is only now beginning to realize the great dangers from pollution, not only to the environment but ultimately to himself as well. As the water-table becomes increasingly polluted more and more living creatures and plants become affected. Wildfowl, which are so dependent on wetlands, are among the first to be affected. More must be done to control pollution than is being done at present, otherwise it will be impossible to retain unspoilt areas anywhere.

Although many habitats are being destroyed, new ones are also coming into existence to replace them. Gravel and clay pits gradually fill up with water and become colonized by plants and insects and the wildfowl which feed on them. In Holland the great reclamations from the sea provide nesting and feeding places for countless wildfowl and waders. Hydro-electric schemes create lakes to replace others which have been drained or polluted. Reservoirs also attract large numbers of wildfowl. All these developments benefit wildfowl unintentionally, but in some countries, notably the United States and Canada, areas of reclaimed land are being re-flooded because it was found that they were more valuable as wildfowl haunts than as marginal agricultural land.

Excavated pit (*above*); same pit with nesting rafts and plants (*below*).

Propagation and collection

Probably the main reason for breeding wildfowl in captivity is to restock for shooting. If the numbers of birds in an area are very low, a good way to increase them in a short space of time is to rear large numbers of wildfowl in captivity and release them throughout the area. The main advantage of this is that a much higher proportion of ducklings survive to the flying stage than would survive in natural circumstances, where they would be exposed to bad weather, drought, shortage of food, predators and other hazards. Not all species of wildfowl can be reared artificially in satisfactory numbers but Mallard, which are worthwhile game birds, are particularly easy to rear.

On a smaller scale other wildfowl, especially the more colourful and exotic ones, are reared artificially to stock ornamental collections in zoos and parks. At such places as Sir Peter Scott's famous Wildfowl Trust on the Severn estuary in Britain a collection of most of the world's wildfowl is maintained, and large numbers of birds are bred each year, both to stock the collection and to carry out biological studies into their life cycles. Here, too, important conservation has been carried out with the successful breeding in captivity of the threatened Hawaiian Goose or Néné. About thirty-five of these birds were left in the world when three were brought to the Wildfowl Trust. From the careful breeding of these birds

A Mallard rearing farm. This form of propagation has maintained the stocks of Mallard for shooting, thereby reducing the pressure on scarcer species.

Rearing ducklings in an incubator.

several hundred Nénés have been produced and some have been sent back to Hawaii to invigorate the stock there.

The easiest way to rear large numbers of Mallard is to obtain fertile eggs, either from a game farm or from nests in the wild. In the latter case the birds will usually replace the collected eggs providing two or three are left behind in the nest. The fertile eggs are then hatched in an incubator or, better still, under a brooding bantam hen. The bantam is better able to maintain the right conditions of temperature and humidity than the artificial incubator. Alternatively the

Bantams hatching clutches of eggs; better incubating conditions are possible by this method than by artificial means.

duck can be allowed to hatch the eggs herself, after which the ducklings can be caught up and reared by hand. The ducklings are fed on various mixtures of meal and, when older, whole grain, with some natural food added when available. They usually grow more rapidly (and more safely) than birds of the same age in the wild state and are ready to fly in about eight weeks. As soon as they are feathered they are transferred to an open-topped pen at the end of a marsh or pond. They eventually fly out of this release pen but can still use it as a safe roosting place. They are then released in a suitable marsh or pond. Feeding with grain is continued for some time to keep the birds in the area and to give them a chance to settle down in the wild, but the feeding must be gradually reduced or the birds will be too tame by the start of the shooting season and will all be killed on opening day.

To carry out a long-term breeding programme without having to buy or collect eggs each year it is necessary to keep

An ornamental pond with a variety of wildfowl.

A varied collection of waterfowl. The Hawaiian Geese in the foreground have been rescued from the point of extinction.

ome birds in captivity all the time. To ensure good laying it s best to keep the birds in as natural an area as possible, with natural food and water. They should be penned in by a predator-proof fence and be pinioned to prevent them from flying away. Birds are pinioned by removing the outer oint of the wing, and this is best effected when the ducklings are less than a week old. New birds should be introduced to the breeding stock from time to time to prevent undesirable in-breeding.

Small private waterfowl collections are increasingly popular nowadays. A variety of ornamental ducks are readily available from breeders at modest prices. Mandarins and Carolinas are amongst the showiest of ducks and are hardy and do well in captivity. All that is needed is a predator-proof enclosure, a small pond with a supply of clean water, some cover to protect the birds from strong sun, wind and rain, and an attentive owner prepared to spend a little time each day caring for the birds.

33

Classification

The following list shows the classified order of the swans, geese and ducks. Eleven of the 151 species of wildfowl have been omitted from this list and are not dealt with in this book: four of these are probably now extinct, and the others are extremely rare or local in disbribution.

The species are grouped into genera, tribes and subfamilies. They all belong to the same family, the Anatidae. The English name of the species is followed by the scientific binomial – the name of the genus followed by the name of the individual species. A subspecies would have a third scientific name added, e.g. the White-fronted Goose is *Anser albifrons* while the Greenland subspecies is *Anser albifrons flavirostris*. This is abbreviated to *A. a. flavirostris* if the species name has already been mentioned. The subspecies are not listed here but are dealt with under each species in the next section.

Systematic list of wildfowl

Family: Anatidae
Subfamily: Anseranatinae
Tribe: Anseranatini

Magpie Goose (*Anseranas semipalmata*)

Subfamily: Anserinae
Tribe: Dendrocygnini (whistling ducks)

Spotted Whistling Duck (*Dendrocygna guttata*)
Plumed or Eyton's Whistling Duck (*D. eytoni*)
Wandering Whistling Duck (*D. arcuata*)
Fulvous Whistling Duck (*D. bicolor*)
Black-billed or Cuban Whistling Duck (*D. arborea*)
Lesser or Indian Whistling Duck (*D. javanica*)
White-faced Whistling Duck (*D. viduata*)
Red-billed Whistling Duck (*D. autumnalis*)

Tribe: Anserini (swans and geese)

Coscoroba Swan (*Coscoroba coscoroba*)
Black Swan (*Cygnus atratus*)
Mute Swan (*C. olor*)
Black-necked Swan (*C. melanocoryphus*)
Whistling/Bewick's Swan (*C. columbianus*)
Whooper/Trumpeter Swan (*C. cygnus*)
Swan Goose (*Anser cygnoides*)
Bean Goose (*A. fabalis*)
Pink-footed Goose (*A. brachyrhynchus*)
White-fronted Goose (*A. albifrons*)
Lesser White-fronted Goose (*A. erythropus*)
Greylag Goose (*A. anser*)
Bar-headed Goose (*A. indicus*)
Emperor Goose (*A. canagicus*)
Snow Goose (*A. caerulescens*)
Ross's Goose (*A. rossii*)
Canada Goose (*Branta canadensis*)

Hawaiian Goose or Néné (*B. sandvicensis*)
Barnacle Goose (*B. leucopsis*)
Brent Goose (*B. bernicla*)
Red-breasted Goose (*B. ruficollis*)

Subfamily: Anatinae
Tribe: Tadornini (shelducks and sheldgeese)

Ruddy Shelduck (*Tadorna ferruginea*)
South African or Cape Shelduck (*T. cana*)
Australian Shelduck (*T. tadornoides*)
Paradise or New Zealand Shelduck (*T. variegata*)
Radjah Shelduck (*T. radjah*)
Common Shelduck (*T. tadorna*)
Egyptian Goose (*Alopochen aegyptiacus*)
Orinoco Goose (*Neochen jubatus*)
Abyssinian Blue-winged Goose (*Cyanochen cyanopterus*)
Andean Goose (*Chloëphaga melanoptera*)
Ashy-headed Goose (*C. poliocephala*)
Ruddy-headed Goose (*C. rubidiceps*)
Upland or Magellan Goose (*C. picta*)
Kelp Goose (*C. hybrida*)
Cereopsis or Cape Barren Goose (*Cereopsis novae-hollandiae*)
Flying Steamer Duck (*Tachyeres patachonicus*)
Magellanic Flightless Steamer Duck (*T. pteneres*)
Falkland Flightless Steamer Duck (*T. brachypterus*)
South American Crested Duck (*Lophonetta specularioides*)

Tribe: Anatini (dabbling ducks)

Bronze-winged Duck (*Anas specularis*)
Salvadori's Duck (*A. waigiuensis*)
Marbled Teal (*A. angustirostris*)
Cape Teal (*A. capensis*)
Hottentot Teal (*A. punctata*)
Silver or Versicolor Teal (*A. versicolor*)

Red-billed Pintail (*A. erythrorhyncha*)
Bahama Pintail (*A. bahamensis*)
Yellow-billed Pintail (*A. georgica*)
Northern Pintail (*A. acuta*)
South American Green-winged Teal
(*A. flavirostris*)
Green-winged Teal (*A. crecca*)
Baikal or Formosa Teal (*A. formosa*)
Falcated Teal (*A. falcata*)
Grey Teal (*A. gibberifrons*)
Chestnut Teal (*A. castanea*)
Mallard (*A. platyrhynchos*)
American Black Duck (*A. rubripes*)
Spot-billed Duck (*A. poecilorhyncha*)
Grey Duck (*A. superciliosa*)
Philippine Duck (*A. luzonica*)
Yellow-billed Duck (*A. undulata*)
African Black Duck (*A. sparsa*)
Gadwall (*A. strepera*)
European Wigeon (*A. penelope*)
American Wigeon (*A. americana*)
Chiloë Wigeon (*A. sibilatrix*)
Blue-winged Teal (*A. discors*)
Cinnamon Teal (*A. cyanoptera*)
Garganey (*A. querquedula*)
Red Shoveler (*A. platalea*)
Cape or South African Shoveler (*A. smithi*)
Australasian Shoveler (*A. rhynchotis*)
Northern Shoveler (*A. clypeata*)
Ringed Teal (*Calonetta leucophrys*)
Pink-eared Duck (*Malacorhynchus membranaceus*)
Freckled Duck (*Stictonetta naevosa*)

Tribe: Merganettini
Torrent Duck (*Merganetta armata*)

Tribe: Somateriini (eiders)
Common Eider (*Somateria mollissima*)
King Eider (*S. spectabilis*)
Spectacled or Fischer's Eider (*S. fischeri*)
Steller's Eider (*Polysticta stelleri*)

Tribe: Aythyini
(pochards and scaups)
Red-crested Pochard (*Netta rufina*)
Rosybill (*N. peposaca*)
South American/African Pochard
(*N. erythrophthalma*)
Canvasback (*Aythya valisineria*)
European Pochard (*A. ferina*)
Redhead (*A. americana*)
Ferruginous Duck (*A. nyroca*)
Baer's Pochard (*A. baeri*)
Australian White-eye (*A. australis*)
New Zealand Scaup (*A. novae-seelandiae*)
Ring-necked Duck (*A. collaris*)
Tufted Duck (*A. fuligula*)
Lesser Scaup (*A. affinis*)
Greater Scaup (*A. marila*)

Tribe: Cairinini
(perching ducks)
Brazilian Teal (*Amazonetta brasiliensis*)
Australian Wood Duck or Maned
Goose (*Chenonetta jubata*)
Mandarin (*Aix galericulata*)
North American Wood Duck (*A. sponsa*)
African Pygmy Goose (*Nettapus auritus*)
Green Pygmy Goose (*N. pulchellus*)
Indian/Australian Pygmy Goose (*N. coromandelianus*)
Comb Duck (*Sarkidiornis melanotos*)
Hartlaub's Duck (*Pteronetta hartlaubi*)
White-winged Wood Duck (*Cairina scutulata*)
Muscovy Duck (*C. moschata*)
Spur-winged Goose (*Plectropterus gambensis*)

Tribe: Mergini (scoters, goldeneyes, mergansers, etc.)
Common or Black Scoter (*Melanitta nigra*)
Surf Scoter (*M. perspicillata*)
Velvet or White-winged Scoter (*M. fusca*)
Harlequin Duck (*Histrionicus histrionicus*)
Long-tailed Duck or Old Squaw
(*Clangula hyemalis*)
Barrow's Goldeneye (*Bucephala islandica*)
Common Goldeneye (*B. clangula*)
Bufflehead (*B. albeola*)
Smew (*Mergus albellus*)
Hooded Merganser (*M. cucullatus*)
Brazilian Merganser (*M. octosetaceous*)
Red-breasted Merganser (*M. serrator*)
Chinese Merganser (*M. squamatus*)
Goosander (*M. merganser*)

Tribe: Oxyurini (stiff-tails)
Masked Duck (*Oxyura dominica*)
White-headed Stiff-tail (*O. leucocephala*)
Ruddy Duck (*O. jamaicensis*)
Argentine Ruddy Duck (*O. vittata*)
Australian Blue-billed Duck (*O. australis*)
African Maccoa Duck (*O. maccoa*)
Musk Duck (*Biziura lobata*)
White-backed Duck (*Thalassornis leuconotus*)
Black-headed Duck (*Heteronetta atricapilla*)

The ducks, geese and swans of the world

In the following pages all the species on the systematic list are described. Details given include size, colour, voice, behaviour, habitat, food, nesting, status, and distribution.

For each species the most widely used English name is given in the heading, and where other names are in common usage (in all or part of the range) these are also given in the text. In describing the colours of the species those of the adult males and females only are usually given. Young birds are generally similar to the females, as also are the males when they adopt their post-nuptial eclipse plumage.

Space does not allow a detailed account of the behaviour of the different wildfowl so only the more interesting and striking habits are included. Courtship and other displays are omitted for the same reason.

No attempt is made to describe the eggs, as differences in colour are usually slight. The breeding seasons are also not included; these are usually fairly prolonged in the temperate regions of the northern and southern hemispheres, while species nesting in the arctic and antarctic are limited by short summer seasons. Birds living within the tropics often breed at any time of year, depending on the rains.

Family: Anatidae
Subfamily: Anseranatinae
Tribe: Anseranatini

Magpie Goose (*Anseranas semipalmata*) This bird was once much more numerous and widespread but is now common only in north Australia. It is white with a black neck and head, flight-feathers and tail. The legs are yellow and the bill dark with a pinkish hue at the base. The male has a tuft on top of the head.

It has a trumpeting call. The Magpie Goose walks and flies well but is awkward when swimming. It clambers about on vegetation in swamps.

It is found in Australian grasslands and swamps where it eats mainly grass. The nest is built of weeds in shallow water in swamps and five to fourteen eggs are laid and incubated for thirty-five days.

Magpie goose; detail of foot showing reduced webbing (*inset*)

Range

Subfamily: Anserinae
Tribe: Dendrocygnini

Spotted Whistling Duck (*Dendrocygna guttata*) This duck, also known as the Spotted Tree Duck, is found only in the East Indies where it is locally numerous. It is mainly brownish with a paler belly and light grey cheeks. The flanks have large white spots edged with dark brown and a dark stripe runs down the back of the neck. The upper tail-coverts are black and white and the bill and legs dusky. Sexes are similar.

A high-pitched whistle is uttered frequently and the bird also has a low harsh call. These birds are very gregarious. They perch and roost on trees sometimes in large numbers and with other species of whistling ducks. In flight they are very noisy, as the wings whirr due to notches on the first primaries, and they land with the legs hanging down. Much of the time is spent resting on floating vegetation. The Spotted Whistling Duck dives well and is dainty and graceful in posture.

It lives in equatorial marshes, rivers and lagoons, eating mainly vegetable matter. Little is known about the nesting habits. The breeding season is thought to be long and many nests are located in hollows in trees.

Spotted Whistling Duck

Plumed Whistling Duck

Plumed Whistling Duck (*Dendrocygna eytoni*) This bird is also called Eyton's Whistling or Tree Duck. Found in Australia and Tasmania, occasionally in New Zealand, it is common in the north and west parts of its range. It is mainly pale greyish-brown with paler sides to the head and neck. The sides of the body are chestnut, barred with black. The long flank-feathers are yellowish and the belly and rump dark. The bill is red with black spots and the legs pink. The sexes are similar except that the drakes have larger plumes.

It is rather silent but does utter a squeaky whistle or harsh grunt. Shyer than other whistling ducks, it is aggressive in defence of its young. It feeds on dry land at night, wandering with the rains and mingling with Spotted Whistling Ducks. Its stance is very goose-like.

The Plumed Whistling Duck inhabits tropical grassland, feeding on dry land grasses and sedges. It often nests far from water, nearly always on the ground. Ten to twelve eggs are laid and incubated for twenty-eight days. The nesting season in the south of the range is September to December but depends on the rains in the north. Both parents look after the young.

39

Wandering Whistling Duck (*Dendrocygna arcuata*) This bird is also known as the Wandering Tree Duck and is common in suitable habitats in the East Indies, tropical Australia, New Guinea, and New Britain. It is dark brown above, fulvous below, with a spotted breast. The crown and nape are black, the upper tail-coverts white. The flank-feathers are buff and shorter than those of the Plumed Whistling Duck. The bill and legs are dark.

A harsh, low call is uttered, mainly on the wing. The body is held more horizontally than other whistling ducks. It is tame and hardly ever perches on trees.

Living in tropical lagoons and large areas of swamp, the diet is vegetable matter. The nest is usually built in grass and reeds and the six to fifteen eggs are incubated for about thirty days. The breeding season depends on the rains. As with the other whistling ducks both sexes incubate the eggs and care for the young ducklings.

The three subspecies, *arcuata*, *australis* and *pygmaea*, differ mainly in size. The first is found in the East Indies, the second in Australia, and the third in New Britain.

Wandering Whistling Duck

Fulvous Whistling Duck

Fulvous Whistling Duck (*Dendrocygna bicolor*) This is also
known as the Fulvous Tree Duck and Whistling Teal. It is
very local but common throughout its range which is
southern USA and Mexico; north-western regions of South
America and southern Brazil; central and south-eastern
Africa including Madagascar; and India and Ceylon. The
body is bright fulvous with a dark brown mantle and wings.
A black stripe runs down the back of the neck, while the sides
of the neck are striated. The large flank-feathers are yellowish,
the bill is slate-grey, while the legs are bluish-grey.

A low harsh call is uttered in flight, a twittering call is
sometimes uttered on the ground. This whistling duck is very
nocturnal. It dives well and flies strongly but rarely perches
in trees.

It is usually found in large areas of water and marshes in
open country, eating mainly vegetable matter. The nest is
usually built on bent stalks in reed-beds, sometimes in trees.
The breeding season covers every month, depending on loca-
tion. The clutches are large with sometimes over twenty eggs,
and these are incubated for thirty to thirty-two days.

Black-billed Whistling Duck

Black-billed Whistling Duck (*Dendrocygna arborea*) Known also as the Cuban Whistling (Tree) Duck, this species is locally numerous in the West Indies. It is mainly dark brown, with a pale belly and a pinkish throat and sides of neck. The upper tail-coverts are black and the flank-feathers are black with broad buff markings giving a coarse spotted effect. The back of the neck is black and the crown has a small black crest. The bill and legs are very dark.

A harsh call is uttered. It usually rests in thick swamps by day and feeds by night. It perches on trees and is very agile on land, but is seldom seen swimming on open water.

It lives in forested swamps and mangroves and the fruit of royal palms is a favourite food. The nest is usually built among reeds on the ground, from June to October. Ten to twelve eggs are laid and incubated for thirty days.

Indian Whistling Duck (*Dendrocygna javanica*) This common and widespread duck is known also as the Lesser Whistling (Tree) Duck and Javan Whistling Duck. It is mainly light rufous-brown, with black wings and tail and chestnut tail-coverts. The crown and back of the neck are dark, the bill and legs slate-grey. The flank-feathers are not as prominent as those of other whistling ducks.

A low whistle, repeated continuously, is often heard. In dry seasons it congregates in large flocks in marshes, but otherwise it is found in small numbers. More diurnal than other whistling ducks, it roosts in trees at night. It is very tame and the flight is very noisy.

Small ponds and slow-moving rivers are the usual haunts and the diet is mainly vegetable matter. A wide range of nesting-sites including reed-beds, bushes, trees (forks and hollows), and old nests of crows are used. Clutches of six to ten eggs are laid and incubated for about thirty days. It breeds during the rainy season.

Indian Whistling Duck

Range

White-faced Whistling Duck (*Dendrocygna viduata*) The White-faced Whistling Duck (also called the White-faced Tree Duck) is abundant in suitable habitats throughout its range, which extends across central and southern Africa, including Madagascar; Ecuador, Peru, and southern Brazil; and north and north-eastern Australia. It is mainly chestnut with black wings, tail, belly, sides and back of neck. The flanks are barred with black and white and there are no elongated flank-feathers. The 'face', throat and front of the upper neck are white, the bill very dark and the legs grey.

A liquid chirping is often uttered when flying. It engages in affectionate mutual preening with its mate and is very tame but mainly nocturnal. It seldom perches on trees. The short legs make it look awkward on land. It dives well and flies strongly but tends to be rather quarrelsome.

This bird uses a wide range of habitats including lagoons, estuaries, marshes, floods, small pools and rivers. It eats mainly vegetable matter. Not much is known about the nesting habits. Normally it builds in reeds or long grass and lays eight to twelve eggs which are incubated for twenty-eight to thirty days. It is thought the male does much of the incubating.

White-faced Whistling Duck

Red-billed Whistling Duck

Red-billed Whistling Duck (*Dendrocygna autumnalis*) Also called the Black-bellied Whistling (Tree) Duck, it is found from south Texas, through Central and South America to north Argentina, with a few in the Antilles and Cuba, and is common throughout this range, except in Texas where it has been heavily hunted. The mantle and breast are chestnut, the belly and tail black. It has a grey head and upper neck with a dark crown and back of neck. The wings are nearly white with some black markings. The bill is rose-red and the legs pinkish.

A clear loud four-syllable call is uttered. The Red-billed Whistling Duck is very nocturnal and easily tamed. It often congregates in large flocks and perches only in the breeding season.

It inhabits low-lying tropical areas, often near cultivation, and frequently eats cereals and other crops. The breeding season is prolonged. The nest is often built in hollow trees and eight to twelve eggs are laid. Incubation lasts twenty-seven days.

There are two subspecies, *autumnalis* and *discolor*, in the north and south of the range. The subspecies meet in Panama. The southern subspecies has grey on its breast.

Tribe: Anserini

Coscoroba Swan (*Coscoroba coscoroba*) Found in the Falkland Islands, Tierra del Fuego, Argentina, Chile, Uruguay, Paraguay and the south of Brazil, and in the winter, north to 25°S, this swan is fairly common in the southern part of its range. The plumage is completely white except for black tips to the outer flight-feathers. The bill is red and the legs pink.

The call is four loud syllables, sounding like 'coscoroba'. It spends much of its time swimming but is a good walker and flies well, taking off from land or water. Usually it is seen in family parties but flocks of up to 300 are sometimes recorded.

Lakes and lagoons, usually in open country, are the preferred habitat and vegetable matter the diet. The nest is usually built in shallow water. This is made from reeds and mud, lined with grass and down. Five to nine eggs are laid and incubated, by the female only, for thirty-five days.

Black Swan (*Cygnus atratus*) This species is found in Australia (except the northern and central parts), Tasmania and New Zealand where it has been introduced. It is common in

Coscoroba Swan

many areas and increasing due to protection. It is black all over except for white primary and secondary feathers. The bill is bright crimson with a pinkish-white tip, the iris is red and the legs are almost black.

A high-pitched trumpeting sound is uttered. It is a very graceful swimmer but clumsy looking on land. It needs space to take off but once airborne flies well with wings humming. It is mainly sedentary, moving only in search of water which it seeks at night, flying at a great height. It is fairly gregarious, sometimes flocking in numbers of several hundreds.

The Black Swan inhabits lagoons, estuaries and lakes, feeding on vegetable matter. It builds a large mound of reeds in reed-beds and usually lays four to ten eggs which are incubated (by both sexes) for thirty-four to forty-two days. The breeding season is June and July, depending on the rains.

Black Swan with cygnets

in threat display

Immature
Mute Swans

♀ on nest

Regular breeding range
Introduced and migrant birds range

Mute Swan (*Cygnus olor*) The Mute Swan is very common and widespread in Eurasia, and mainly sedentary. The species has been introduced to many parts of its present range. It is all white but the neck and head are often stained with orange. The legs are black and there is a black knob at the base of the pinkish-orange bill.

A series of low grunts, gurgles and hisses are made. Its behaviour is much the same as the Black Swan of Australia. It is fiercely aggressive when defending its nest and territory from intruders, including other swans. It arches its wings when aggressive. Sometimes it dries out its feet by holding them out of the water.

It is found on lakes, rivers, ponds, marshes, estuaries, lagoons and anywhere where there is water. It congregates on wide open water to moult. The food is mainly water plants but also small invertebrates and fishes. Sometimes it will graze grass on river banks. The nest is a large mound of weeds pulled from the surrounding area. Four to seven (sometimes up to eleven) eggs are laid and incubated for thirty-five or more days. The female does this while the male stands guard. The site is usually close to the water's edge.

48

Black-necked Swan (*Cygnus melanocoryphus*) This is a fairly numerous bird, especially near the coast. Being mainly sedentary, it is distributed through southern Brazil and Chile, Uruguay, Paraguay, Argentina, Tierra del Fuego and the Falkland Islands, but birds from the south of the range migrate to the north. The body is white all over, the neck and head black. A white stripe runs over the eye back to the nape and the bluish-grey bill has fleshy red twin knobs at the base. The legs are pinkish.

A soft musical whistle is repeated frequently on water. The Black-necked Swan is very gregarious. It is awkward on land and finds it difficult to take off but once airborne flies rapidly with a rustling noise. It is rather shy. When driving away intruders this species does not raise its wings like the Mute Swan.

It is likely to be found on large areas of water, particularly near the sea, where it feeds on water plants. The nest is built among reeds in or beside shallow water. Three to seven eggs are laid and incubated by the female for thirty-four to thirty-six days. The male stands guard when the female leaves the nest to feed.

Mute Swan (*left*); Black-necked Swan (*below*)

C. c. columbianus

C. c. columbianus

C. c. bewicki

C. c. columbianus

C. c. bewicki

Immature
C. c. bewicki

WHISTLING SWAN
C. c. columbianus

BEWICK'S SWAN
C. c. bewicki

JANKOWSKI'S SWAN
C. c. jankowskii

Breeding range

Winter range

Whistling/Bewick's Swan (*Cygnus columbianus*) Known as the Whistling Swan in North America, and Bewick's Swan in Europe, the Whistling Swan is bigger than Bewick's Swan. Large parties are found well scattered throughout the non-breeding range in winter. The Whistling Swan population is about 100,000 while the European wintering population of the Bewick's Swan is only 6,000–7,000. The plumage is pure white all over in the adults and pale brownish-grey in cygnets. The legs and bill are black, the latter with a yellow base. In the Whistling Swan this area of yellow is minute or almost absent, while in Bewick's Swan it occupies about half the length of the bill. The yellow/black pattern is extremely variable and individual swans can be identified by their own personal bill pattern – rather like fingerprints in humans.

The call is a musical high-pitched trumpeting, uttered frequently. It is generally rather wary but at the Wildfowl Trust on the Severn Estuary in England several hundred Bewick's Swans have been enticed by barley to feed on a small pond. It rises from the water with ease, flying rapidly and strongly. When migrating it adopts a V-formation and travels at a great height usually at night. Some 'legs' of the migratory journey are often several hundred miles long. It frequently up-ends when feeding and often leaves the water to graze. Territorial in the breeding season it is otherwise gregarious.

It inhabits small lakes and pools in tundra in summer, lakes, marshes and lagoons in winter. The diet is mainly water plants and grasses but also some invertebrates. Recently Bewick's Swans in Ireland have developed a liking for potatoes. The nest is usually built on an islet or on the edge of a small pond. It is formed of mosses and lichens and three to seven eggs are laid. These are incubated for twenty-nine to thirty-two or thirty-three days.

There are three subspecies, *columbianus* (the Whistling Swan of North America), *bewicki* (the Bewick's Swan of Eurasia) and *jankowskii* of eastern Asia. This last subspecies is not recognized by all authorities.

Whistling/Bewick's Swan; detail of heads and bills (*inset*)

Whooper/Trumpeter Swan (*Cygnus cygnus*) The Trumpeter Swan, as the North American subspecies is called, is bigger than the Eurasian subspecies, which is known as the Whooper Swan. The Whooper Swan is fairly numerous throughout its range but the Trumpeter Swan became extremely rare by the first quarter of this century through excessive shooting. However, conservation of their wintering grounds and stringent protection have increased the population to over 5,000 birds, most of them in Alaska.

This species is like the Whistling Swan but larger. The Trumpeter is the largest of all the swans. The bill of the Whooper Swan has more yellow than Bewick's (and the yellow runs to a point towards the bill-tip), while the Trumpeter's bill is all black with a trace of red on the anterior edge of the upper mandible. A bugle-like two syllable call, or 'whooper', is uttered both on the ground and in flight.

This bird is rather wary. On migration it flies in line or 'V' formation, usually at low altitudes. It feeds by day and night depending on the moon and the tide, up-ending frequently. It also grazes on flooded grassland and on winter cereals. In summer it frequents moors and tundra around lakes and pools but it also inhabits river estuaries. In winter it is found in estuaries, marshes, wide rivers and lakes, usually in open country and away from human habitation. It feeds mainly on vegetable matter.

The nest is built as a large mound of mosses, lichens and other readily available materials. It is usually sited beside the water and on islets. Eggs number three to seven and are incubated for thirty-one to thirty-seven days by the female. When leaving the nest she usually covers the eggs with some of the nesting material.

The Whooper Swan is the nominate subspecies, *cygnus*, while the Trumpeter Swan is *buccinator*.

The Alaskan population of the Trumpeter Swan migrates to British Columbia, while the more southerly breeding populations are sedentary. The Icelandic Whooper Swans which migrate to Britain and Ireland make a 500 mile non-stop flight across the sea.

Whooper/Trumpeter Swan; detail of heads and bills (*inset*)

C. c. cygnus

C. c. buccinator

Immature
C. c. cygnus

♂

♀

C. c. cygnus

♂

♀

C. c. buccinator

TRUMPETER SWAN
C. c. buccinator

WHOOPER SWAN
C. c. cygnus

Breeding range
Winter range

Swan Goose; in flight in the background.

Swan Goose (*Anser cygnoides*) This is a numerous goose in suitable areas. It is ash brown above, very pale below and paler still on the front of the neck. A broad dark stripe runs from the crown down the back of the neck. The vent and upper and lower tail-coverts are white. The bill is black with a thin white rim around the base and the legs are orange.

A squealing and drawn out call is uttered. This species tends to be curious and not as cautious as other geese.

It lives in the lakes and swamps of central Asia, feeding on vegetable matter. The breeding season is early and well-grown young are found in June. Five to ten eggs are laid and incubated for twenty-eight to thirty days.

Bean Goose (*Anser fabalis*) The numbers of the different sub-species vary considerably but the species is generally fairly common throughout its wide range. This greyish-brown bird

Bean Goose

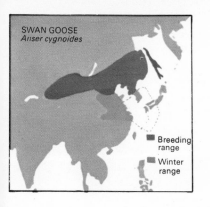

SWAN GOOSE
Anser cygnoides

Breeding range

Winter range

Domestic Chinese Swan Goose

has a dark, uniform brown head and neck, white vent and white upper and lower tail-coverts with a dark band on its tail. The bill has varying amounts of black and yellow or orange. The legs are orange.

It is not very vocal but does utter a low disyllabic honk. It is much the same as other 'grey geese' in behaviour. It gets its name from the fact that it used to arrive in Britain regularly in October at the time of the bean harvest.

In summer it lives on open tundra as well as subarctic willow scrub. In winter it is found on dry pastures near lakes and also on large muddy estuaries. It eats mainly grasses. The nest is built near water on desolate tundra or among willow scrub. Usually four to eight eggs are laid and these are incubated for twenty-seven to twenty-nine days.

Five races are recognized. These are *fabalis*, *johanseni*, *middendorfi*, *rossicus* and *serrirostris*. These subspecies tend to get bigger from west to east within the range, while some inhabit tundra and others are found in subarctic scrub.

BEAN GOOSE
Anser fabalis

Breeding range

Winter range

Breeding range

Winter range

Pink-footed Goose

Pink-footed Goose (*Anser brachyrhynchus*) Large flocks of
this species are found scattered through its limited range. It is
very similar to the Bean Goose but has pink legs and a pink
and black bill. The upperparts have a pale grey appearance
while there is a slight pinkish tinge to the underparts.

The call is variable, high or low in pitch, but usually disyllabic. It is very gregarious in winter and breeds in large
colonies. The general behaviour is similar to other 'grey
geese'.

The Pink-foot breeds mostly in wide deltas criss-crossed by
fast flowing rivers which protect the colonies from Arctic
Foxes. Some nest on cliff ledges. In winter it is found usually
in low lying and open coastal areas. Grasses, grain and other
vegetable matter form the diet. It usually builds on a small
mound or on a cliff ledge. Four to eight eggs are laid and
incubated for twenty-five to twenty-eight days.

White-fronted Goose (*Anser albifrons*) This species is
declining in numbers, mainly because of winter habitat
changes. It is greyish-brown all over, some subspecies being
much darker than others. Adults have varying amounts of

White-fronted Goose; a Greenland White-fronted Goose is in the foreground.

irregular black barring on the belly. The vent and upper and lower tail-coverts are white, while the tail has a broad black band. There is an area of white feathers around the base of the bill which is absent in first-winter birds. The legs are orange but the bill varies from pink to orange according to the subspecies.

A barking honk is uttered frequently. Gregarious in habits, the White-front flies in V-formation and can take off almost vertically. Breeding takes place on open tundra and wintering on wet grassland, bogs, callows and estuary marshes. The food consists of grasses, grain, some root crops and other grassland and bog plants. The nest is built on hillocks, usually on islets. The clutch is usually four to six eggs and incubation lasts for twenty-eight days.

Four subspecies are recognized. These are *albifrons*, *frontalis*, *flavirostris* and *gambelli* (known as the Tule Goose). They differ in body size, darkness of colour and in bill colour and size. Two of the subspecies (*flavirostris* and *gambelli*) exist in very small numbers.

Lesser White-fronted Goose

Lesser White-fronted Goose (*Anser erythropus*) This bird is common in the west of its range. It is very similar to the White-fronted Goose, being nearest to the Greenland subspecies in darkness of colour. The bill is short and pink and the white front is more extensive, reaching well up the forehead. The black barring on the belly is usually less extensive but this and the white front are absent on first-winter birds. However, both adults and young have a distinctive yellow ring around the eye.

The voice is higher than that of the White-fronted Goose. In behaviour it is much the same as the White-fronted Goose but usually plucks grass blades more rapidly when feeding.

In summer the Lesser White-fronted Goose frequents pool and river banks in willow scrub on the edge of tundra. In winter it is found in the same type of habitat as the Whitefront. It often roosts on mudflats. The food is grasses, grain and other vegetable matter. The nest is usually built in a hollow in cover. Four to five eggs are laid, sometimes up to seven, and these are incubated for twenty-five days.

Greylag Goose; detail of head and bill showing colour variation (*inset*)

Greylag Goose (*Anser anser*) This species is numerous and widespread. There are many feral flocks. It is mainly greyish-brown with a pale grey front to its wings. The vent and upper and lower tail-coverts are white. The tail has a dark band. The legs are pinkish and the bill yellow or pink depending on the subspecies.

Honking notes, similar to white domestic geese, are uttered.

The Greylag breeds much further south than most of the other geese of the northern hemisphere and is adapted to a much wider range of nesting habitat. In winter it is usually found in low-lying coastal districts, on fresh and salt-water marshes and cultivated fields. The diet consists of grasses, grain, tubers, acorns and a wide range of other plants. The nest is usually built in a hollow under cover. The clutch numbers four to seven (up to twelve) eggs. These are incubated for twenty-seven to twenty-eight days.

The western and eastern subspecies are *anser* and *rubrirostris* respectively. The former has a yellow bill while the latter's is pink.

Bar-headed Goose (*Anser indicus*) This is a common goose throughout the range and is frequently seen in ornamental collections. The body is mainly pale grey and the head, vent and tail-coverts are white. The tail band is pale grey. The head has two almost black bars at the nape and the back of the crown. The back of the neck is dark brown, while the front of the neck is paler brown, there being a white stripe running between. The flanks are brownish, the legs are orange and the bill pale yellow.

A musical, nasal call is uttered. Its behaviour is much the same as that of 'grey geese'. This species is daintier and has a peculiar way of holding its head up with the bill pointed skywards.

It inhabits mountain lakes in summer, lower marshes and lakes in winter, and eats grasses and agricultural crops. It nests in the open in very dense colonies at altitudes up to 5,000 m (16,000 ft). Four to eight eggs are laid in a shallow depression and incubated for twenty-eight to thirty days.

Bar-headed Goose (*above*)

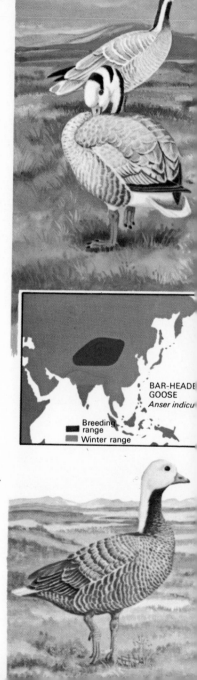

BAR-HEADED
GOOSE
Anser indicus

Breeding range
Winter range

Emperor Goose (*Anser canagicus*) The small world population of this goose is restricted in range and heavily preyed on by Eskimos, Glaucous Gulls and other predators. It breeds on both sides of the Bering Straits and overwinters south to the Aleutian Islands, the Alaskan Peninsula and Kamchatka. The silver-grey body is distinctly barred. The head, hind neck and tail are white; chin, throat and front of neck very dark grey to black. The legs are pale orange, the bill pink with grey around the nostrils.

The Emperor Goose has a shrill high-pitched disyllabic call. It flies with rapid wing-beats, but not very strongly. It is fairly tame and gregarious.

It inhabits mainly estuaries, lagoons and seashores, where it feeds on grasses inland and seaweed, shellfish and other marine creatures by the seashore. It usually builds its nest quite close to the high-tide line. The nest is well constructed of grass and down and three to eight eggs are laid. These are incubated for twenty-four days.

Emperor Goose (*below left*) with juvenile on right.

61

Snow Goose (*Anser caerulescens*) The Snow Goose is numerous and widespread throughout its range. It is white all over with black wingtips, a pink bill and pink legs. The blue phase of the smaller subspecies has a dark purplish-grey breast and mantle, pale grey wings, pendant black and white scapulars, white head, neck, vent and tail-coverts. The first-winter birds of this phase are dark sooty all over apart from the ventral area, while the young of the white phase are pale brownish-white. Birds intermediate between the two phases are also found.

It utters a harsh honk or a deep gaggle. This goose is sociable and mixes well with other species. Its general behaviour is much as other members of the genus.

It lives on open tundra in summer, marshes and pastures in winter. The diet is mainly grasses, sprouting cereals and grain. Nests are built in colonies on small islets on the tundra. Four to seven or eight eggs are laid and incubated for twenty-two to twenty-six days.
There are two subspecies,

GREATER SNOW GOOSE
A. c. atlanticus
LESSER SNOW GOOSE
A. c. coerulescens

Breeding·range
Winter range
Breeding range
Winter range

Snow Goose; in flight
in the background.

atlanticus in the extreme north-east and *caerulescens;* a smaller bird of which there is a blue phase called the Blue Goose.

Ross's Goose (*Anser rossii*) Thought to number less than 2,000 in 1949, the population has since been found to be about 25,000 birds. This species breeds in the Perry River area of arctic Canada and migrates south to the Sacramento and San Joaquin valleys in California for the winter. It is pure white, with black wingtips, pink legs and a dainty pink bill with a bluish base. It is distinguished from the Snow Goose by its much smaller size.

A high-pitched honking call is uttered. Generally very shy, it breeds in close colonies. The male stands close guard over the nest and attacks intruders fiercely. Behaviour in wintering grounds is much the same as that of other geese of the genus.

Breeding takes place on islands in rivers and lakes. The first nest was discovered in 1938. Five to nine eggs are laid in a down-lined shallow depression and incubated for twenty-four days.

Snow Goose in blue phase (*above*); Ross's Goose (*below*)

CANADA GOOSE
Branta canadensis

TODD'S *B. c. interior*
ATLANTIC *B. c. canadis*
TAVERNER'S *B. c. taverneri*
DUSKY *B. c. occidentalis*
VANCOUVER *B. c. fulva*
LESSER *B. c. parvipes*
RICHARDSON'S *B. c. hutchinsi*   BERING *B. c. asiatica*
WESTERN *B. c. moffitti*   ALEUTIAN *B. c. leucopareia*
GIANT *B. c. maxima*   CACKLING *B. c. minima*

Canada Goose (*Branta canadensis*) Cackling Goose is the name of one of the small subspecies. Some of the subspecies are numerically scarce but as a species the Canada Goose is abundant and widespread. Its body colour varies considerably in shade from one subspecies to another. Generally it has a darkish brown body, white vent and tail-coverts, black neck and head, with a white chin and cheeks. The bill and legs are dark greyish-black. Some of the smaller races have narrow white bands separating the black neck from the brown body.

The voice is a loud trumpeting disyllabic honk. This goose feeds by day, usually grazing, though it can up-end very well to obtain aquatic plants.

A wide range of habitats is frequented. It feeds mainly on grasses, grain and aquatic plants. Nesting has been recorded in trees, but is usually on the ground, in cover and near water. Four to ten eggs are laid and incubated for twenty-eight to thirty days.

Up to twelve subspecies are recognized by most authorities, but one of these is now extinct (the Bering Canada Goose, *asiatica*). The others differ greatly in size, darkness of colour, relative length of neck, white neck-band, etc.

Hawaiian Goose (*Branta sandvicensis*) This bird, also called the Néné, is endemic to the islands of Hawaii and Maui. Careful propagation in captivity has increased the population from thirty-five in 1950, to over one thousand today, and many birds have been released in the wild again. The body is similar to that of the Canada Goose but it has a longer black tail and stronger barring on the back. The throat, cheeks and side and front of the neck are a warm buff, with dark ribbing down the side of the neck. The rest of the head and neck is black as are the legs and bill.

Its call is not unlike that of the Canada Goose. The Néné is very aggressive in defence of territory. It does not swim often but can do so quite well. It also flies strongly. This goose is sedentary.

It lives in shrub-covered lava slopes up to 2,200 m (7,000 ft), feeding on a wide variety of berries and plants. The nest is built on the ground and four to seven eggs are laid. Incubation lasts thirty days.

Canada Goose (*above left*); Cackling Canada Goose (*above right*); Hawaiian Goose (*below*)

Barnacle Goose on rocks; Brent Goose on sandbank

Barnacle Goose (*Branta leucopsis*) This bird is numerous within a limited range. The black breast, neck, top of head, back and tail are distinctive, together with the white belly, vent and tail-coverts. The chin, throat, cheeks and forehead are creamy white. The wing-coverts are grey, black and white giving a strong barred effect.

A rapid barking call is uttered. A gregarious bird, it seldom associates with other species.

In summer the Barnacle Goose frequents rocky outcrops and escarpments in river valleys. In winter the species is found on small grassy marine islands, saltings, and other coastal areas. It eats leaves and shoots of plants in the breeding grounds, but in winter most of the diet is grass. The nest, mostly down, is placed on ledges and in crevices of cliff-faces. Three to six eggs are laid and incubated for twenty-four to twenty-five days.

Brent Goose (*Branta bernicla*) The Pacific North American subspecies is known as the Black Brant. Quite common, the head, neck, breast and tail are black, with a white mark on each side of the neck which joins in front on one of the subspecies. The vent and tail-coverts are white, the wings and back varying shades of dark grey or brownish-grey. The belly and lower breast ranges from very pale brownish-grey in one subspecies to very dark grey in the others. Two of the dark-bellied subspecies have pale flanks.

The voice is a guttural croaking single syllable. This goose flies in irregular packs, low over the water. It is very gregarious and swims on the sea a great deal, feeding by up-ending and by uprooting marine plants.

The Brent Goose breeds mainly in arctic deltas. It is exclusively maritime in winter, feeding on mudflats and estuaries and eating mainly *Zostera*. The nest is built among rock debris of mosses lined with down. Usually three to five eggs are laid, sometimes up to eight. These are incubated for twenty-four to twenty-five days, possibly as long as thirty.

There are four subspecies, of which *bernicla*, *hrota* and *orientalis* are reasonably common; *nigricans* is very rare and found only in the Hudson Bay area.

Atlantic Brent Goose (*left*); Pacific Brent Goose (*right*)

BRENT GOOSE
Branta bernicla
Breeding range

Red-breasted Goose (*Branta ruficollis*) Common but decreasing in its restricted range, this species has a black crown and back of neck, lower breast and belly. It also has a red breast, front of neck and cheeks, all sharply bordered by a thin white band. There is a white patch between the base of the bill and the eye. The vent and tail-coverts are white, and the tail black. The upperparts are blackish and are separated from the belly by broad white flanks. The bill and legs are black.

The call is a sharp double screech. All movements are very rapid. It flies in an irregular mass, never in V-formation, and associates with other geese in wintering grounds.

The Red-breasted Goose frequents steep arctic river valleys in summer, steppe grasslands in winter. It feeds mainly on grasses. It nests in small, loose colonies, laying five to nine eggs in a shallow hollow lined with down and grass. These are incubated for twenty-five days.

Subfamily: Anatinae
Tribe: Tadornini

Ruddy Shelduck (*Tadorna ferruginea*) The bird is quite common throughout most of its range. Its colour is orange-brown, paler on the head. The flight feathers and tail are

Red-breasted
Goose

Breeding range
Winter range

black, the wing-coverts white with a metallic green speculum. The male has a thin black collar. The female has an almost white head. The bill and legs are dark grey.

A loud nasal honking is uttered. Usually seen in pairs, it feeds mainly at night and spends much time grazing.

It frequents open lakes, lagoons and river mudflats. The Ruddy Shelduck eats mainly water weeds, grasses and corn, though some animal matter is taken. The nest is built of feathers and grass in holes. Eight to sixteen eggs are laid and incubated by the female for up to twenty-nine days.

South African Shelduck (*Tadorna cana*) This bird, also called the Cape Shelduck, is numerous in suitable habitats in Cape Province, the Orange Free State and Transvaal. There is no neck band in the male which instead has a smoky grey head. The female has a grey head with the sides of the face white. The bill and legs are black.

Its voice is similar to the Ruddy Shelduck's. Its general habits resemble those of other shelducks.

This duck inhabits freshwater lakes with muddy margins. The breeding season is early. The nest is built in holes and tunnels and six to fifteen eggs are laid. Incubation lasts thirty days.

Ruddy Shelduck (*below*);
South African Shelduck (*bottom*)

RUDDY SHELDUCK
Tadorna ferruginea
Breeding range
Winter range

Australian Shelduck (*Tadorna tadornoides*) This species is also known as the Mountain Duck and is common in south and south-west Australia and Tasmania. It is black apart from a cinnamon breast, a white neck-band and wing-coverts, and a green speculum. The female is duller with white around the eye.

A disyllabic harsh grunt is uttered. Its behaviour is much as other shelducks. This species is very wary.

The Australian Shelduck lives in salt and brackish water and eats mainly vegetable matter. The nest is often built in holes in trees and eight to fifteen eggs are incubated for thirty to thirty-three days.

Paradise Shelduck (*Tadorna variegata*) This species, also known as the New Zealand Shelduck, is found in New Zealand and is common in the south of its range. It has decreased but is now holding its own. The male is nearly all black. The wings are the same as those of other shelducks. The female has a white head and neck and a chestnut body but otherwise is the same as the male.

A low grunting is heard in the male, a high-pitched trumpeting in the female. This is a very aggressive shelduck and also very noisy. Its general habits are similar to other shelducks.

The Paradise Shelduck inhabits mainly freshwater lakes

Australian Shelduck

Radjah Shelduck (*lower left*); Paradise Shelducks (*upper right*)

and lagoons. It has a mixed diet, but eats mostly vegetable matter. The nest is built in holes in trees, banks and crevices. Five to eleven eggs are laid and incubated for thirty days.

Radjah Shelduck (*Tadorna radjah*) This is also called the Black-backed or Red-backed Radjah Shelduck, depending on the subspecies. Burdekin Duck applies to the Australian subspecies. It is locally common in north and east tropical Australia, the Moluccas, New Guinea and Aru Islands. The head, neck, breast, belly and wing-coverts are white. The breast has a thin brown band. The back of the Molucan subspecies is black, while that of the Australian is reddish-brown. The legs and bill are pale pink and the iris yellow.

It utters a continuous whistling. This is a dainty shelduck, less pugnacious than most of the other species, the pairs displaying a great deal. It is very sedentary and flies well and swiftly. It often perches and roosts in trees.

The Radjah Shelduck is found at low-lying freshwater rivers and lakes. The diet is mixed, but mainly of vegetable matter. It usually builds in hollow trees. The clutch is six to twelve eggs and incubation lasts thirty days.

The Australian subspecies is *rufitergum*, while the Moluccan is *radjah*.

71

Common Shelduck (*Tadorna tadorna*) This is a very common duck throughout most of its range.

A harsh chattering laugh is uttered, mostly at night. A very gregarious species, it spends most of the time on estuarine mudflats. It flies well on slow wing beats and takes off lightly. The ducklings congregate in crèches in some areas while adults migrate to moult. These crèches are left in the charge of a few adult birds.

The main habitat is salt-water lagoons and estuaries surrounded by sand dunes. Small marine molluscs form the principal part of the food but some vegetable matter is also eaten. Usually the nest is built in a burrow or in thick cover. It consists mainly of down and eight to sixteen (sometimes twenty) eggs are laid. These are incubated for twenty-eight to thirty days.

Egyptian Goose (*Alopochen aegyptiacus*) This bird is common, especially in the east of its range. The head and neck are pale grey with brown mottling on the sides and on the crown. There is a chestnut-brown patch around the eye and also in the middle of the lower breast. The neck has an indistinct brown band.

The male has a husky call while the female's is trumpeting.

Common Shelduck

Breeding range
Winter range

The Egyptian Goose is noisy and quarrelsome. It flies strongly and also perches in trees. Normally it is solitary but it congregates in small flocks when moulting.

It inhabits inland lake shores up to 2,400m (8,000 ft), eating mainly grass and leaves. The nest site varies considerably – holes, crevices, ledges, disused nest of other birds, etc. Five to eight eggs are laid and incubated for twenty-eight to thirty days.

Orinoco Goose (*Neochen jubatus*) This is a common and widespread duck in the basins of the Orinoco and Amazon Rivers. The head, neck and upper breast are greyish-yellow, lightly speckled. The rump, tail, wings and vent are greenish-black or dark brown.

The male has a loud whistle while the female utters a cackle. This species has a peculiar habit of stretching its neck and puffing out the feathers on the back of its neck. A poor flier, it is sedentary and solitary. It has a peculiar stiff-legged walk.

The Orinoco Goose lives on open banks of slow moving rivers, and eats mainly grass and weeds, but also invertebrates. It usually builds its nest in hollows in trees. Six to ten eggs are incubated for twenty-eight to thirty days.

Egyptian Goose (*above*); Orinoco Goose (*below*)

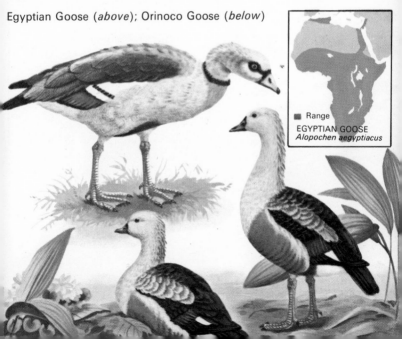

■ Range
EGYPTIAN GOOSE
Alopochen aegyptiacus

Abyssinian Blue-winged Goose (*Cyanochen cyanopterus*)
Locally numerous in the highlands of Abyssinia, this bird is
mainly grey, mottled with brown. The tail and primaries
are black, the under tail-coverts white and the wing-coverts
pale blue. The speculum is green and the bill and legs black.

A soft low call is heard in the male, and a quiet cackling in
the female. The voice is quite musical. A solitary bird, it flies
low and slowly, and generally not very far.

It is found on the banks of streams above 2,400 m (8,000
ft). Its food is grasses and leaves but also includes a great deal
of animal matter. The nest is built in thick cover, under
bushes or among reeds. Six to seven eggs are laid and incubation lasts thirty days.

Andean Goose (*Chloëphaga melanoptera*) This goose is
common locally in the Andes between 10° and 38°S. It is
white with black wings and tail. The wing-coverts are white
with black flecking. The bill is reddish and the legs pink.

The male has a soft high-pitched call, while the female has
a low cackle. A fairly tame bird, it appears very heavy in
flight and swims poorly, resorting to water only when in

Andean Goose (*left*); Abyssinian Blue-winged Goose (*centre*);

danger. There is an elaborate courtship display with raised plumes, wing spreading, throwing back of head, etc.

Found on high mountain lakes in summer and lowland plains at the foot of the mountains in winter, it eats grasses. The nest site is usually a crevice or a hole in a bank. Six to ten eggs are laid and incubation lasts thirty days.

Ashy-headed Goose (*Chloëphaga poliocephala*) This goose is fairly numerous in parts of its range. It is found in south Chile, Argentina, Tierra del Fuego and migrates north as far as Rio Negro in winter. It has a grey head and neck, chestnut breast and barred flanks. The wing-coverts are white, primaries black, speculum green. The back and tail are black as is the bill. The legs are orange on the outside and blackish on the inside.

The male has a soft whistle and the female a harsh cackle. It seldom goes near the sea and feeds entirely by grazing. It migrates in small flocks. The courtship display is less elaborate than that of the Andean Goose.

This goose inhabits interior grasslands, feeding on grasses. Four to six eggs are laid and incubation lasts thirty days.

Ashy-headed Goose (*right*)

Ruddy-headed Goose (*Chloëphaga rubidiceps*) This species is increasing within its range with the clearance of land for grazing. It is found in the Falkland Islands, Tierra del Fuego and parts of Patagonia and central Argentina. It is rather similar to a small Ashy-headed Goose but with a cinnamon head and neck. The voice is shriller than that of the Ashy-headed Goose. The Ruddy-headed Goose is very gregarious and fairly tame but males guard their territory very fiercely. It is migratory in the south of its range and is found on open grassland rather than water. The nest is concealed in tussocks or under bushes. Four to eleven eggs are laid and take thirty days to hatch.

Magellan Goose (*Chloëphaga picta*) This species, also called the Upland Goose, found in Chile, south Argentina, Tierra del Fuego and the Falklands was formerly abundant and is still common where it is not persecuted. It has been introduced to South Georgia. The male has a high, soft whistle, the female a deep cackle.

This bird is naturally tame but defends its territory aggressively. It is found on inland grasslands, often far from water, and is mostly sedentary. It feeds on grasses. The nest is built in cover and five to seven or more eggs are laid and incubated for thirty to thirty-two days.

There are two subspecies, *picta* on the mainland and *leucoptera*, the Falkland Islands Upland Goose, a larger bird.

Kelp Goose (*Chloëphaga hybrida*) This goose is common in suitable habitats where the tide levels do not vary greatly. It is found on the Chilean coast from Chiloë to Tierra del Fuego and the Falklands. A thin disyllabic note is uttered by the male, a multisyllabic grunt by the female.

The Kelp Goose is almost always found on rocky seashores where it feeds on seaweeds, particularly green dulce, hopping from rock to rock and rarely entering the water. It flies low over the water. It is solitary and found only in pairs and family parties. A late nester, five or six eggs are laid in a downy nest and incubated for about thirty days.

Two subspecies are recognized, *hybrida* on the mainland and *malvinarum*, a longer-legged bird, on the Falklands.

Ruddy-headed Goose (*above*); Magellan Goose (*centre*); Kelp Goose (*below*)

barred form

Cape Barren Goose
(*Cereopsis novae-hollandiae*)
Also known as the Cereopsis, this bird from the islands off the south coast of Australia, particularly those in the Bass Strait, has become scarce due to hunting, but under protection it is now holding its own. It is light grey all over with large black spots on the wing coverts. It has a greenish-yellow bill and the legs are purplish-pink with black webs and toes.

The male trumpets loudly while the female has a low grunt. A very shy and retiring species, it seldom swims but flies well.

Small marine islands are the habitat, where it eats grasses. The nest is built in long grass or among low bushes. Usually four eggs are laid and incubation lasts thirty-five days.

Flying Steamer Duck
(*Tachyeres patachonicus*) This bird is fairly numerous in south Chile and Argentina, the Falkland Islands and Tierra del Fuego. Mainly dark grey with brown edgings to the body feathers, the male's throat and most of the female's head are chestnut. There is a white eye-ring and stripe and white

Cape Barren Goose (*above*);
Flying Steamer duck (*below*)

Magellanic Flightless Steamer

belly and vent. The male's bill is orange with a white tip and bluish around the nostrils; the female's is greenish. The legs are orange.

A series of growls, mews and croaks is uttered. This is the only steamer duck able to fly. Sometimes it changes the speed of its wing beats in mid-flight. A strong diver, it 'steams' across the water at up to eight knots. This movement is achieved by running across the surface of the water, leaving a considerable wake.

Found on freshwater as well as on the sea, it eats molluscs and crustaceans. The nest is built close to the shore. Usually seven eggs are laid, sometimes up to nine.

Magellanic Flightless Steamer (*Tachyeres pteneres*)
Probably more numerous than the Flying Steamer, this bird is found on the west coast of southern Chile to Cape Horn. It is much the same as the Flying Steamer in colour and voice but is much paler grey and less chestnut. The male and female hardly differ in colour.

Although flightless, it 'steams' faster than the Flying Steamer and can swim with the body under water, the head above.

It lives along coasts where tidal variations are small and eats mainly molluscs. It nests close to the sea. The eggs number six to twelve.

Falkland Flightless Steamer (*Tachyeres brachypterus*)

Fairly numerous in the Falkland Islands, the male is similar to the Magellanic Steamer but has a paler head and more chestnut on the neck. The female is similar to the female Flying Steamer, but has an orange bill.

Voice and habits are much the same as other steamers. This species is flightless but runs fast on land. Like other steamers it pairs for life.

It inhabits coasts free from large tidal variations, feeding on various marine creatures, especially molluscs. The nest is built in the open. Six or more eggs are laid.

South American Crested Duck (*Lophonetta specularioides*)

Found in the Andes from southern Peru to northern Chile and Argentina, Patagonia, southern Chile, Tierra del Fuego and the Falkland Islands, this duck is quite common, particularly the southern subspecies. It is generally mottled greyish-brown with a very dark crest and a stripe running back from the eye. It has a long black tail and a purple speculum. The breast is spotted and the bill and legs dark grey. The smaller subspecies has a white chin.

A squawking call is uttered

Sedentary and aggressive, it feeds like the shelducks.

It inhabits estuaries and mudflats on the coast in winter, freshwater lakes in summer. The Andean subspecies is found on lakes over 3,100 m (10,000 ft). The food is mainly animal matter. It nests in tussocks or in tunnels. Up to eight eggs are laid and incubated for about thirty days.

The larger subspecies, *alticola*, is found high in the Andes; the smaller, *specularioides*, elsewhere within the range.

Falkland Flightless Steamer (*above*); South American Crested Duck (*centre*)

Bronze-winged Duck (*below*)

Tribe: Anatini
Bronze-winged Duck

(*Anas specularis*) This duck is found on the Andes slopes from about 35° south to Tierra del Fuego. It has a dark brown head, with a white crescent between the eye and the bill, and a white throat extending upwards to the sides of the neck. The body is mainly brown with various tints of purple and pink. There is a large bronze speculum. The flanks are mottled, the legs orange and the bill grey. Sexes are alike.

Rivers and marshes from foothills to sea-level are the preferred habitat, the diet being a mixture of animal and vegetable matter. Little is known about the nesting.

81

Salvadori's Duck (*above*); Marbled Teal (*above right*); Cape Teal
(*below right*)

Salvadori's Duck (*Anas waigiuensis*) This duck is quite
common in parts of its range which is the mountains of New
Guinea, and possibly Waigiu. The head and neck are black,
the back and wing-coverts black with fine white barring. The
speculum is bluish-black and bright green, the underparts
pinkish-buff with black and white barred flanks. It has
spotted under tail-coverts and has a yellow bill and yellow
legs with blackish markings on both.

Little is known about the voice of this species. It dives
frequently and takes off by pattering over the water. Quiet
and tame in general disposition, it feeds as other dabbling
ducks.

Salvadori's Duck lives in small mountain lakes and
streams over 1,200 m (4,000 ft), feeding on insects and
vegetable matter. Little is known about its nesting habits.

Marbled Teal (*Anas angustirostris*) Fairly numerous throughout its range, this teal has pale and dark dappled grey-brown
plumage with a dark patch running back from the eye. The
legs and bill are black.

It utters a low wheezy croak or quack. A very shy and
retiring bird, keeping to thick cover, it flies well but low and
for short distances. It is fairly solitary.

The Marbled Teal lives in overgrown freshwater, eating
mostly vegetable matter. The nest is built in reed clumps.
Nine to thirteen eggs are laid and incubation lasts about
twenty-five days.

82

Cape Teal (*Anas capensis*) Locally numerous in the west of South Africa, north through East Africa to Abyssinia, and west as far as Lake Chad. The Cape Teal is mainly very pale grey, mottled with darker grey, with mantle and tertials brownish. The wing-coverts are unmottled, the speculum bright green bordered with white. The bill is mainly pink and the legs blackish.

It has a high-pitched quack and also a husky whistle. Shy and silent and fairly solitary, its general behaviour is much the same as that of other tropical dabblers.

This teal frequents lakes and marshes in open country. The diet is a mixture of animal and vegetable matter. A bare earthen scrape surrounded by a ring of down is used as a nest. Six to nine eggs are laid and incubated for twenty-one days.

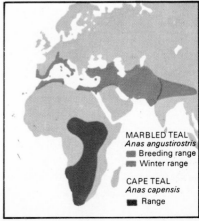

MARBLED TEAL
Anas angustirostris
▨ Breeding range
▨ Winter range

CAPE TEAL
Anas capensis
▧ Range

Hottentot Teal (*Anas punctata*) Quite common in many areas, this bird is mainly greyish-brown with a black cap, buff face with dusky cheek patches and a bright green speculum with white edges. The breast and belly are spotted, the bill greyish-blue and the legs dark grey.

It hardly ever calls. The Hottentot Teal flies swiftly and low over the ground.

It lives in shallow grassy ponds and inlets, eating mainly vegetable matter, and breeds in thick reed-beds. The clutch is usually six to eight eggs.

Silver Teal (*Anas versicolor*) Also called the Versicolor Teal, this is a common bird in the east-central part of its range. Three subspecies are recognized. The largest is *puna* which is also found at high altitudes. The other two are *versicolor* and *fretensis*. The former is the smallest. It is brownish above, grey below. The breast is warm buff, heavily spotted. The flanks are barred and the vent, tail-coverts and tail are very finely barred grey. A black cap extends down the back of the neck and the face is creamy buff. The speculum is bright green. The bill is

Hottentot Teal

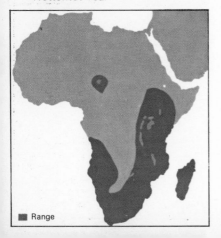

■ Range

blue or blue and orange and the legs are grey.

The male's voice is like 'the fast winding of a cheap clock', while the female's is a low quack. Mainly sedentary, it is tame and quiet and flies swiftly and erratically. There is hardly any courtship display.

Found in small grassy pools in marshes, it feeds mainly on vegetable matter. The nest is built in thick cover. Eight to ten eggs form the clutch and incubation lasts twenty-four to twenty-five days.

Red-billed Pintail (*Anas erythrorhyncha*) Common throughout southern and eastern Africa (north to Abyssinia), and Madagascar, this bird, also called the Red-billed Teal, is mainly mottled grey, with a dark brown cap and back of neck, and buffish face. The speculum is whitish.

It is silent except during courtship. It congregates in small flocks and is fairly tame. It flies swiftly, and swims high in the water.

The Red-billed Pintail inhabits inland freshwater lakes and marshes. Its diet is mainly vegetable matter. The nest is built in reed-beds. Six to twelve eggs are laid and incubated for twenty-three to twenty-five days.

Silver Teal

SILVER TEAL
Anas versicolor

■ A. v. puna
■ A. v. versicolor
■ A. v. fretensis

Red-billed Pintail

Bahama Pintail

Bahama Pintail (*Anas bahamensis*) The Galapagos sub-species is called the Galapagos Pintail. Becoming scarce in some areas due to hunting, the three subspecies are spread through the Galapagos Islands, the Bahamas, West Indies, Bolivia, the Guineas, and the east of South America from Brazil to northern Argentina and also central Chile. It is similar to the Red-billed Pintail but generally much redder all over and with a whiter face and front of neck. The bill is red with a blue tip, the legs dark grey.

The male has a low wheezy call; the female's is harsh and guttural. Very shy and retiring, it takes cover in dense reeds when danger approaches. It is mainly sedentary and its general behaviour is much as other pintails.

It is found in small reed-fringed pools in forest clearings, and in estuaries, where it eats mainly vegetable matter. Six to ten eggs are laid in a well-concealed nest, and incubated for twenty-five to twenty-six days.

The Galapagos subspecies is *galapagensis*. The northern and southern subspecies are *bahamensis* and *rubrirostris* respectively.

Yellow-billed Pintail (*Anas georgica*) South Georgian Teal, Chilean, Brown or Niceforo's Pintail are various names for the three subspecies. The Chilean subspecies is the commonest duck in South America. The South Georgia subspecies has decreased greatly due to hunting, while Niceforo's Pintail may now be extinct. This drab brown bird is, in plumage, like a female Northern Pintail. It has a dark green speculum, grey legs and yellow bill with a pale bluish tip.

Generally fairly silent, it utters low whistles and quacks, especially during courtship. It is mainly sedentary and displays all year round. Otherwise it behaves much like the Northern Pintail.

It inhabits ponds and marshes, also sheltered marine islets. The South Georgia subspecies eats mainly animal matter while the mainland subspecies eat mainly plants. The Yellow-billed Pintail builds in cover and lays six to twelve eggs. These are incubated for twenty-four to twenty-five days.

The subspecies *georgica* is found only in South Georgia. The common *spinicauda* is found in South America south of the Tropic of Capricorn and north through the Andes to Bolivia and also in the Falklands. The other subspecies, *niceforoi*, if not now extinct, is confined to central Columbia.

Brown Pintail

Northern Pintail

Northern Pintail (*Anas acuta*) A fairly numerous duck, its breeding range extends through Canada and parts of North America and northern Eurasia. Its winter range includes Mexico, southern Eurasia and parts of West Africa. The male has a chocolate brown head and neck with a white stripe running up each side to the nape. The breast and belly are white, the mantle and flanks pale grey. The vent is yellow and the tail and tail-coverts black. It has long, buff-edged black scapulars and a bronze-green speculum. The female is pale mottled brown. Both have grey legs and bluish bills.

It is fairly silent, uttering soft whistles and quacks when courting. A graceful swimmer and walker, it flies well and swiftly and up-ends frequently when feeding, depressing its long tail. It feeds commonly on land and mixes freely with other ducks.

The Northern Pintail is fairly gregarious and has a complex courtship display. Found in a wide variety of haunts, including marshes, lagoons, estuaries, wet fields, etc., it eats mainly vegetable matter, especially seeds and grain. The nest is often fairly exposed. Seven to nine eggs are usual but up to twelve are known. Incubation lasts twenty-three days.

South American Green-winged Teal (*Anas flavirostris*)
Chilean, Andean, Sharp-winged or Merida Teal are names
for the four subspecies. This species is quite common in parts
of its range, which is South America from south Brazil and
Chile to Tierra del Fuego; also the Falkland Islands and the
high Andean Plateaux. It is generally greyish-brown with a
darker head, spotted breast, green speculum, grey legs and
blue or yellow bill.

The male has a short low musical monosyllabic call, sometimes a whistle, the female a quack. Often very tame, it will
nest close to human habitation. The Chilean subspecies
perches readily in trees and flies easily among the branches.
It can dive fairly well for food on the bottom and is fairly
gregarious.

A wide range of habitats, up to 4,500 m (15,000 ft) in the
Andean subspecies, is used and the diet is mostly vegetable
matter. Sometimes it uses holes as nest sites. Five to six eggs
are laid and incubated for twenty-six days.

The two blue-billed subspecies are *andium* and *altipetens*.
The yellow-billed ones are *flavirostris* and *oxyptera*.

South American Green-winged Teal

Green-winged Teal (Eurasian variety)

Green-winged Teal (*Anas crecca*) Common throughout its range, the male has a chestnut head and a yellow-edged metallic green stripe from the eye to the nape. The body is mainly finely barred grey with the buff breast spotted with dark brown. The sides of the under tail-coverts are yellow surrounded with black. The speculum is green and the scapulars are black and white. The female is dull brown. Both have blackish bills and legs. The North American subspecies has a white mark on the side of the breast in the male.

The male has a soft musical call, or a whistle when alarmed. The female has a subdued quack. This bird is very agile on the wing and can take off vertically from the water. It flies with a rapid twisting movement. It feeds in shallow water and does not up-end as readily as other dabblers.

Mainly nocturnal, it is generally gregarious and associates with other species.

Found in shallow lakes, ponds, bog-holes, marshes and muddy estuaries, it feeds mainly on vegetable matter, particularly duck-weed and seeds. The nest is built on dry ground among dense cover. Eight to twelve eggs are usual and these are incubated for twenty-one to twenty-three days.

Green-winged Teal (North American variety)

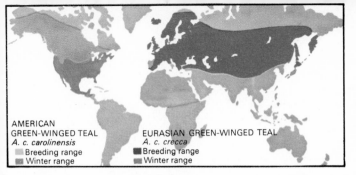

There are two widespread subspecies, *crecca* of Eurasia and *carolinensis* of North America. A third subspecies, *nimia*, is found only on the Aleutians.

Baikal Teal (*Anas formosa*) Extremely common in its limited range, this species, which is also called the Formosa Teal is found in eastern Siberia to 70° north; it migrates south-east to east China and Japan. The male has an extraordinary head pattern of green and buff with a black crown, nape and chin. A thin black stripe connects the eye with the chin. The underparts are grey with a pinkish breast and black under tail-coverts. A vertical white stripe separates the breast from the flanks and another the flanks from the tail-coverts. It has long pendent black and buff scapulars and a brownish back. The female is plain brownish with a white spot at the base of the bill and a blackish criss-cross mark through the eye. The bill and legs of both sexes are grey.

A deep chuckling note is heard in the male, a quack in the female. It behaves much as the Northern Green-winged Teal.

It often frequents drier areas than the Northern Green-winged Teal, feeding on vegetable matter. It is fond of grain. The nest is built in long grass in a dry place. Eight to ten eggs are laid and incubation lasts about twenty-four days.

Baikal Teal

Falcated Teal (*Anas falcata*) The Falcated Teal is also known as the Bronze-capped Teal. Its distribution is very similar to that of the Baikal Teal, though it nests a little further south and winters more to the west. It is fairly numerous in this limited range. The male has a purple-green head with trailing nape feathers. The throat is white with a thin green band at the bottom. The body is mainly grey with a boldly mottled breast and black under tail-coverts with a buff triangle. The speculum is metallic green and black. The female is mottled brown. The bill is greyish and the legs greenish.

The male utters a low trilling whistle, the female a quack. The Falcated Teal flies swiftly and is fairly solitary except when on migration.

Its habitat is much as that of the Northern Green-winged Teal and its food nearly all vegetable matter. The nest is well built and six to ten eggs are laid. Incubation lasts twenty-four to twenty-five days.

Grey Teal (*Anas gibberifrons*) This duck is common in parts of its range, which takes in Australia, Tasmania, New Zealand, New Guinea, Celebes, Andamans, and other tropical islands. It is mainly pale mottled grey with a darker cap and back of neck and a pale throat. The speculum is metallic green, the bill and legs dark grey. The iris is red. The Andaman Islands subspecies is darker, browner, and has varying amounts of white on its head.

Falcated Teal; Grey Teal (*on tree*)

Various sneezing, grunting and burping whistles are uttered. It frequently perches on trees and mangroves. It flies rapidly, is partially migratory and wanders with the rains. Gregarious, it associates with other species.

The Grey Teal is found on any kind of freshwater, but also on marine islets and in mangroves. Its diet is mainly vegetable matter. It often builds its nest in holes in trees. The clutch is usually eight to twelve eggs and incubation lasts twenty-four days.

Four subspecies are recognized. These are *gibberifrons*, *gracilis*, *remissa* and *albogularis*. The most widespread of these is *gracilis* which is found all over Australia, Tasmania, New Guinea, and New Zealand (not common).

Chestnut Teal (*Anas castanea*) Common only in the south of its range, which is Australia (except the interior and north) and Tasmania, the male has a bottle-green head, chestnut underparts, with flank barring and dappling. The vent is grey or white. The speculum is metallic green and black, the bill and legs dark grey. The female is very similar to the Grey Teal.

In voice and behaviour also this species is similar to the Grey Teal. It flies very strongly.

Found in floodwaters, water holes, and along rocky streams, it feeds mainly on vegetable matter. Usually it builds in holes in trees, but also on the ground in long grass. Seven to thirteen eggs are laid and incubation lasts twenty-three days.

Chestnut Teal; head of Andaman Teal (*A. g. albogularis*) (*inset*)

Mallard (*Anas platyrhynchos*) Florida Duck and Mexican Duck are names for local subspecies. This is a common and widespread species. The male has a glossy dark green head, thin white neck band, purplish-brown breast, mainly pale grey body, metallic blue speculum, and black tail-coverts. The bill is dull yellow and the legs bright orange. The female is speckled brown, has a blue speculum, and the bill is orange and brown. The males of the Florida and Mexican subspecies look like female Mallard. The speculum is greenish.

A loud quacking, usually three calls together, is uttered. A gregarious bird, it is partially migratory. It spends most of its time in shallow water along the margins of lakes and ponds, feeding and up-ending. It flies well and directly and can take off vertically.

The Mallard is found in a wide range of fresh and salt-water habitats. It eats plants, seeds, grain, acorns, etc., but also some invertebrates. The nest is usually well concealed in thick rushes, sometimes in holes in trees. The clutch is usually ten to twelve, but eight to sixteen eggs have been recorded. Incubation lasts twenty-seven to twenty-eight days.

The Florida and Mexican subspecies are *fulvigula* and *diazi* respectively. The most widespread subspecies by far, is *platyrhynchos*. There is also a subspecies in Greenland which is very similar to *platyrhynchos*.

American Black Duck (*Anas rubripes*) This duck is abundant throughout its range. It is found eastwards of a line from the west of Hudson Bay to the Gulf of Texas in North America. It winters as far north as the snow line. It is very similar to a female Mallard but with a very dark sooty brown body. It has a purplish-blue speculum, greenish-yellow bill and orange legs.

The voice is similar to the Mallard's and the behaviour almost identical, but it has a somewhat different courtship display.

The Black Duck prefers more open water than the Mallard and also has a greater liking for salt-water. It eats a wide variety of animal and vegetable matter. The nest is similar to a Mallard's. Ten to twelve eggs are usually laid and incubated for about twenty-eight days.

Mallard with ducklings (*above*); Florida Duck (*centre left*); American Black Ducks in flight (*centre right*), and swimming (*below*)

Spot-billed Duck (*left*); Grey Duck (*right*)

Spot-billed Duck (*Anas poecilorhyncha*) Found in India, Ceylon, Burma, Korea, China, Mongolia, south-east Siberia and Japan, this species is fairly common throughout most of its range. It is mainly greyish-brown, mottled all over, with a dark crown and a stripe running from the bill through the eye. It has white tertials and a purplish-green speculum. The legs are orange and the bill is dark grey with a yellow tip and has small red spots at the base. The female lacks these red spots, as does the Chinese subspecies. The voice and habits are very similar to the Mallard's. The Spot-billed Duck flies less well as it is a heavier species.

The habitat is similar to that of the Black Duck. A variety of animal and vegetable matter, mostly the latter, is eaten. The nest is similar to the Mallard's. Eight to fourteen eggs are laid and incubation lasts twenty-eight days.

Three subspecies are recognized. These are *poecilorhyncha* of India and Ceylon, *haringtoni* of Burma (and east to Vietnam) and *zonorhyncha* which is found through the rest of the range.

Grey Duck (*Anas superciliosa*) The Australian subspecies is called the Australian Black Duck. Found in Australia, Tasmania, New Zealand and many of the tropical South Pacific islands east to Tahiti, this bird is common through most of its range. Its body is similar to that of the Spot-billed Duck but darker and browner. It has a dark crown, a stripe

Philippine Duck

running through the eye from the base of the bill, and another stripe from the gape across the cheek. The bill is grey with a lighter tip and the speculum green and black.

The voice is similar to the Mallard's and the behaviour almost identical. This species wanders with the rains.

It likes salt-water but is also found on mountain lakes. It feeds on a mixture of animal and vegetable matter, mainly the latter. The nest is like the Mallard's but more often above ground level. Five to thirteen eggs are laid and incubated for twenty-eight days.

The New Zealand subspecies is *superciliosa*; the Australian subspecies is *rogersi*; the South Pacific islands subspecies is *pelewensis*.

Philippine Duck (*Anas luzonica*) Local and uncommon in the Philippine Islands, this duck is smooth pale grey all over with a bright cinnamon head, black crown and nape and stripe running from the bill through the eye. The speculum is green, the bill greyish-blue and the legs brownish.

The voice is similar to and the behaviour identical with that of the Mallard.

This species is found on small ponds, mountain lakes, and tidal creeks. It eats mainly vegetable matter. A substantial nest is built. Up to ten eggs are laid, and incubation lasts twenty-five to twenty-six days.

Yellow-billed Duck

Yellow-billed Duck (*Anas undulata*) Found from Abyssinia south to South Africa on the east side of the continent, this duck is common throughout its range. Mainly dark grey, it has mottled underparts. The speculum is metallic greenish-blue, the bill bright yellow with a dark band along the culmen, and the legs are blackish-yellow.

Voice and behaviour are similar to that of the Mallard.

It is found on water in open country up to 3,300 m (11,000 ft), eating mainly vegetable matter. The nest is similar to a Mallard's. Six to twelve eggs are laid and incubation lasts twenty-six to twenty-seven days.

The subspecies found in the southern part of the range is *undulata*, the Abyssinian one is *ruppelli*.

African Black Duck (*Anas sparsa*) Found from Abyssinia through East Africa to Cape Province and also in Gabon and Cameroon, this species is uncommon to rare in much of its range. It is brownish-black all over with buff and white mottling on the upperparts. The speculum is blue with white margins. The bill is black and blue or black and pinkish

African Black Duck

depending on the subspecies. The legs vary from orange to blackish-yellow.

A weak wheezy whistle or a quack is uttered by the female only. It has a fast, strong, whistling flight and dives well.

This duck favours rocky streams in wooded country, up to 4,200 m (14,000 ft) in the case of one subspecies. A great deal of animal matter is eaten as well as some vegetable. It builds in trees but more often in thick reeds. The clutch is five to eleven eggs and incubation lasts twenty-five days.

Three subspecies are recognized; from south to north of the range these are – *sparsa*, *maclatchyi* and *leucostigma*.

Gadwall (*Anas strepera*) This is a common duck in parts of its range but thinly spread elsewhere. The male is mainly grey with a brownish head, white belly, and black vent and tail-coverts. The speculum is white. The female is mottled brown with a white belly and speculum. The legs are sooty yellowish and the bill is dark grey in the male, dusky orange in the female.

The voice is a series of whistles, croaks and quacks. It flies well and swiftly.

The Gadwall inhabits mainly reed-fringed freshwater lakes and ponds and its diet is mainly vegetable matter. The nest is always on the ground close to water. The clutch varies from seven to fifteen, but eight to twelve eggs are more usual. Incubation lasts twenty-five to twenty-six days.

Gadwall

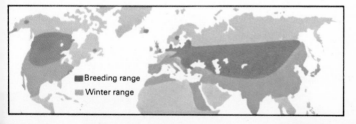

European Wigeon (*Anas penelope*) Abundant throughout most of its range, the male has a chestnut-red head with a creamy-buff forehead and a small green streak behind the eye. The body is mostly grey with a pale purple breast, white belly, vent and wing-coverts. The tail-coverts are black. The speculum is metallic green and black. The female is generally chestnut-brown with a white belly, greyish wing-coverts and green and black speculum. The bill is bluish-grey and the legs nearly black.

The male has a very distinctive high thin whistle; the female a low purring call. The Wigeon is extremely gregarious but does not readily associate with other ducks. It does however associate with Brent Geese and swans and feeds off plants brought to the surface by these species. It flies swiftly and can take off almost vertically. It feeds mainly by grazing and does not up-end very often.

Found on moors, tundras and marshes in summer, in winter it frequents mainly muddy estuaries, but also flooded callows. It eats almost entirely vegetable matter and in the estuaries greatly favours *Zostera*, often called wigeon grass. The nest is usually built among heather stalks or bracken. Six to ten eggs are laid and incubated for twenty-four to twenty-five days.

American Wigeon (*Anas americana*) Also called the Baldpate, this is a common and widespread species. The body of the male is mainly purplish-pink. The head is a finely marked grey with a white forehead and crown and a metallic green stripe from the eye to the nape. In other respects this bird is similar to the European Wigeon; the female has a greyer head than the female European Wigeon.

The voice is similar to that of its European counterpart but not so drawn out and the behaviour is also similar. The American Wigeon favours fresh water in both summer and winter, though in the latter season tidal flats and estuaries are also used.

It feeds mainly on vegetable matter. The nest is built in a hollow and well concealed. Usually nine to eleven eggs are laid and these are incubated for twenty-four to twenty-five days.

European Wigeon (*above*); American Wigeon (*below*)

Breeding range
Winter range

Breeding range
Winter range

Chiloë Wigeon

Blue-winged Teal

BLUE-WINGED TEAL
Anas discors

■ Breeding range
■ Winter range

CHILOË WIGEON
Anas sibilatrix

■ Breeding range
■ Winter range

Chiloë Wigeon (*Anas sibilatrix*) Abundant in much of its range this bird has a glossy green and black head with a whitish spot on the cheeks. The underparts are mainly white. The tail is black. The wings have the white patch of other wigeons but the speculum is black with a green sheen. The bill is greyish-blue and the legs are dark grey.

The behaviour is similar to other wigeons but this species is almost sedentary and the courtship is very different.

Freshwater lakes and marshes are its habitat and it eats mainly vegetable matter. The nest is built on the ground. Six to nine eggs are laid and incubated for twenty-four to twenty-five days.

Blue-winged Teal (*Anas discors*) A common and widespread species, the male's head has a white crescent in front of the eye. The body is a spotted pale brown. The speculum is metallic green and black. The female is mottled brown but has the wing colours of the male. The bill is dark grey and the legs are sooty yellow.

The male has a squeaky

call and the female quacks. Gregarious, it travels in tightly-packed flocks, flying swiftly. It feeds mainly on the surface of the water and rarely-up-ends.

The Blue-winged Teal inhabits ponds and ditches in summer, marshes in winter; animal and vegetable matter forms the diet. The nest is well concealed in long grass or catstails. The clutch is ten to twelve but up to sixteen eggs have been recorded. The incubation period is twenty-three to twenty-four days.

The North American prairies subspecies is *discors*; that of the eastern seaboard is *orphna*.

Cinnamon Teal (*Anas cyanoptera*) Common throughout much of its range, the male's body is mainly cinnamon. The tail-coverts are black and the wing-coverts are bright blue.

The female is almost identical to the female Blue-winged Teal. The bill is blackish and the legs are yellow.

A strong rattling call is uttered. This species dives well and frequently.

Its habitat ranges from tropical marshes to high Andean plateaux. The diet is mainly vegetable matter. The nest is usually built in reed-beds, near the water. Six to fourteen eggs are laid and incubated for up to twenty-five days.

From north to south of the range the subspecies are *septentrionalium* (the North American subspecies), *tropica*, *borreroi*, *orinomus* and *cyanoptera*.

Cinnamon Teal

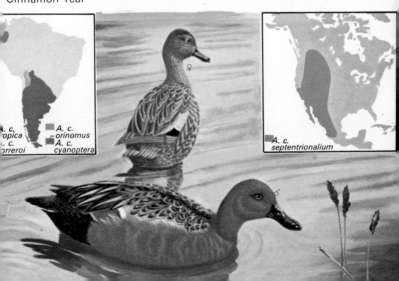

Breeding range
Winter range

Garganey

Garganey (*Anas querquedula*) A common duck in parts of its range, the head of the male is purplish-brown with a white stripe running from the eye and curving down the back of the neck. The breast is brown with fine crescent barring. The belly and flanks are white, the latter finely barred. The wing-coverts are pale blue and the speculum is bright green with a broad white band on the front edge. The female is mottled brown but has the same wing colours as the male.

The male has a loud rattling call; the female has a short quack. Flight is rapid and direct. The Garganey gathers in closely-packed flocks both on the water and in flight. It does not usually up-end and often feeds like the shovelers.

In summer it frequents richly vegetated ponds and marshes. In winter it is often found in tidal creeks. A wide variety of animal and vegetable matter is eaten. The nest is usually built in long grass or rushes. The usual clutch is ten to eleven eggs. The incubation period is twenty-one to twenty-three days.

Red Shoveler

Cape Shoveler

Red Shoveler (*Anas platalea*) Found in the southern half of
South America, including the Falkland Islands, the head of
the male is buff, paler on the sides. The body is mainly pale
reddish-cinnamon, heavily spotted with black. The tail is
black and white and the coverts are black. The wing has pale
blue coverts, a metallic green speculum and long black and
white tertials. The spatulate bill is black and the legs are
yellow. The female is mottled brown, with the male's wing-
colours but with dark legs.

Rather a silent bird, the male's voice is similar to that of
the Cinnamon Teal; the female's is a quack.

The Red Shoveler lives in brackish lagoons and marshes
and feeds mainly on vegetable matter, but also on a variety of
small animals. The nest is built in a fairly open site. Six to
eight eggs are laid and incubated for twenty-five days.

Cape Shoveler (*Anas smithi*) Quite rare, and found only in
South Africa, this duck, which is also called the South
African Shoveler, is very similar to the Red Shoveler but
darker and heavily barred rather than spotted. The scapulars are dark green and blue but otherwise the wings are the
same as those of the Red Shoveler. The female is very
similar to the male but is paler with less blue on the wings.

The bill and legs are as those of the Red Shoveler. Rather
silent, the male has a low guttural disyllabic call and the
female utters a deep quack. A fairly shy shoveler, it is usually
seen in pairs. It flies very swiftly and associates with other
species.

Living in shallow marshes, it eats a mixture of animal and
vegetable matter.

New Zealand Shoveler (*left* and *centre*); Australian Shoveler (*right*)

Australasian Shoveler (*Anas rhynchotis*) This is scarce but widespread in Australia – mainly the southern half – Tasmania, New Zealand, and with a few on the Aukland Islands. The head of the male is glossy green with a dark crown and a white crescent in front of the eye. The flanks and belly are reddish with heavy barring (less on the New Zealand subspecies). The breast is mottled black, brown and white. The wings are similar to those of the Red Shoveler. The female is mottled brown with the male's wing colours. The bill is black and the legs orange in both sexes.

The voice is similar to that of the Northern Shoveler but lower and more whistling in the male. Found usually in pairs or small groups, this shoveler flies very swiftly, associates with other ducks and in habits is similar to other shovelers.

It has a preference for muddy flood waters without much reed cover, where it eats mostly vegetable matter. It builds on the ground in long grass. Seven to ten eggs are laid and incubated for twenty-four days.

The Australian subspecies is *rhynchotis*, the New Zealand one is *variegata*.

Nothern Shoveler (*Anas clypeata*) This is a fairly numerous duck throughout its range. The drake has a glossy, dark green head, brilliant white breast, chestnut flanks and belly, white vent and tail, and black tail-coverts. The back is black and brown. The wings have blue coverts and a bright green speculum. The female is mottled brown and has the male's wing colours. The bill is black or brown and the legs orange.

The male's call is a deep disyllabic note, uttered in flight.

Both male and female have a low quacking call when on the water. This duck flies well and swiftly. It can take off almost vertically and also twists in flight like the Northern Green-winged Teal. It swims with its breast low in the water and the bill pointed down. Usually found in pairs or small groups and also mixing with other ducks, the Northern Shoveler has the peculiar habit of swimming around in circles with its bill under water.

It lives in shallow marshes and lagoons with abundant reed cover. Sometimes it rests on the sea. A variety of animal and vegetable matter is eaten. The nest is built in an open site among grasses. The clutch varies from seven to fourteen eggs. Incubation lasts twenty-three to twenty-five days.

Northern Shoveler; in flight in the background.

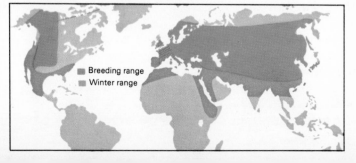

Breeding range
Winter range

Ringed Teal

Ringed Teal (*Calonetta leucophrys*) Scarce and found only in Paraguay, Uruguay, northern Argentina, southern Brazil and Bolivia, the male's head is grey with a black band running over the crown and back of the neck. The underparts are pale grey with a pinkish breast spotted with black. The female is a dull grey and brown bird with the same wing markings as the male and with a whitish stripe above the eye. The bill is grey, darker in the female, and the legs are pink.

Usually silent, the male has a soft drawn-out whistle and the female a harsh quack. The Ringed Teal swims and flies well and perches readily on trees. Some of the courtship displays are similar to those of the pochards.

It inhabits jungle pools and swamps, living mainly on vegetables. It builds in holes in trees. Five to eight eggs are laid and incubation lasts twenty-three days.

Pink-eared Duck (*Malacorhynchus membranaceus*) This is a fairly common duck in Australia and Tasmania where suitable habitat exists. The head is whitish with fine barring of greyish-brown. A dark greyish-brown band runs from the eye to the nape and there is a small pinkish patch below this and behind the eye. The body is mainly whitish with finely barred markings. The shoveler-like bill, with soft flaps at the corners, is grey and the legs are also grey.

A soft musical whistle is uttered. This species has a

Pink-eared Duck (*top*); Freckled Duck (*bottom*)

peculiar habit of facing its mate with its bill under water and
rotating slowly several times. It flies rather weakly and
prefers to swim away from approaching danger.

Found only on very still stagnant waters, it 'vacuum-
cleans' small invertebrates from the water. The nest is
usually built on the flat branch of a tree or in a hole. Only
three to six eggs are laid and the incubation period is not
known.

Freckled Duck (*Stictonetta naevosa*) Fairly scarce and found
only in western and south-eastern Australia and Tasmania,
the Freckled Duck is blackish-brown all over, somewhat
paler on the underparts. The whole bird, apart from the
primaries, is spotted with buff or white markings. The bill of
the male is reddish in the breeding season but is otherwise
dark greenish-grey, like the female's. The legs are bluish-
green. The sexes are similar.

The voice is made up of grunts and mews. Very little is
known about the behaviour of this species. It is quiet and
inactive and congregates in small parties. It is a nocturnal
feeder, spending the day resting on the water.

Found mainly in swamps and surrounding country, this
duck feeds on vegetable matter. The nest is sited almost at
water-level under bushes or in long grass. Six to ten eggs are
laid and the incubation period is unknown.

Chilean Torrent Duck

Tribe: Merganettini

Torrent Duck (*Merganetta armata*) This bird is thinly spread
over an 8,000 km-long (5,000 mile) range in the Andes from
10° north to Tierra del Fuego. The females of the six different subspecies are similar, but the males vary greatly. The
females are cinnamon on all their underparts from the chin
to the under tail-coverts, and grey above. The wings are
greyish-blue on the coverts, with brownish primaries and a
white-edged green speculum. The bill of both sexes is bright
red and the legs smoky red. The heads and necks of all the
males are white with a black band running down from the
forehead and crown to the base of the neck. A thin black
stripe runs parallel from the eye down the sides of the neck.
This is connected at the nape with the wider black band. In
one of the subspecies there is a further black band running
down the front of the neck, and this joins the side stripe at the
eye. The backs of the males range from almost unstreaked
grey through black and white streaks to almost white with a
few black streaks. The wings are like those of the female. The
breast, belly and flanks range from lightly streaked grey

through dark streaked grey and brown to black. The tail-coverts are light or dark grey, finely barred.

A shrill whistle is uttered in flight and on landing. Solitary and sedentary, the Torrent Duck spends most of its time swimming in fast-flowing streams, climbing out on to rocks and flying upstream to start another feeding descent. It uses its tail as a support – like a woodpecker. Rather wary, it dives well and is able to take off by jumping straight into the air.

It is found only in streams and rivers where the current is too strong for swimming upstream. The food is the larvae of insects and some molluscs. The nest is usually built under a rock or in a cave or crevice. Two to five eggs are laid but the incubation period is not known.

There is some question of the validity of some of the sub-species but six are commonly recognized. These are, from north to south, *colombiana*, *leucogenis*, *turneri*, *garleppi*, *berlepschi* and *armata*. The last has the widest range.

Torrent Duck

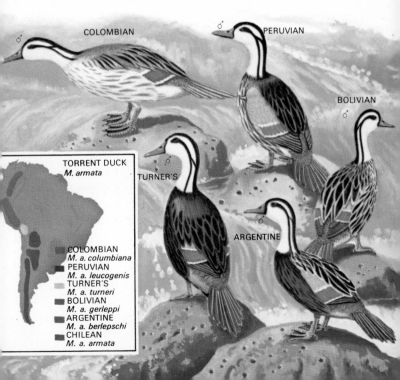

COLOMBIAN
PERUVIAN
BOLIVIAN
TURNER'S
ARGENTINE

TORRENT DUCK
M. armata

COLOMBIAN
M. a. columbiana
PERUVIAN
M. a. leucogenis
TURNER'S
M. a. turneri
BOLIVIAN
M. a. gerleppi
ARGENTINE
M. a. berlepschi
CHILEAN
M. a. armata

Common Eider

Tribe: Somateriini

Common Eider (*Somateria mollissima*) This duck is quite common throughout most of its range. The male is creamy-white except for a black belly, flanks, vent, rump, tail-coverts and tail. There is also a black stripe running from the base of the bill to the back of the neck. The breast is tinged pink, and there is a round white patch behind the flanks. The female is dark brown, mottled and barred, with a green bill.

The male utters a soft crooning call, especially during courtship displays. The female has a harsh churr. Found usually floating about on the sea in rafts sometimes several hundred strong, the Common Eider dives extremely well and flies strongly and directly low over the water.

Rocky or sandy bays and exposed coasts are the preferred habitat and the food is mainly shellfish. It builds a very downy nest in a hollow between rocks or tussocks. Four to six eggs are usual but up to ten have been recorded. Incubation lasts twenty-seven to twenty-eight days.

Five subspecies are recognized. These are *mollissima* in Europe, including Iceland, *faeroeensis* in the Faeroe Islands,

King Eider

borealis in north-east Canada and west Greenland, *dresseri* in Hudson and James Bays and east Labrador and *v-nigra* in the arctic Pacific.

King Eider (*Somateria spectabilis*) A fairly common duck in a restricted high-arctic range, the body of the male is similar to that of the Common Eider but the back is black. The head is bluish on the crown and nape, green on the cheeks, and the orange bill forms into a large orange knob at the base. The female is similar to the female Common Eider but redder.

Behaviour is generally similar to that of the Common Eider but the King Eider is able to dive deeper and stay under longer. It is also less reluctant to fly over land than the Common Eider.

In summer it is found on freshwater lakes near the coast, where it breeds. In winter it is found almost entirely on the sea. The diet is mainly molluscs and crabs, but in summer it eats some vegetable matter and insects. The nest is built in the open, in a slight hollow near the edge of a lake. The clutch is usually four to seven eggs and incubation probably lasts twenty-seven to twenty-eight days.

Spectacled Eider

Spectacled Eider (*Somateria fischeri*) The Spectacled or Fischer's Eider is locally fairly numerous along the coast of Siberia, west to the Yana, and Alaska and the Aleutian Islands. The male Spectacled Eider is similar to the Common Eider but has a black breast, and the head pattern is completely different. It has a green-capped appearance with a large, white, circular patch around the eye. This is fringed with black. The bill and legs are yellowish. The female is very like the female Common Eider but has traces of the circle around the eye. The female's bill and legs are darkish green.

Its voice has not been recorded. Very little is known about the habits of this species, but in general it behaves like the other eiders.

It is found on the coasts of the north Pacific, preferring shallow muddy lagoons and bays to deeper rocky areas. It eats mainly molluscs and crustaceans, but some vegetable and insect matter is also consumed. It builds among tussocks near the water's edge. Five to six eggs are normal. The incubation period is not known.

Steller's Eider; Eider's nest with eggs (*inset*)

Steller's Eider (*Polysticta stelleri*) Numerous in parts of its range, this eider breeds in arctic Siberia, east to Alaska, and possibly west to Finland. It winters off north Scandinavia and the coasts of the north Pacific. The male has a white head with an emerald green knob and a black dot on the nape, and an emerald patch at the base of the bill and black around the eye. The underparts are rufous, with a black spot between the breast and the flanks. The chin, throat, sides and back of neck, mantle, rump, tail-coverts and tail are all black. There is a white spot behind the flanks. A thin white band separates the neck from the breast and this continues along the pendent scapulars. The female is dull speckled brown. The bill and legs of both sexes are greyish.

The male has a low croon, the female a harsh growling. Steller's Eider flies swiftly with bell-like wing beats and swims in single file. It is very gregarious outside the breeding season. It dives for food but can also up-end in shallow water and can take off by rising straight from the water.

In summer it is found mainly on tundra lakes and pools. In winter it takes to exposed rocky coasts. The diet is animal matter, especially molluscs. It builds in hollows among mosses and grasses. Seven to eight eggs are usually laid. The incubation period is not known.

115

Tribe: Aythyini

Red-crested Pochard (*Netta rufina*) Fairly numerous throughout most of its range, the male has a rufous head, black breast, white flanks and belly, and pale brownish back. The female is pale brownish with pale cheeks contrasting with a darker crown.

A loud rasping wheeze is used by the male in courtship display, while the female has a grating churr. This duck flies well and takes off by pattering along the water. It dives for its food and can also up-end.

It frequents large expanses of reed-fringed freshwater and saline lagoons, feeding mainly on vegetable matter. The nest is built in thick reed-beds or scrub, and six to twelve eggs are normally laid. The incubation lasts twenty-six to twenty-eight days.

Rosybill (*Netta peposaca*) This duck is quite common in parts of South America. The male is black but for grey flanks and belly and white under tail-coverts. The head is glossed purple. The bill is bright red. The female is mainly plain brown, and the bill is bluish.

Generally silent, in spring the male has a soft cooing call and the female a harsh guttural cry. It is very gregarious and flies long distances to feed.

Found in shallow water, the Rosybill feeds on vegetable matter. The nest is built close to the water. The clutch numbers seven to fourteen eggs and incubation lasts twenty-three to twenty-five days.

South American/African Pochard (*Netta erythrophthalma*) Local and not numerous, the male has a purple-black head, neck and breast. The rest of the body is reddish brown. The female is similar to the female Rosybill but has white patches at the base of the bill, behind the eye, and on the cheek.

The voice is very similar to that of the Rosybill. It flies swiftly, and feeds mainly on the surface but can dive well and also up-ends. Fairly shy, it is found mainly in pairs on freshwater ponds with rich vegetation. The nest is hidden in long grass or reeds. The clutch is five to nine eggs. Incubation lasts twenty-three to twenty-five days.

Red-crested Pochard (*top*); Rosybill (*centre*); African Pochard (*bottom*)

RED-CRESTED POCHARD
Netta rufina

■ Regular breeding range
■ Irregular breeding range

Southern limit

■ Range

AFRICAN POCHARD
Netta·erythrophthalma

Canvasback

Canvasback (*Aythya valisineria*) This is a common species, but is decreasing due to habitat destruction. The male has a dark reddish head and eye, a black breast, vent and tail-coverts. The body is almost white as are the wings, apart from brownish flight feathers. The female is brownish, darker on the crown and breast and paler around the face. The belly is whitish. The eye of the female is brown. The bill of both sexes is black and the legs dark grey.

Generally a silent bird, in courtship displays the male has a trisyllabic call of two high-pitched notes followed by a low groaning note.

It flies well with rapid wing beats and feeds by diving. It congregates in dense rafts on the water and migrates in V-formation. Often it is accompanied by other waterbirds which eat some of the food plants brought up by this and other species of the genus.

The Canvasback breeds in small reedy ponds and lakes and winters on large areas of open water. The diet is mainly water weeds taken from the bottom but also some animal matter. The nest is a substantial affair of reeds. Seven to ten eggs form the clutch, and incubation lasts about twenty-four days.

European Pochard (*Aythya ferina*) Fairly numerous throughout its range, the drake is similar to the Canvasback but has a much greyer body, and a shorter bluish-grey bill with a black tip. The female has a similar bill, but otherwise is like the female Canvasback in plumage.

Generally it is silent except in the breeding season. The male has a wheezy groan while the female has a harsh growl. This is a gregarious pochard. It takes off by pattering over the water but flies well once airborne. It flies in dense bunches when covering short distances but in V-formation when migrating. It dives for its food, usually in fairly shallow water.

The European Pochard inhabits reed-fringed waters in summer, larger open waters in winter. It is hardly ever found on the sea. The food is mainly water weeds. It builds in thick reed cover beside the water. Seven to twelve eggs are laid and incubated for twenty-four to twenty-six days.

European Pochard

Redhead (*above*)

Ferruginous Duck (*right*)

Redhead (*Aythya americana*) Known also as the American Pochard, this duck is decreasing owing to shooting pressure. The male is very similar to the European Pochard but can be distinguished by its darker body colour, more rounded head and yellowish eye. The bill is more hooked. The female is hardly distinguishable from the male pochard except for the bill difference.

The male has a mewing call and a weak guttural laughing note; the female has a series of harsh quacking calls. It is quite noisy during courtship display but otherwise very silent. Very similar in behaviour to the European Pochard, it feeds mainly early in the morning and late in the evening and migrates in large flocks.

Found mainly on open freshwater lakes and ponds, it feeds on water weeds. The nest is usually built over water or on mud and is well made. Ten to sixteen eggs form the clutch and incubation lasts about twenty-four days.

Ferruginous Duck (*Aythya nyroca*) Known also as the Common White-eye, this duck is common throughout most of its range. The male is bright chestnut except for a brownish back and white belly and under tail-coverts (separated from the belly by a dark ventral area). The back and wings are darker brown and a broad white bar runs along the trailing edge of the wings. The iris is white. The female is similar but duller and lacks the white eye.

The voice of the duck is similar to that of the European Pochard; the drake has a low grating wheeze. General behaviour is similar to that of the European Pochard. This species, however, is not as gregarious and tends to keep to cover more than the other species.

It is found mainly on well-vegetated ponds and marshes and uses salt-water habitats in parts of its winter range. The diet is variable, with more vegetable than animal matter being eaten. It builds a substantial nest close to water in dense cover. The clutch is usually seven to eleven but up to twenty eggs have been recorded. Incubation lasts twenty-five to twenty-seven days.

REDHEAD
Aythya americana

■ Breeding range
■ Winter range

♀

♂

FERRUGINOUS
DUCK
Aythya nyroca

■ Breeding range
■ Winter range

Baer's Pochard

Baer's Pochard (*Aythya baeri*) Probably fairly scarce, the
male and female are very similar to male and female Ferruginous Ducks but the head is black or blackish-brown with a
green gloss.

The voice has not been recorded. Little is known about
this species. The courtship display at least is similar to that
of the Ferruginous Duck. It walks well and flies swiftly,
rising with greater ease than the Ferruginous Duck. Baer's
Pochard is found on fast flowing rivers and jungle ponds,
where it probably eats mainly vegetable matter. It builds on
the edge of the water. The clutch size and incubation period
are not definitely known.

Australian White-eye (*Aythya australis*) Found in Australia,
Tasmania, New Zealand, east Java, New Guinea, and
several other islands in that area, this duck, also called the

Australian White-eye

New Zealand Scaup

Hardhead, is common in Australia but less so in other parts of its range. The male and female are similar to male and female Ferruginous Ducks but are larger and much darker. The bill is greyish with a pale blue bridge near the tip. The white secondaries have a black bar near their tips.

The voice is similar to that of other members of the genus. A rather wary species, it flies well and travels long distances when disturbed. Found mainly in pairs or small groups, its general behaviour is that of other pochards.

It inhabits freshwater lakes and ponds, feeding on a mixture of animal and vegetable matter, especially shrimps. The nest is built in reed-beds beside the water. The number of eggs ranges up to sixteen.

New Zealand Scaup (*Aythya novae-seelandiae*) Found in New Zealand, including Aukland and Chatham Islands, the New Zealand Scaup or Black Teal has decreased but is holding its own. The male is black all over but for a small, white speculum and white underwings. The head and breast have a green sheen. The female is plain brown but for the white speculum, underwings and a small area around the base of the bill. The bill of both sexes is bluish-grey, the legs grey and the eye bright yellow.

The male has a soft whistle, the female a quack. Little is known of the habits. It is very tame and reluctant to fly.

Large freshwater lakes are the habitat, probably a mixture of animal and vegetable matter being eaten. Little is known about the nesting habits. The clutch ranges from five to eight eggs.

Ring-necked Duck

Ring-necked Duck (*Aythya collaris*) This duck, also known as the Ring-billed Duck, is quite numerous through most of its range. The male has a black head with a purple gloss, black breast, upperparts and stern. The flanks and belly are white, the former greyish towards the rear. The white runs up in front of the wing in a prominent point. There is a broad, grey bar at the trailing edge of the wings. The bill is white with a grey bridge and a black tip and the eye is yellow. The female is similar to a female European Pochard but has the male's bill pattern and white around the eye. The thin chestnut collar of the male which gives the bird its name can hardly be seen in the field.

The male has a weak wheezy whistle, while the female's call is a harsh churring. This duck swims buoyantly and dives very well and to great depths. It takes off with ease and flies rapidly. Generally it behaves like other pochards.

Found on freshwater ponds and marshes, not usually on wide open water, the Ring-necked Duck feeds mainly on water plants. The nest is built close to the water in damp places. Eight to twelve eggs are laid and incubated for twenty-three to twenty-five days.

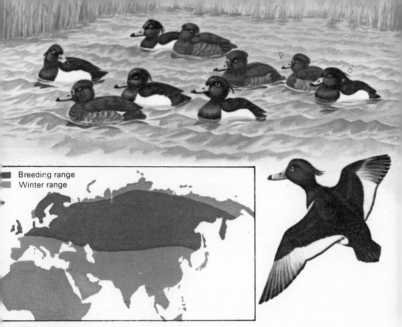

Tufted Duck

Tufted Duck (*Aythya fuligula*) A common duck throughout most of its range, the male is black except for white flanks and belly. The head has a purple gloss, the eye is yellow and the bill is pale grey with a dark tip. The female is brown with a white belly and a small obscure area of white at the base of the bill. Like the male she has a yellow eye. Both have a broad white bar at the trailing edge of the wings. The legs are dark grey. In spring the male has a prominent tuft at the back of its head.

It is silent except during courtship displays when the male has a soft whistling note and the female a growl. The sexes are often seen in separate flocks. The Tufted Duck spends most of its time on open water, diving for food. It flies swiftly with fast wing beats and is fairly tame.

Reed-fringed freshwater ponds are favoured in summer, open freshwater lakes in winter. More animal than vegetable matter is taken. The nest is usually built in cover on small lake islands. The clutch varies enormously from six to eighteen, with up to twenty-eight eggs sometimes. Several females sometimes lay in one nest. Incubation lasts twenty-three to twenty-six days.

LESSER SCAUP
Aythya affinis
■ Breeding range ■ Winter range

GREATER SCAUP
Aythya marila
■ Range

Lesser Scaup (*Aythya affinis*) Also called the Little Blue-bill, the numbers of this species have been reduced greatly but the species is still abundant. The male is very similar to the male Greater Scaup but is smaller and has a purple sheen on the head instead of green. The female is distinguished from the female Greater Scaup by the smaller area of white around the base of the bill. The bill of both sexes is bluish-grey, the legs are grey and the iris yellow.

The male has a low whistle, the female a rattling call. A very active bird, it flies as well as the Northern Green-winged Teal and is very gregarious. General behaviour is similar to that of the Greater Scaup.

It inhabits inland freshwater lakes and reservoirs, eating an equal mixture of animal and vegetable matter. The nest is a down-lined hollow in long grass. Nine to fifteen eggs are laid and incubated for twenty-three to twenty-six days.

Greater Scaup (*Aythya marila*) This species, also called the Blue-bill, is fairly numerous but confined to a limited habitat within its range. The male is similar to a large Tufted Duck without the tuft and with a pale grey back. The head has a green gloss. The female is mainly brown above and white below and has a large area of white around the base of the bill and in summer has a pale cheek patch. In flight a prominent white wing bar is displayed. The bills of both sexes are bluish-grey with a dark nail. The iris is bright yellow.

Silent except for courtship calls, the male uses a cooing note while the female has a harsh, trisyllabic call. Gregarious, it spends most of its life on water, often in dense rafts. It dives for its food and in general habits is similar to the European Pochard.

In summer it is found mainly on tundra lakes. In winter it takes to sheltered sea-loughs, bays and estuary-mouths. It feeds almost entirely on shellfish in winter, with some vegetable matter in summer. The nest is usually built in heather and other ground cover close to water. Six to eleven eggs are laid and incubated for twenty-seven to twenty-eight days.

The Eurasian subspecies is *marila*; the smaller and slightly darker North American one is *mariloides*.

Lesser Scaup (*top* and *centre left*); Greater Scaup (*centre right* and *bottom right*), with female in summer plumage (*bottom left*)

Tribe: Cairinini

Brazilian Teal (*Amazonetta brasiliensis*) This is a very common species. The male's head is blackish-brown, and the body is mainly grey and brown with a dark tail and rump. The female is similar but has a white patch on the forehead and another at the base of the bill. The legs of both sexes are bright red.

The Brazilian Teal is found in tropical forest areas and probably eats mainly vegetable matter. It usually builds on the ground near water but sometimes in old nests of other species. Six to eight eggs are incubated for twenty-five days. The small northern race is *brasiliensis*; the larger southern one (Schuyl's Teal) is *ipecutiri*.

Australian Wood Duck (*Chenonetta jubata*) Common in suitable habitats in Australia and Tasmania, the male Australian Wood Duck or Maned Goose has a low, wheezy whistle, the female a soft, deep quack. Generally gregarious, it perches frequently in trees, walks well and feeds by grazing on land. It wanders in search of water and food. The general habits are similar to those of the genus *Aix*.

This duck is found anywhere within its range where there is a combination of water and trees. It eats vegetable matter, including agricultural crops. Usually it builds in holes in trees. The clutch is eight to ten eggs. Incubation lasts twenty-eight days.

Australian Wood Duck

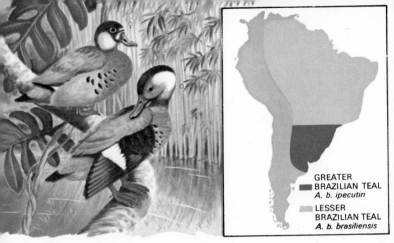

GREATER
BRAZILIAN TEAL
A. b. ipecutiri

LESSER
BRAZILIAN TEAL
A. b. brasiliensis

Mandarin (*Aix galericulata*) This duck is thriving as a feral population in Britain but is just maintaining itself in Japan and has declined seriously in China due to habitat destruction.

Generally silent, the male has a single nasal note. In habits it is usually quiet and shy, frequenting ponds and streams in well-wooded country. It migrates south in winter in China and Japan, but is sedentary in Europe. It defends its young very fiercely. The Mandarin perches freely.

It is found in mature deciduous woods with streams and ponds where it feeds mainly on water weeds. The nest of down is built in a hole in a tree. Nine to twelve eggs are laid and the ducklings are extremely active as soon as they are hatched.

Brazilian Teal (*above*); Mandarin (*below*)

Breeding range
Winter range

North American Wood Duck

♀ ♂

Range

North American Wood Duck (*Aix sponsa*) This duck, also called the Carolina Duck, was nearly wiped out by the end of the nineteenth century but as a result of conservation measures it is again widespread. The head is mainly dark glossy green, with purple sheens towards the nape. A thin white stripe runs from the base of the bill over the eye to the nape, and a parallel stripe beneath it from the eye to the nape. The chin is white with two prominent crescents running up under the eye and to the nape. The bill is orange and the legs blackish-yellow. The female is brownish with a grey head and a white eye-ring.

The male has a finch-like note, the female a raucous and shrill disyllabic call. It feeds both on land and water, up-ending to get plants from the bottom. It flies well.

It inhabits swamps and everglades, feeding on water weeds, acorns, seeds, rice, etc. The nest is made of down in a hole in a tree. The clutch is eight to fourteen eggs.

African Pygmy Goose (*Nettapus auritus*) This species is found in Africa south of 15° north, and Madagascar. It is fairly numerous in suitable habitats. The male has a white head with a black-fringed green crown. The upperparts are green, the underparts white, with a pale orange-brown

130

breast and flanks. The bill is deep yellow. The female is duller and lacks the head pattern. Her bill is greyish.

The male has a twittering whistle, the female a soft quack. It flies low over the water for short distances when disturbed and perches frequently. It dives well when alarmed.

It is found in tropical pools and slow-moving rivers and it feeds on vegetable matter. The nest is built in holes in trees or in old nests of other species.

Green Pygmy Goose (*Nettapus pulchellus*) Found in northern Australia, southern New Guinea, parts of the Celebes and Moluccan Islands, this bird is common in suitable habitats. The male has a brown crown barred with dark green. The neck and back of the head are glossy green and there is a white patch covering the cheeks and chin. The belly and lower breast are white, the rest of the underparts white with dark green barring. The mantle and wing-coverts are green. The primaries are black, the secondaries white. The female is duller and lacks the green neck. The bill is black above, and pinkish below. It eats vegetable matter.

The nest is built in holes in trees and also in reed-beds.

African Pigmy Goose (top); Green Pigmy Goose (*bottom*)

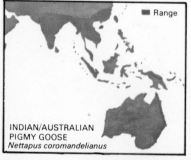

Australian Pigmy Goose

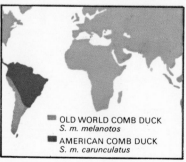

■ Range

INDIAN/AUSTRALIAN
PIGMY GOOSE
Nettapus coromandelianus

OLD WORLD COMB DUCK
S. m. melanotos
AMERICAN COMB DUCK
S. m. carunculatus

Indian/Australian Pygmy Goose (*Nettapus coromandelianus*)

Common in parts of its range, the male is mainly white with a green crown, breast-band, mantle and wing-coverts. The female is similar but much duller, the white underparts being much mottled with brown. The legs of both sexes are black and the bill is brown above, yellowish below.

The male has a metallic cackle, the female a weak squeaking note. It flies low and swiftly, avoiding trees with quick twists and turns, and migrates long distances. Found usually in pairs or small parties, it feeds mainly on the water among floating plants and perches freely but is rather awkward on land.

This species lives anywhere where there is water and trees. It feeds on the seeds and soft leaves of floating water plants. It builds normally in holes in trees, but also in walls and under the roofs of buildings. The eggs number eight to fifteen.

The Indian subspecies (Cotton Teal) is *coromandelianus*; the larger Australian subspecies is *albipennis*.

Comb Duck (*Sarkidiornis melanotos*) This duck is quite common throughout its range. The male has a white head and neck spotted with black and yellowish feathers. The upperparts are dark metallic blue-green with bronze sheens on the secondaries and purple on the scapulars. The eastern subspecies has a thin black mark between the breast and flanks. There is a prominent fleshy knob on the dark grey bill. The female is similar but smaller and lacks the bill knob and yellow nape tufts.

A generally silent bird, it flies with broad, powerful wing beats, perches readily and even clings to vertical tree-trunks. Usually found in pairs or small groups with the sexes split up, it is aggressive during the breeding season.

The Comb Duck inhabits wooded swamps and water surrounded by trees in open country. The diet is probably mainly vegetable matter. It builds in holes in trees and in forks but takes to any sort of hole or crevice in the absence of trees. Seven to fifteen eggs are laid and incubated for thirty days.

The eastern subspecies is *melanotos*, the South American one is *carunculatus*.

Comb Duck

♀

♂

S. m. melanotos

S. m. carunculatus

♂

Hartlaub's Duck (*Ptero-netta hartlaubi*) Found around the Gulf of Guinea, this duck is widespread in small numbers. The male and female are very similar, the latter only lacking the white on the head.

The male utters a harsh, wheezy whistle and the female a clucking cackle. Very little is known of the habits of this species. Found usually in pairs, it is very sedentary, but flies into trees when disturbed.

It frequents rivers through forested areas where much animal matter – insects, crustaceans, molluscs – is eaten. It probably builds in holes in trees but nests have not been found yet.

The western subspecies is *hartlaubi*, the eastern one is *albifrons*.

White-winged Wood Duck (*Cairina scutulata*) Found in Burma, Malaya, Sumatra, Java and east to Vietnam, this species is rather scarce. The head and neck are white, spotted with black. The back, rump and upper tail-coverts are black with a green gloss. The sexes are similar. Some specimens have a pure white head, neck and breast.

Hisses and grunts are uttered but in spring the

Hartlaub's Duck (*above*); White-winged Wood Duck (*below*)

Muscovy Duck (*top*); Domestic Muscovy Duck (*above*)

MUSCOVY DUCK
Cairina moschata

■ Range

male has a loud trumpeting call. It is rather secretive, hiding away in tall trees by day and flying down to feed at dusk. It perches most of the time but swims and dives readily when on the water.

This duck inhabits thick, overgrown jungle pools and streams and probably feeds mainly on vegetable matter. It builds in holes or forks in trees and in other birds' nests. Seven to ten eggs are incubated for about thirty days.

Muscovy Duck (*Cairina moschata*) This duck has decreased but is still numerous in parts of its range. Both male and female are black with a green gloss on the underparts and a brownish tint on the upperparts. The male is crested and has small reddish knobs and blisters around the base of the bill.

The male has a weak, hissing call, the female a soft quack. The Muscovy Duck rests and roosts in trees. Males and females congregate in separate groups outside the breeding season.

Found in dense forests, it eats mainly vegetable matter. The nest is built in hollows and forks in trees. The clutch is eight to fifteen eggs, and these are incubated for up to thirty-five days.

135

Spur-winged Goose (*Plectropterus gambensis*) A common and widespread species, this bird is generally black above, with a coppery sheen on the feathers, and white below. The forward edge of the wing is also white. The bill, bare crown and legs are pinkish-purple. The bare face is greyish-blue. The female is smaller and has less extensive bare areas. The male develops a knob on his forehead as he grows old. The southern subspecies has white only on the belly and lower breast and the wings.

The male has a thin whistle, frequently uttered. It flies heavily, the wings flapping slowly and noisily.

The Spur-winged Goose uses a wide range of African habitats, only avoiding densely forested areas. The diet is mainly vegetable matter, including agricultural crops. A large nest is built in long grass on dry land. The clutch is seven to twelve and incubation is of unknown duration.

The widespread northern subspecies is *gambensis*; the restricted darker, southern subspecies is *niger*.

Tribe: Mergini

Black Scoter (*Melanitta nigra*) Fairly common and widespread, the male is entirely black with a bright yellow bridge on the bill. This yellow is more extensive in the North American subspecies. The female is brown with pale cheeks and front of neck and with a well-defined dark cap.

The male has a variety of musical cooing notes, the female a harsh chatter. It rarely comes to land except during the breeding season. It swims in small rafts and flies in wedges swiftly and low over the water.

The Black Scoter breeds on freshwater lakes, usually in moorland or tundra country. It is exclusively marine in winter and is found mostly on open stretches of sea near the shore. The diet is almost entirely molluscs. The nest is built near the water among heather, dwarf willow etc. Eight to ten eggs are usual and incubation lasts twenty-seven to twenty-eight days.

The European and west Asian subspecies is *nigra*. The North American and east Asian one is *americana*.

Spur-winged Goose, with subspecies *P.g. niger* on right (*above*); Black Scoter (*below*), head of North American variety (*inset*)

SPUR-WINGED GOOSE
Plectropterus gambensis

BLACK SCOTER
Melanitta nigra

Range

Range

137

Surf Scoter

Surf Scoter (*Melanitta perspicillata*) This scoter is common in
parts of its range. The male is completely black but for a
white forehead and nape and a bill which is coloured black,
red, yellow and white. The female is brown with whitish
patches at the base of the bill and over the ear. The legs are
orange-red with dusky webs. The eye of the male is white.

A very silent bird, in courtship display the male uses a low
whistle or a sharp, liquid, disyllabic note. The female has a
guttural croaking note. The behaviour is similar to that of
other scoters. This species usually keeps offshore in winter.
Unlike the Black Scoter it feeds at night as well as by day.

In summer it inhabits ponds and lakes in wooded areas as
well as tundra areas. It is maritime in winter but some over-
winter on the Great Lakes of North America. The diet is
mainly molluscs, especially mussels. The nest is often built
far from the water under trees. Five to nine eggs are laid.
Incubation lasts twenty-seven to twenty-eight days.

White-winged Scoter (*Melanitta fusca*) Also called the
Velvet Scoter, this is a common species throughout most of

White-winged Scoter; head of North American variety (*inset*)

its range. The male is all black but for white secondary
feathers and a small white mark below the eye. The bill
colour varies according to the subspecies but is mainly
yellow and black. The female is similar to the female Surf
Scoter but has the white on the wing. The legs of both sexes
are sooty red.

Very silent, the male has a cackling note as well as a
whistle. The female has a harsh growl. It rarely associates
with other species. The wintering areas of the male often
differ from those of the female and young.

The habitat is the same as the Surf Scoter's. Except in the
breeding season it eats mainly marine shellfish and some
crabs. The nest is built in a wide range of sites. Five to eight
eggs are usual but up to fourteen have been recorded.
Incubation lasts twenty-seven to twenty-eight days.

Four subspecies are recognized and they differ in colour
and shape of bill. The European subspecies (Velvet Scoter) is
fusca, the Asiatic subspecies *stejnegeri*, the Pacific subspecies
dixoni, and the North American subspecies *deglandi*.

139

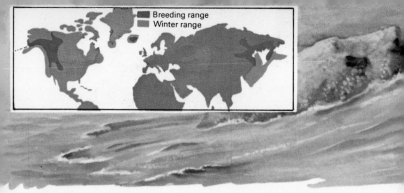

Harlequin Duck (*Histrionicus histrionicus*) This species is quite common over a wide area but in a limited habitat. The male is dark greyish-blue with reddish flanks and black-fringed white markings on the head and body. The head has a white patch behind the bill. The scapulars are white and so are the tips of the secondary coverts. There is a white spot on the side of the vent. The female is brown with traces of the white head markings of the male. Both have grey bills.

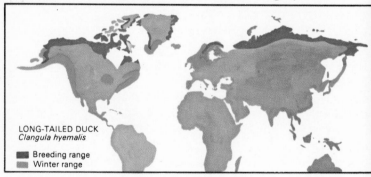

LONG-TAILED DUCK
Clangula hyemalis

■ Breeding range
■ Winter range

Long-tailed Duck (*left*); male in winter (*right*)

Harlequin Duck

The male has a quiet whistle, the female a croak. This duck swims and dives in very fast flowing rivers.

It inhabits fast flowing rivers in summer, rocky coasts in winter. The diet is shellfish, crabs and, in summer, many insects. Holes and crevices in rocks, banks and sometimes trees are used as the nest site. The clutch is five to ten eggs.

The Atlantic subspecies is *histrionicus*; the Pacific one is *pacificus*.

Long-tailed Duck (*Clangula hyemalis*) Also called the Old Squaw, this is a fairly numerous duck throughout its range. In summer the male is very dark brown with a white face-patch, flanks, belly, and under the tail. The female in sum-summer lacks the long tail of the male and her head is a blotchy mixture of black, white and brown. In winter the male is nearly all white but for a dark brown breast, back, upper tail-coverts and wings. There is also a dark brown patch below the eye. The female in winter is mainly pale brown with a white head, apart from a dark crown and nape and a small patch below the eye.

The male has a multisyllabic musical call which is uttered frequently. The female is seldom heard. This duck flies well, low over the water, swinging from side to side.

In summer it is found mostly on freshwater lakes in tundra areas. In winter it frequents the open sea, usually well away from the shore. The diet is mainly molluscs and some crust-aceans, also insects in summer. The nest is built beside the water, usually in a hollow. The clutch is usually six to eight, but up to seventeen eggs have been recorded. Incubation lasts twenty-four to twenty-five days.

141

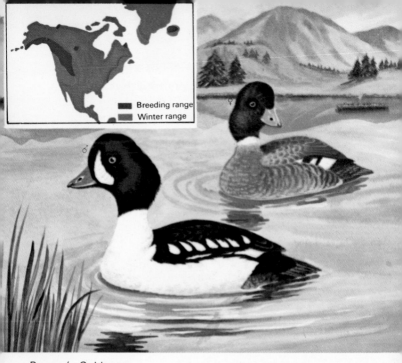

Barrow's Goldeneye

Barrow's Goldeneye (*Bucephala islandica*) Found in small
numbers except in the west of the range, the male of the
species is entirely black and white. The head is black with a
purple sheen and with a crescent-shaped white mark in
front of the eye. The underparts are completely white as are
the scapulars and secondaries and secondary-coverts. The
female is very similar to the female Common Goldeneye. The
male's bill is grey while the female's is grey with an orange
tip. The legs of both are orange-yellow.

Generally silent, the male has a harsh, rasping call. This
duck flies with very rapid wing beats which make a ringing
sound. The males and females often form separate flocks.
Much of the time is spent on the water, swimming, diving
and displaying. The courtship display is spectacular.

Barrow's Goldeneye lives on freshwater lakes in tundra
areas and up to 3,100 m (10,000 ft). In winter it moves
south or to the coast. It feeds mainly on animal matter,
molluscs, crustacea, etc., with some vegetable matter in
summer.

142

Common Goldeneye (*Bucephala clangula*) This species is common through most of its range. The male is similar to the male Barrow's Goldeneye but has a round white patch at the base of the bill and the sheen on the head is green rather than purple. He is also whiter on the scapulars and wing-patches. Female Common and Barrow's Goldeneye are almost identical except for bill size and head shape. The bill of the male is grey, that of the female grey with an orange tip. The legs of both are yellow. The eye is bright yellow.

Generally silent, the male has a rasping double note used in display. The female utters a hoarse note. The behaviour is similar to that of the Barrow's Goldeneye. It perches on branches in the breeding season when looking for nesting holes, and enters these by flying directly into them.

It inhabits lakes and rivers in wooded country in summer; in winter it is found mainly in marine bays and river estuaries, also on large inland lakes. The diet is mainly molluscs, crustaceans and insects.

The Eurasian subspecies is *clangula*, the North American one is *americana*. The latter is the larger.

Common Goldeneye; male displaying (*inset*)

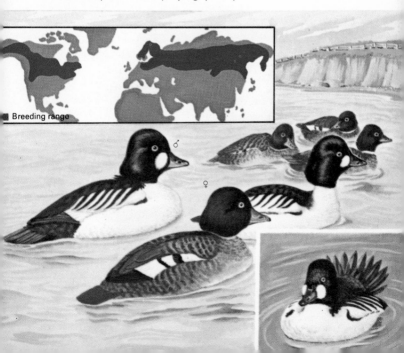

Breeding range

Breeding range
Winter range

Bufflehead

Bufflehead (*Bucephala albeola*) This duck is fairly numerous over a wide range. The male is very similar to a small male Common Goldeneye in body colour but the head is quite different. There is a wide white stripe running from the eye to the nape and when the crest is erected this opens out into a triangular patch on each side. The female also has this white stripe but it does not extend to the nape. She has less white on the wings than a female Common Goldeneye. The bills of both sexes are all grey and the legs bluish-pink. This species lacks the yellow eye of the other two members of the genus.

It is a very silent bird. The calls are like those of the Common Goldeneye but are much weaker. The behaviour is much as that of the other goldeneyes. It is seldom seen in large flocks and is restless, diving and flying a great deal.

The habitat is much the same as the Common Goldeneye's. It eats mainly animal matter, including fish, but much vegetable matter in summer. Usually it builds in an old woodpecker's hole and also in banks. Eight to twelve eggs form the normal clutch. Incubation lasts twenty-one to twenty-two days.

Smew (*Mergus albellus*) The Smew is common throughout most of its range. The male is white with small black patches between the bill and the eye and at the nape. The back is black and there are two thin black lines running down on to the sides of the breast. The wing-tips are black. The female has the same wing markings as the male but the body is mostly grey, paler underneath. The head is white with a chestnut forehead, crown and nape. This cap extends below the eye in front.

The male has a short, hissing whistle, the female a harsh, grating call but generally the species is very silent. It flies very rapidly and sometimes twists like the teals. It can also take-off vertically when alarmed. Gregarious, it often associates with other ducks, especially Common Goldeneyes. The sexes often form separate flocks in winter. It is rather shy.

In summer it is found on lakes and rivers among trees. In winter it frequents lagoons, estuaries, reservoirs, etc. The Smew eats mainly animal matter, especially fish. It usually builds in natural holes in trees. The clutch is usually six to nine eggs, incubated for about twenty-eight days.

Smew

Breeding range   Winter range

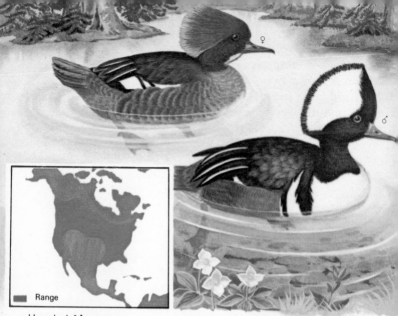

Hooded Merganser

Hooded Merganser (*Mergus cucullatus*) Common in a
limited habitat, the male's head is black with a green sheen
and a white fan-shaped crest. The flanks are pale buffish-
brown, separated from the white breast by a black band.
The female is like a very small female Goosander, with a
crest shaped like the male's.

This is a very silent bird. The male has a guttural purring
note, used during courtship. The female has a harsh call like
that of other female diving ducks. It flies very rapidly, with
much twisting and spends much of its time on the wing. It
dives for its food, a mixture of fish, insects, frogs etc., but usually in very shallow water.

In summer it frequents well wooded ponds. In winter it
frequents these as well as marshes and swift streams. It
builds in holes in trees and stumps, often open to the sky.
Nine to twelve eggs are usual.

Brazilian Merganser (*Mergus octosetaceus*) Found in parts of
Paraguay, north Argentina and south-east Brazil, the male
and female are similar. The body is brownish above and grey
below, with light barring on the breast and flanks. The head
is glossy green with a spike-like crest. It has the white wing-
markings of other mergansers.

146

It spends most of its time swimming and diving or resting on rocks. It flies swiftly and low over the water, following river courses. Solitary, it is found usually in pairs and is shy.

This merganser lives in jungle streams, eating mostly fish. It builds in holes in trees on river-banks.

Red-breasted Merganser (*Mergus serrator*) The male's head has a tufted crest. The neck is white and the breast is chestnut with vertical streaking. The female has a mainly grey body.

It is usually silent except during display when the male has a rough purring note and the female a harsh cry. It flies swiftly with outstretched bill, neck and body forming a very elongated silhouette.

It breeds on lakes and clear rivers in wooded districts as well as in tundra areas but is hardly ever found on fresh water in winter. It feeds by diving mainly on fish, but worms and insects as well, especially in summer. The nest is built on the ground usually under thick cover. Seven to twelve eggs are usual but up to seventeen have been recorded. Incubation lasts twenty-eight to twenty-nine days.

Brazilian Merganser (*below left*); Red-breasted Merganser (*below right*)

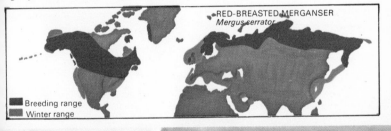

RED-BREASTED MERGANSER
Mergus serrator

■ Breeding range
■ Winter range

Chinese Merganser (*Mergus squamatus*) Found only in south-east Siberia and north-east Manchuria in summer, China and Korea in winter, the Chinese or Scaly-sided Merganser is rather scarce.

Little is known about this species, but it spends a great deal of time on the water and is reluctant to fly.

It inhabits rivers in forested areas and lives in estuaries in winter. The food is probably mainly fish.

Goosander (*Mergus merganser*) The North American subspecies is known as the American Merganser. Common throughout its range, the male of this species has a bottle-green head. The wing markings are similar to those of the Red-breasted Merganser but this species has white scapulars.

A very silent bird, during display the male utters a soft croaking note. The female, which is noisier than the male, has a harsh, gutteral call. It is much more at home on land than other mergansers and perches freely in trees. It searches for fish with its head under water.

The Goosander is found on clear lakes and rivers in wooded country in summer. Its food is entirely animal matter, especially fish. It

GOOSANDER
Mergus merganser
■ Breeding range
■ Winter range

builds usually in hollow trees but also in banks and crevices. The clutch is normally seven to thirteen eggs but up to nineteen have been recorded. Incubation lasts thirty-two to thirty-five days.

Three subspecies are recognized. The European subspecies is *merganser*, the Asiatic one is *orientalis* and the North American one is *americanus*.

Tribe: Oxyurini

Masked Duck (*Oxyura dominica*) Fairly common, the male has a black crown, forehead and cheeks. The rest of the head, the breast, flanks, mantle and wing-coverts are chestnut-red. The female is brownish with pale stripes over and under the eye from base of bill to nape.

The male has a distinctive quadrisyllabic call, often repeated; the female a low hissing note.

Water with a growth of dense vegetation is the favoured habitat and the food is almost entirely vegetable matter. It builds in tall rushes beside the water. The clutch is three to four eggs and incubation lasts about twenty days.

Chinese Merganser (*above*);
Goosander (*below left*);
Masked Duck (*below right*)

MASKED DUCK
Oxyura dominica
▓ Range

White-headed Stiff-tail

White-headed Stiff-tail (*Oxyura leucocephala*) This is a
fairly numerous species in a rather broken range. The male is
pale brownish all over apart from a white belly and white
head. The latter has a black crown and back of neck. The
bill, which is much swollen at the base, is bright blue. The
female is similar but has a brown head, lighter on the
cheeks with a dark stripe running across them. The bill is
dark grey and the legs of both sexes are grey. In winter the
male's bill is duller.

The voice is not recorded and the species may be almost
completely silent. It swims about much of the time, often
with its long stiff tail held vertically. It prefers to take to
cover when disturbed rather than fly. When it does fly it
takes off with difficulty and it then moves with whirring
wings. It dives well. This duck lives in reedy lakes and lagoons and eats a mixture of animal and vegetable matter. It
builds on or beside the water and old nests of coots are often
used. Six to ten eggs are usually laid.

Ruddy Duck (*Oxyura jamaicensis*) Quite common through
most of its range, the male in summer has a rufous body,
dark head with white cheeks and white under tail-coverts.

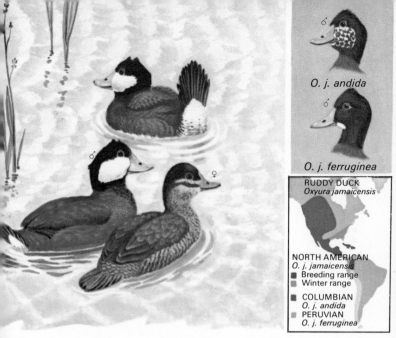

O. j. andida

O. j. ferruginea

RUDDY DUCK
Oxyura jamaicensis

NORTH AMERICAN
O. j. jamaicensis
■ Breeding range
■ Winter range

■ COLUMBIAN
O. j. andida
■ PERUVIAN
O. j. ferruginea

Ruddy Duck; detail of heads and bills showing colour variation (*inset*)

The bill is blue. The white cheeks become gradually obscured in the two southern subspecies until they are lost altogether. In winter the male becomes duller brown. The female is like the winter male but has a horizontal brown streak across the pale cheek. The bill of the female and winter male is dark grey and the legs of both sexes are dark grey.

Extremely silent, this duck makes clicking and belching noises during courtship. It usually flies only on migration in the northern part of its range. It is very clumsy on land but extremely active on water, engaging in much play and rushing about. It often carries its tail vertically.

Found in summer on freshwater lakes, the Ruddy Duck takes to sheltered coasts in winter. It eats mainly vegetable matter. It builds a nest of rushes beside the water. This is usually interwoven with growing vegetation. Six to fifteen eggs are laid and incubated for about twenty-one days.

There is a great deal of merging between the three subspecies. From north to south these are *jamaicensis*, *andina* and *ferruginea*.

Argentine Ruddy Duck

Argentine Ruddy Duck (*Oxyura vittata*) This duck is found scattered over most of South America south of 25° south. The male is very similar to the southern subspecies of the Ruddy Duck but is smaller and the black extends further down the neck. The female is similar to the female of the northern subspecies of the Ruddy Duck but the white face-mark is more sharply defined.

It is very silent. The male makes a curious drumming sound. The behaviour hardly differs from that of the Ruddy Duck.

It inhabits reed-fringed lakes at low altitudes and the diet is probably mainly vegetable matter. The nest is similar to that of the Ruddy Duck. The clutch is six to twelve eggs and the incubation period is twenty-one days.

Australian Blue-billed Duck (*Oxyura australis*) Native to Australia south of the Tropic of Capricorn, and Tasmania, this duck is probably fairly common but its secretive habits make estimates of numbers difficult. The male is similar to the male of the southern subspecies of the Ruddy Duck but has a darker neck extending to the breast and the chestnut breast is very much darker. The female lacks pale striping on the head. The bill of the male is blue, that of the female greyish. The legs of both are greyish.

The voice is practically non-existent. It travels long distances at night but otherwise hardly ever flies. It is very shy, hiding in thick reed cover. It associates with the Musk Duck but is generally found only in small groups. The general behaviour is similar to that of the other stiff-tails.

This duck lives in reed-covered ponds and pools and probably feeds mainly on vegetable matter. It builds a sub-

Australian Blue-billed Duck

tantial nest, usually domed and with very little down lining.
Sometimes it lays in nests of coots. The clutch is five to six
eggs. The period of incubation is not known.

African Maccoa Duck (*Oxyura maccoa*) A widespread duck
in small numbers in East and South Africa, the male is very
similar to the Australian Blue-billed Duck but the breast is
much lighter. The extent of black on the neck is less than on
the Australian species but more than on the southern subspecies of the Ruddy Duck. The female has a prominent pale
stripe below the eye. The bill of the male is blue while the
female's is grey. The legs of both are bluish-grey.

A harsher call is uttered than that used by the other stiff-
tails. The behaviour is similar to that of the Ruddy Duck.

Reed-covered ponds and lakes are the habitat and the diet
probably mainly vegetable matter. It usually builds in reed-
beds, on a platform of trampled reeds. Hardly any down is
used to line the nest. The clutch is three to seven eggs and the
incubation period is not known.

African Maccoa Duck

Musk Duck

Musk Duck (*Biziura lobata*) The Musk Duck is fairly numerous in southern Australia and Tasmania. Both male and female are dark brown or black finely mottled or barred with white. The bill is black with a peculiar large lobe under the male's and a small lobe under the female's.

Hissing whistles and metallic honks are uttered by the male during courtship display. This duck flies only at night and even then reluctantly. It escapes danger by diving or by rushing across the water with foot paddling and wing flapping. It is rather shy.

The Musk Duck lives on lakes and ponds surrounded by dense cover. It eats mainly animal matter. The nest is built in reeds or on low branches of trees growing in the water. Two to three eggs are laid.

White-backed Duck (*Thalassornis leuconotus*) This duck is quite common and widespread in East and South Africa, and Madagascar. The sexes are similar, mainly dark brown or black barred with buff. The cheeks and sides of the neck are plain buff with some speckling on the face. The rump and tail-coverts are whitish. There is a whitish spot at the base of the bill.

A high-pitched squeaking whistle is uttered. An extremely furtive and shy duck, it is very aquatic, being clumsy on land hardly ever flies and does not dive as frequently as other stiff-tails.

It inhabits lakes with much marginal cover and floating vegetation and feeds mainly on the seeds of water plants. It builds a floating nest of reeds. The clutch numbers three to seven eggs and the incubation period is unrecorded.

The continental subspecies is *leuconotus*; the smaller island subspecies is *insularis*.

Black-headed Duck (*Heteronetta atricapilla*) This is a fairly numerous species in a restricted range. The male has a black head and neck and mainly brownish body with a white belly. The wings are unmarked apart from two white lines formed by white tips to the secondaries and secondary-coverts. The female is similar to the female Ruddy Duck.

A very quiet disyllabic quack is uttered. It is very shy, hiding in reeds rather than taking flight, but associates with other species. The general behaviour is similar to that of the Ruddy Duck. It feeds mainly on the surface.

The Black-headed Duck lives on reed-fringed ponds and lakes and probably eats mainly vegetable matter. Parasitic, it lays its large eggs in the nests of other birds.

White-backed Duck (*below*); Black-headed Duck (*bottom*)

BLACK-HEADED DUCK
Heteronetta atricapilla
■ Range

Bibliography

The Handbook of British Birds by H. F. Witherby *et al.* Witherby, London, 1940. Volume III in this five-volume work covers in detail each of the forty-four species of wildfowl found in Britain.

Handbook of Waterfowl Behaviour by Paul A. Johnsgard. Constable, London, 1965. This gives a systematic treatment to the behaviour of all the ducks, geese and swans. It is illustrated with many sketches of various behavioural attitudes.

Life Histories of North American Wildfowl by Arthur Cleveland Bent. Dover, New York, 1962. Published in two parts, the 1962 edition is a republication of works published in 1923 and 1925. Though now fifty years old the work contains many interesting and useful anecdotal accounts of wildfowl behaviour.

The New Wildfowler in the 1970s edited by Noel M. Sedgewick, Peter Whitaker and Jeffery Harrison. Barrie and Jenkins, London, 1970. Published under the auspices of the Wildfowler's Association of Great Britain and Ireland, this book should be the wildfowler's 'bible'.

Ornamental Waterfowl by A. A. Johnson and W. H. Payn. Witherby, London, 1968. This little book is a useful guide to the establishment, care and breeding of ornamental waterfowl collections.

The Swans by Sir Peter Scott and the Wildfowl Trust. Michael Joseph, London, 1972. This attractive book, copiously illustrated with photographs and line drawings, deals with the classification, distribution, numbers, migrations, food, reproduction, mortality and other aspects of the life of the eight species and subspecies of swans. There are nine useful appendices.

Travels and Traditions of Waterfowl by H. Albert Hochbaum. University of Minnesota Press, Minneapolis, 1955. This book, now available in paperback, is based largely on the author's own researches in Manitoba, but ranges over the whole field of wildfowl movements, both local and migratory.

The Waterfowl of the World by Jean Delacour. Country Life, London, 1954–1964. This monumental work of four volumes describes and illustrates every species and subspecies of ducks, geese and swans in the first three volumes. The fourth volume deals with wildfowl biology, taxonomy, conservation, fossil anseriformes etc.

Waterfowl Tomorrow edited by Joseph P. Linduska. U.S. Department of the Interior, Washington, 1964. This book, well illustrated with photographs and drawings, contains many chapters contributed by specialists in all fields of wildfowl work in North America.

Wildfowl in Great Britain edited by G. L. Atkinson-Willes. H.M. Stationery Office, London, 1963. This book is number three in a series of monographs of the Nature Conservancy, and is prepared by the Wildfowl Trust. It surveys the winter distribution of wildfowl in Britain and discusses their conservation. It is well illustrated with maps, photographs and a series of coloured plates by Sir Peter Scott, of all the British wildfowl.

Index

Page numbers in bold refer to illustrations.

157